高等院校物流专业"互联网+"创新规划教材

物流系统建模与仿真实训教程

马向国　芮嘉明　著

内 容 简 介

本书以案例驱动的形式,介绍了物流系统仿真的基本概念、FlexSim 仿真软件、FlexSim 建模相关概念以及建模步骤,物流系统仿真建模的方法、建模的详细步骤以及优化方法,生产物流系统、仓储系统、库存控制系统、拣选系统、AGV 以及自动化立体仓库和现代物流配送中心建模仿真的案例实训等内容。本书集物流系统建模技术和方法、实训案例驱动、实用物流系统仿真与教学便利于一体,侧重培养学生物流系统仿真技能及仿真应用,提高读者的建模仿真能力。

本书既可作为物流管理、物流工程以及工业工程等相关专业本科生、研究生的教材,又可作为从事物流系统规划仿真研究工作的专业人员的参考用书。

图书在版编目(CIP)数据

物流系统建模与仿真实训教程 / 马向国,芮嘉明著. 北京:北京大学出版社,2024.6. — (高等院校物流专业"互联网+"创新规划教材). — ISBN 978-7-301-35145-1

Ⅰ.F253.9

中国国家版本馆 CIP 数据核字第 20245W4H85 号

书　　　名	物流系统建模与仿真实训教程 WULIU XITONG JIANMO YU FANGZHEN SHIXUN JIAOCHENG
著作责任者	马向国　芮嘉明　著
策划编辑	郑　双
责任编辑	杜　鹃
数字编辑	金常伟
标准书号	ISBN 978-7-301-35145-1
出版发行	北京大学出版社
地　　　址	北京市海淀区成府路 205 号　100871
网　　　址	http://www.pup.cn　新浪微博:@北京大学出版社
电子邮箱	编辑部 pup6@pup.cn　总编室 zpup@pup.cn
电　　　话	邮购部 010-62752015　发行部 010-62750672　编辑部 010-62750667
印刷者	河北涿县鑫华书刊印刷厂
经销者	新华书店
	787 毫米×1092 毫米　16 开本　21.25 印张　544 千字 2024 年 6 月第 1 版　2024 年 6 月第 1 次印刷
定　　　价	59.00 元

未经许可,不得以任何方式复制或抄袭本书之部分或全部内容。
版权所有,侵权必究
举报电话:010-62752024　电子邮箱:fd@pup.cn
图书如有印装质量问题,请与出版部联系,电话 010-62756370

前 言

现代物流系统是一个高度复杂的动态网络系统，它是企业生产的一个重要组成部分，物流合理化是提高企业生产效率重要的方法之一。党的二十大报告提出，要"建设高效顺畅的流通体系，降低物流成本"。如何对现代物流系统进行整体优化，使其低成本、高效率、高质量地实现物品在供应链上的移动，是现代物流中的一个亟待解决的课题。目前，现代物流系统最引人注目的研究领域为系统建模仿真与优化理论。根据国内外的应用经验，应用建模仿真分析方法改进物流系统方案后，可使总投资减少 30% 左右。因此，物流系统建模、仿真与优化理论已经日益受到业内人士的广泛关注和重视，物流系统的建模、仿真及优化技术也日益成为物流系统工程技术人员的必备技能之一。随着 FlexSim 等可视化仿真建模软件的出现，大量的物流企业开始使用仿真技术。为了满足社会需求，各高校物流专业需要培养不但熟悉物流基本理论，而且具有物流系统建模仿真能力的人才。在此背景下，物流系统建模与仿真也日益成为物流领域教学不可缺少的环节，是巩固学生物流理论知识并提高其实际操作技能的重要手段。

本书是作者和所在课题组基于多年的仿真科研、教学，以及校企合作经验撰写而成的。为了加强对学生物流系统建模和仿真实际操作能力及创新创业能力的培养，本书以案例实训的形式进行编写。书中的实训案例都是作者和所在课题组在长期科研、校企合作和教学中积累的具有代表性的案例，能够依据物流系统的实际操作要求，模拟物流系统的真实环境。模拟训练可以使学生掌握不同物流子系统的运作流程，并对其进行仿真优化。本书既可作为物流管理、物流工程，以及工业工程等相关专业本科生、研究生的教材，又可作为从事物流系统规划仿真研究工作的专业人员的参考用书。

本书从实用角度出发，理论联系实际，图文并茂，首先介绍了物流系统仿真的基本概念、FlexSim 仿真软件、FlexSim 建模相关概念及建模步骤；然后针对物流系统仿真的初级应用，以小案例实训的形式介绍了仿真建模的方法、建模的详细步骤及优化方法，使读者从初步了解到慢慢掌握；最后是针对仿真的高级应用，以生产物流系统、仓储系统、拣选系统，以及自动化立体仓库建模仿真和现代物流配送中心建模仿真的案例实训进一步提高学生的建模仿真能力，在实践中提高学生设计、优化物流节点的能力。

本书具有以下特色。

（1）案例驱动。本书没有在仿真原理上投入大量的篇幅，而是通过案例实训的形式让学生掌握物流系统的建模和仿真方法，通过案例驱动教学，可以充分培养学生使用物流系统仿真软件综合设计和优化物流节点的能力，以达到实训的目的。

（2）新思维。本书既强调建模和仿真的方法与技术，又立足于物流系统的管理决策问题的解决。实训案例模拟了物流系统的真实环境，每个案例都对相应的实训安排、操作步骤和问题解决等加以说明，学习起来更方便，对丰富实践教学、促进学科发展，以及培养学生理论联系实际的能力具有很好的指导作用。

（3）新理念。本书以学生为本，站在学生的角度思考问题，考虑学生学习的动力，强调锻炼学生的思维能力，以及运用知识解决问题的能力。注重拓展学生的知识面，让学生能在学习必要知识点的同时，也对其他相关知识和相关软件有所了解。

（4）新能力。通过实际企业综合案例仿真实训，可以培养学生的创新能力、创业能力，以及综合设计和优化物流节点的实践能力。

（5）案例视频讲解。我们为本书中所有仿真案例的建模过程都录制了讲解视频，帮助学生更好、更快地掌握建模过程。

另外，随书配有电子课件、书中所有案例模型和建模视频，以方便学生使用。

本书由马向国、芮嘉明撰写。姜旭教授审阅了本书，并提出了许多宝贵的修改意见。此外，本书在撰写过程中还得到了陕西科技大学机电学院刘昌祺教授、清华大学经管学院刘丽文教授的指导及北京物资学院物流学院领导、同事的热情支持，在此一并表示感谢。同时感谢物流工程专业研究生路家鹏、崔梦帆、董尧、李天硕、唐佳玮、陆慧琪和赵子章在本书撰写过程中给予的协助。

本书在撰写的过程中，参考了大量的资料和文献，由于篇幅所限，没有全部列入参考文献，在此对这些资料的作者深表谢意。

由于撰写时间仓促，加之作者水平和精力有限，许多内容未能完善和进一步深入，书中难免有错漏之处，恳请读者批评指正。欢迎读者通过电子邮箱 mxg105@163.com 与作者进行更多的交流和探讨。

作　者

2024 年 1 月

资源索引

目 录

第1章 物流系统仿真概述 1
1.1 系统、模型、仿真概述 1
  - 1.1.1 系统 1
  - 1.1.2 模型 4
  - 1.1.3 仿真 6
  - 1.1.4 系统、模型与仿真的关系 8
1.2 物流系统概述 8
  - 1.2.1 物流系统的概念与分类 8
  - 1.2.2 物流系统的特点 8
1.3 物流系统仿真概述 9
  - 1.3.1 物流系统仿真的概念 9
  - 1.3.2 物流系统仿真的应用类型 10
  - 1.3.3 仿真软件出现前后物流系统优化方法比较 10
  - 1.3.4 物流系统仿真解决的问题 11
1.4 练习题 14

第2章 FlexSim 概述 15
2.1 FlexSim 综述 15
2.2 FlexSim 的功能特点 17
2.3 FlexSim 仿真环境及关键技术 18
  - 2.3.1 FlexSim 仿真环境 18
  - 2.3.2 FlexSim 中的鼠标操作及键盘交互 28
  - 2.3.3 FlexSim 的对象层次结构 30
  - 2.3.4 节点和树 31
2.4 练习题 31

第3章 FlexSim 典型实体的使用 32
3.1 FlexSim 实体的概念 32
3.2 FlexSim 典型实体的使用 33
  - 3.2.1 共用选项卡 33
  - 3.2.2 发生器的使用 49
  - 3.2.3 吸收器的使用 51
  - 3.2.4 暂存区的使用 51
  - 3.2.5 处理器的使用（包括多重处理器的使用） 52
  - 3.2.6 合成器的使用 54
  - 3.2.7 "分解器"选项卡的使用 56
  - 3.2.8 传送带的使用 57
  - 3.2.9 货架的使用 61
  - 3.2.10 分配器及运输工具的使用 64
  - 3.2.11 可视化工具的使用 65
  - 3.2.12 网络节点的使用 67
  - 3.2.13 全局表的使用 70
3.3 实体综合使用实训 71
  - 3.3.1 实体实训 1 71
  - 3.3.2 实体实训 2 76
3.4 实训练习 81

第4章 FlexSim 仿真模型建立 83
4.1 FlexSim 仿真模型的基本组成 83
4.2 FlexSim 建模的基本步骤 84
4.3 FlexSim 统计与分析 87
4.4 建模步骤实训 92
  - 4.4.1 某加工车间的建模仿真案例实训 92
  - 4.4.2 某生产企业按照客户订单备货实训 101
4.5 实训练习 112

第5章 仿真输入数据分析 113
5.1 仿真输入数据分析概述 113
5.2 数据的收集与处理 114

5.3 数据分布的分析与假设 115
5.4 分布参数的类型和估计 118
5.5 拟合优度检验 119
5.6 输入数据案例分析实训 121
5.7 FlexSim-ExpertFit 输入数据分析及应用 123
5.8 实训练习 131

第6章 排队系统建模与仿真案例实训 132

6.1 排队系统的基础知识 132
    6.1.1 排队系统的概念及特点 132
    6.1.2 排队系统的基本参数 133
    6.1.3 排队系统的类型 136
    6.1.4 排队系统的性能指标 137
6.2 排队系统仿真实训 138
    6.2.1 问题描述 138
    6.2.2 手工仿真 139
    6.2.3 计算机仿真：应用 FlexSim 仿真模型 140
    6.2.4 系统优化 144
6.3 实训练习 152

第7章 生产物流系统建模与仿真案例实训 154

7.1 实训知识准备 154
    7.1.1 生产物流概述 154
    7.1.2 生产物流系统概述 155
    7.1.3 生产运作管理的组织形式 156
    7.1.4 零件在加工过程中的移动方式 157
7.2 生产物流系统仿真实训 158
    7.2.1 问题描述与模型参数 158
    7.2.2 建模操作步骤及参数设定 160
    7.2.3 运行结果分析与改进 166
7.3 实训练习 173

第8章 仓储系统建模与仿真案例实训 174

8.1 实训知识准备 174
    8.1.1 仓储概述 174
    8.1.2 仓储设施简介 179
8.2 仓储系统仿真实训 183
    8.2.1 问题描述与模型参数 183
    8.2.2 建模步骤及参数设定 184
    8.2.3 运行结果分析与改进 194
8.3 实训练习 197

第9章 库存控制系统建模仿真案例实训 198

9.1 实训知识准备 198
    9.1.1 库存控制系统概述 198
    9.1.2 库存系统的分类 199
9.2 库存控制系统建模仿真案例实训 200
    9.2.1 系统参数与问题描述 200
    9.2.2 建模过程及数据分析 200
9.3 实训练习 208

第10章 播种式和摘果式拣选仿真案例实训 209

10.1 实训知识准备 209
    10.1.1 订单拣选概述 209
    10.1.2 订单拣选方式 210
    10.1.3 "人到货"和"货到人"拣选 215
10.2 播种式拣选系统和摘果式拣选系统仿真案例实训 217
    10.2.1 订单拣选作业过程描述 217
    10.2.2 问题描述与系统参数 218
    10.2.3 建模步骤 218
    10.2.4 拣选方案及人员优化 230
10.3 实训练习 235

第11章 AGV 仿真案例实训 237

11.1 实训知识准备 237
    11.1.1 AGV 概述 237
    11.1.2 AGV 导引方式 238
    11.1.3 AGV 的工作原理 240
    11.1.4 AGV 的应用 240
11.2 AGV 建模仿真实训 240

11.3　AGV 仿真优化 253
11.4　实训练习 254

第 12 章　现代自动化立体仓库建模仿真案例实训 255

12.1　实训知识准备 255
　　12.1.1　自动化立体仓库概述 255
　　12.1.2　自动化立体仓库类型 257
　　12.1.3　自动化立体仓库的作业流程 259
　　12.1.4　自动化立体仓库的重要性 ...260
12.2　自动化立体仓库仿真实训 261
　　12.2.1　问题描述 261
　　12.2.2　模型参数 262
　　12.2.3　建模步骤及参数设定 263
　　12.2.4　运行结果分析与优化 281
12.3　实训练习 288

第 13 章　现代物流配送中心仿真案例 289

13.1　实训知识准备 289
　　13.1.1　配送中心的概念 289
　　13.1.2　配送中心的主要功能 290
　　13.1.3　配送中心功能区的设置 291
　　13.1.4　配送中心的作业流程 293
13.2　问题描述与模型参数 294
13.3　FlexSim 仿真建模 296
　　13.3.1　入库处理区 FlexSim 模型 296
　　13.3.2　储存区的 FlexSim 模型 302
　　13.3.3　流通加工区的 FlexSim 模型 308
　　13.3.4　拣货区的 FlexSim 模型 312
　　13.3.5　发货区的 FlexSim 模型 321
13.4　仿真结果分析 327
　　13.4.1　仿真模型运行及结果统计 327
　　13.4.2　仿真结果分析 328
13.5　配送中心的优化 329
　　13.5.1　堆垛机和货架利用率的优化 329
　　13.5.2　最终优化方案 329
13.6　实训练习 330

参考文献 332

第 1 章 物流系统仿真概述

【教学目标】

➢ 掌握系统、模型、仿真的基本概念,三者之间的关系。
➢ 掌握物流系统仿真的基本知识。
➢ 学会在工程建设和作业流程的计划阶段发现和解决问题。

党的二十大报告提出,教育、科技、人才是全面建设社会主义现代化国家的基础性、战略性支撑。随着科学技术的不断发展,计算机仿真技术也在不断发展,并在不同的行业领域中得到广泛应用,计算机仿真技术是目前较为先进的物流系统研究方法,它最大的优点是不需实际安装设备,不需实际实施方案即可验证设备的导入效果和比较各种方案的优劣。本章首先引入了系统、模型、仿真的概念,并从定义、特性、分类、作用等方面阐述了三者之间的关系,系统是研究的对象,模型是系统的抽象,仿真则像一座桥梁,通过对模型的实验以达到研究系统的目的。然后从概念、应用类型和解决的问题三个方面对物流系统仿真进行了介绍,物流系统仿真在物流设备的配置、物流场地布局规划、物流节点改善等方面发挥了举足轻重的作用。在工程建设或作业流程的计划阶段使用物流系统仿真,可以发现和解决问题,对降低整个物流投资成本起着重要的作用。

1.1 系统、模型、仿真概述

1.1.1 系统

半个多世纪以来,"系统"作为一个研究对象,在国际上引起了很多学者的注意,"系统"吸引了众多领域的专家从事研究和应用。

1. 系统来源

系统这一概念源于人类长期的社会实践。人类认识现实世界的过程，是一个不断深化的过程。客观世界中的一切事物的发生和发展，都是矛盾的对立和统一，科学的发展也不例外。在古代，自然科学界往往把世界看成一个整体，寻求共性和统一，但由于缺乏观测和实验手段，科学技术理论又很贫乏，因此对很多事物只能看到一些轮廓及表面现象，往往只见森林、不见树木。随着科学技术的发展，理论丰富了，工具更先进了，认识逐步深化了，但仍受到当时科学技术水平的限制和世界观的局限，往往又只看到一些局部现象，致力于对微观现象的研究，以致只见树木、不见森林。只有当认识不断深化，在对个体、对局部有了更多、更深的了解以后，再把这些分散的认识联系起来，才看到了事物的整体，以及构成整体的各个部分之间的相互联系，从而形成了科学的系统观。

2. 系统定义

系统（system）一词源于拉丁文的"sytema"，表示群体、集合等。人们对于系统的定义有很多，其中具有代表性的是我国著名系统工程学家钱学森给出的定义："把极其复杂的研究对象称为系统，即由内部相互作用和相互依赖的若干组成部分（称为子系统）结合而成的，具有特定功能的有机整体集合，而这个整体又是它所从属的更大的系统的组成部分"。在美国的《韦氏大词典》中，"系统"一词被解释为"有组织的或被组织化的整体；结合的整体所形成的各种概念和原理的综合；由有规则的相互作用、相互依存的形式组成的诸要素集合，等等"。在日本的 JIS（Japanese Industrial Standards，日本工业标准）中，"系统"被定义为"许多组成要素保持有机的秩序向同一目的行动的集合体"。一般系统论的创始人贝塔朗菲把"系统"定义为"相互作用的诸要素的综合体"。美国著名学者阿柯夫认为，"系统是由两个或两个以上相互联系的任何种类的要素所构成的集合"。

一般我们采用如下的定义：系统是具有特定功能的、相互间具有有机联系的许多要素所构成的一个整体。

3. 系统特性

系统具有如下特性。

（1）集合性。系统的集合性表明，系统是由两个或两个以上的可以相互区别的要素或子系统所组成的，而要素是构成系统的最基础部分。例如，一个计算机系统，一般都是由中央处理器、存储器、输入与输出设备等硬件所组成的，同时，计算机系统还包含操作系统、程序设计、数据库等软件系统，这是一个由要素组合而成的完整系统。而物流系统则可以由运输系统、装卸搬运系统、仓储系统、配送系统、物流信息管理系统等子系统组成。

（2）相关性。组成系统的要素是相互联系、相互作用的，相关性说明这些联系之间的特定关系。

（3）层次性。系统作为一个相互作用的诸要素的总体，它可以分解为一系列的子系统，并存在一定的层次结构，这是系统空间结构的特定形式。系统的层次性主要表现在它是其构成要素的上级，同时它也是其上级系统的子系统。系统层次结构表述了不同层次子系统之间的从属关系或相互作用关系。在不同的层次结构中存在着动态的信息流和物质流，构成了系统的运动特性，为深入研究系统层次之间的控制与调节功能提供了条件。

（4）整体性。由于系统要素之间的联系与相互作用，使系统作为一个整体具有特定的功能或效能，这是各要素个体所不具备的。系统整体性说明，具有独立功能的系统要素以及要素之间的相互关系（相关性、层次性）是根据逻辑统一性的要求，协调存在于系统整体之中。也就是说，任何一个要素不能离开整体去研究，要素之间的联系和作用也不能脱离整体的协调去考虑。系统不是各个要素的简单集合而是一种非加和性的关系，否则它就不会具有作为整体的特定功能。脱离了整体性，要素的机能和要素之间的作用便失去了原有的意义，研究任何事物的单独部分不能得出有关整体的结论。系统的构成要素和要素的机能、要素的相互联系要服从系统整体的目的和功能，在整体功能的基础之上展开各要素及其相互之间的活动，这种活动的总和形成了系统整体的有机行为。在一个系统中，即使每个要素并不很完善，但它们可以协调、综合成为具有良好功能的系统；反之，即使每个要素都是良好的，但作为整体却不具备某种良好的功能，也就不能称之为完善的系统。

（5）目的性。通常系统都具有某种目的，要达到既定的目的，系统都具有一定的功能，而这正是区别这一系统和那一系统的标志。系统的目的一般用更具体的目标来体现，一般说来，比较复杂的系统都具有不止一个的目标，因此需要一个指标体系来描述系统的目标。为了实现系统的目的，系统必须具有控制、调节和管理的功能，管理的过程也就是系统的有序化过程，使它进入与系统目的相适应的状态。

（6）环境适应性。任何一个系统都存在于一定的物质环境之中，因此，它必然也要与外界环境产生物质的、能量的和信息的交换，外界环境的变化必然会引起系统内部各要素之间的变化。能够经常与外部环境保持最优适应状态的系统，才是理想的系统。

4. 系统分类

（1）根据系统的变化特性，系统可分为离散系统和连续系统。离散系统是指变量只在某个离散时间点集合上发生变化的系统。连续系统是指状态变量随时间连续改变的系统。实际上很少有系统是完全离散的或完全连续的，但对于大多数系统来说，由于某一类型的变化占据主导地位，就把系统类型归为该类型。

（2）根据系统的物理特征，系统可以分为工程系统和非工程系统两大类。工程系统是指航空、航天、核能、电气、机械、热工、水力等工程技术系统，它们通常是用微分方程描述的连续系统。虽然从原则上来讲这类系统是允许在实际系统上进行实验的，但是利用仿真技术对它们进行分析研究，既可以保证安全，又能节省大量费用。非工程系统是指社会、经济、交通、管理、农业、生态环境等系统，它们属于离散系统。这类系统就更离不开仿真技术的帮助，因为这类系统往往不允许在实际系统上进行实验，如经济系统中一般不允许随意改变销售和供给数据以避免对市场的冲击。

（3）根据系统的形成方式不同，系统可分为自然系统和人工系统。自然系统形成的主体是自然界；人工系统形成的主体是人类自身对自然界的改造或者人类创造的系统。

（4）根据系统的实体性质不同，系统可分为实体系统和概念系统。实体系统是可见的；而概念系统是不可见的，它需要借助一定的实体才能体现出来，如虚拟的网络系统。

（5）根据系统的开放程度，系统可分为孤立系统、封闭系统和开放系统。孤立系统是指与环境之间既无物质交换也无能量交换的系统；封闭系统是指与环境之间仅有能量交换没有物质交换的系统；开放系统是指与环境之间既有物质交换又有能量交换的系统。

（6）根据系统的运行性质不同，系统可分为静态系统和动态系统。这种分类方式主要取决于系统是否处于不断变化中。

1.1.2 模型

为了指明系统的主要组成部分以及它们之间的主要关系，便于人们对系统进行深入的分析和研究，往往通过模型来实现对其研究。系统模型主要应用于三个方面：第一，分析和设计实际系统；第二，预测或预报实际系统某些状态的未来发展趋势；第三，对系统实行最优控制。

1. 模型定义

模型是指所研究的系统、过程、事物或概念的一种表达形式，也可指根据实验、图样放大或缩小而制作的样品，一般用于展览、实验或铸造机器零件等。

系统模型是对实际系统的一种抽象，反映系统内部要素的关系，系统某些方面的本质特征，以及内部要素与外界环境的关系，是系统本质的表述，是人们对客观世界反复认识、分析，经过多级转换、整合等而形成的最终结果。它具有与系统相似的数学描述形式或物理属性，以各种可用的形式，给出研究系统的信息。从概念中可以看出，系统模型只是模型中的一种，本书出现的模型均指系统模型。对于系统模型的理解将从三个方面进行。第一，模型必须是对现实系统的一种抽象，它是在一定假设条件下对系统的简化。第二，系统模型必须包含系统中的主要因素，模型不可能与实际系统一一对应，而至少应当包含那些决定系统本质属性的重要因素。第三，为了进行定量分析，模型中必须反映出各主要因素之间的逻辑关系和数学关系，使模型对系统具有代表性。仿真模型同样必须符合以上各项要求，并且在适用的仿真环境下，通过模仿系统的行为来求解问题。

从某种意义上说，模型是系统的代表，同时也是对系统的简化。在简化的同时，模型应足够详细以便从模型的实验中取得与实际系统有关的有效结论。

建模就是建立模型。建立系统模型的过程，又称模型化。建模是研究系统的重要手段和前提。凡是用模型能描述系统的因果关系或相互关系的过程都属于建模。

2. 模型特性

由一个实际系统构造出一个模型的任务主要包括两方面的内容：一是建立模型结构，二是提供数据。在建立模型结构时，要确定系统的边界，还要鉴别系统的实体、属性和活动。提供数据要求能够包含活动中的各个属性之间有确定的关系。在选择模型结构时，要满足两个前提条件：一是要细化模型研究的目的，二是要了解有关特定的建模目标与系统结构性质之间的关系。

一般来说，系统模型的结构具有以下一些性质。

（1）相似性。模型与所研究的系统具有相似的特征和变化规律，也就是真实系统与模型之间具有相似的物理属性或数学描述。

（2）简单性。从实用的观点来看，由于在模型的建立过程中，忽略了一些次要因素和某些非可测变量的影响，因此实际的模型已是一个被简化了的近似模型。一般来说，在实用的前提下，模型越简单越好。

（3）多面性。对于由许多实体组成的系统来说，由于其研究目的不同，就决定了所要收集的与系统有关的信息也是不同的，因此用来表示系统的模型并不是唯一的。由于不同的分析者所关心的是系统的不同方面，或者由于同一分析者要了解系统的各种变化关系，因此对同一个系统可以产生相应于不同层次的多种模型。

3. 模型分类

系统模型按结构形式分为实物模型、图式模型、模拟模型和数学模型。

（1）实物模型。实物模型是现实系统的放大或缩小，它能表明系统的主要特性和各个组成部分之间的关系，如桥梁模型、电视模型、城市模型、建筑模型、风洞实验中的飞机模型等。这种模型的优点是比较形象，便于共同研究问题。它的缺点是不易说明数量关系，特别是不能揭示系统的内在联系，也不能用于系统优化。

（2）图式模型。图式模型是用图形、图表、符号等把系统的实际状态加以抽象的表现形式，如网络图（层析顺序、时间与进度等）、物流图（物流量、流向等）。它是在满足约束条件的目标值的比较中选取较好值的一种方法，它在选优时只起辅助作用。当维数大于 2 时，该种模型作图的范围受到限制。这种模型的优点是直观、简单。它的缺点是不易优化，受变量因素数量的限制。

（3）模拟模型。用一种原理上相似，而求解或控制处理时较容易的系统代替或近似描述另一种系统，前者称为后者的模拟模型。它一般有两种类型：一种是可以接受输入进行动态模拟的可控模型，如对机械系统的电路模拟，可用电压模拟机械速度、电流模拟力、电容模拟质量；另一种是用计算机和程序语言表达的模拟模型，如物资集散中心站台数设置的模拟、组装流水线投料批量的模拟等。通常用计算机模型模拟内部结构不清或较复杂的系统是行之有效的。

（4）数学模型。数学模型是指对系统行为的一种数量描述。当把系统及其要素的相互关系用数学表达式、图像、图表等形式抽象地表示出来时，就是数学模型。它一般分为确定型和随机型、连续型和离散型。

4. 建模原则

对于同一个实际系统，人们可以根据不同的用途和目的建立不同的模型。所建模型只是实际系统原型的简化，因此既不可能也没必要把实际系统的所有细节都列举出来。一个理想的模型应该既能反映实体的全部重要特性，又易于处理，即原则上要满足以下特性。

（1）清晰性。一个复杂的系统是由多个子系统构成的，因此对应的系统模型也是由许多子模型构成的。模型之间除研究目的所必需的信息外，结构也要尽可能清晰。

（2）相关性。模型中应该包括系统中与研究目的有关的那些信息。虽然与研究目的无关的信息包含在系统模型中可能不会有很大的害处，但是因为它会增加模型的复杂性，从而增加求解模型时的额外工作，所以应该把与研究目的无关的信息排除在外。

（3）准确性。建立模型时应该考虑所收集的、用以建立模型的信息的准确性，包括确认所应用的原理和理论的正确性与应用范围，以及检验建模过程中针对系统所做假设的正确性。例如，在建立工厂设施规划与运输系统模型时，应该将运输工具视为一个三维实体而不能为一个质点。它的长度和宽度影响了运输通道的布局。

（4）可辨识性。模型结构必须具有可辨识的形式。可辨识性是指系统模型必须有确定的描述方式，而在这种描述方式下，与系统性质相关的参数必须有唯一确定的解。若一个模型结构中具有无法估算的参数，则此结构就无实用价值。

（5）集合性。建立模型还需要进一步考虑的一个因素，是能够把一些个别实体组成更大实体的程度，即模型的集合性。例如，在对物流与供应链系统的研究中，除了能够研究每个物流中心的物流细节和规律，还可以综合计算多个物流中心构建成一个供应链系统的效能。

5. 建模步骤

建构模型需要想象力和技巧。这里从方法论的角度总结的建模步骤如下。

（1）形成问题。在明确目标、约束条件及外界环境的基础上，规定模型描述哪些方面的属性，预测有何种后果。

（2）选定变量。按前述影响因素的分类筛选出适合的变量。

（3）变量关系的确定。定性分析各变量之间的关系及对目标的影响。

（4）确定模型的结构及参数辨识。建立各变量之间的定量关系，主要的工作是选择合适的表达形式，数据来源是该步骤的难点，有时由于数据难以取得，不得不回到步骤（2），甚至步骤（1）。

（5）模型真实性检验。在模型构建过程中，可用统计检验的方法和现有统计数字对变量之间的函数关系进行检验。模型构建后，可根据已知的系统行为来检验模型的结果。若用结果解释现实世界尚能令人接受，不致相悖，则要判断它的精确程度和模型的应用范围。若结果的精度比期望的低，则需弄清其原因，可能是原先的设定错误或者忽略了不该忽略的因素。

经过以上 5 个步骤，模型便可在实际中应用，但不能与检验过的情况误差太大，应把每次模型应用都当作对模型的一次检验。有些模型，特别是社会经济系统的模型难以实际检验，还有一些模型虽可检验，但检验成本太大或需要特殊条件，这时，需要凭借个人经验对模型的真实性做出判断。然而，在能够实验的场合总应力求进行实验，不经过实验的建模过程总是不完整的。

1.1.3 仿真

系统仿真是为了利用人为控制的环境条件，改变某些特定的参数，观察模型的反应，研究真实系统的现象或过程。当前，仿真技术已经成为分析、研究各种复杂系统的重要工具，它广泛用于工程领域和非工程领域。

1. 仿真定义

仿真（simulation）是为求解复杂问题而人为地模仿真实过程或系统部分或整个运行过程。利用模型复现实际系统中发生的本质过程，并通过对系统模型的实验来研究存在的或设计中的系统，又称模拟。在研究、分析系统时，对随着时间变化的系统特性，通常是通过一个模型来进行研究。在某些情况下，所研究的模型足够简单，可以用数学方法表示并求解，这些解通常由一个或多个成为系统性能测度的数学参数组成。但是许多真实系统是非常复杂的，无法用数学关系、数学方法来求解。这时利用仿真就可以像观察、测试真实系统那样，在仿真模型中得到系统性能随时间而变化的情况，从仿真过程中收集数据，得到系统性能测度。所以，仿真包括两个过程：建立模型和运行模型。

2. 仿真作用

总的来说，管理系统仿真扮演着管理实验手段的角色。仿真已经在描述、设计和分析系统中充分显示了它的作用，具体有以下几个方面。

（1）仿真作为解释手段说明一个系统或问题。若了解和改进现有的实际运行的系统，且在实际系统中进行实验，则往往花费大量的人力、物力、财力和时间，有时实验甚至是不可能完成的，但通过计算机仿真系统进行分析、仿真，在不干扰现有系统的基础上，可以对现有系统做出正确评价，并可预测其未来的发展趋势，提出改进方案。

（2）仿真作为设计准绳综合分析和评价所建议的决策措施。在未能确定设计的新系统优劣的情况下，先不必花费大量的物资去建立它，而是采用计算机进行仿真，对新系统的可行性和经济效果做出正确评价。

（3）仿真可作为决策支持系统的辅助决策。在管理决策中，针对具有不同的决策变量或参数组合的不同决策方案，进行计算机仿真的多次运行，按照既定的目标函数，分析比较不同的决策方案，从中选择最优方案，从而辅助管理决策。

（4）仿真作为预测方法预报和辅助计划系统的未来发展。

（5）仿真作为分析工具确定系统的关键组成部分或项目。

3. 仿真与数学解析方法的比较

在系统模型不太复杂的情况下，往往可以运用数学方法，如线性代数、微积分、数学规划等求解问题。但是，大多数的实际系统比较复杂，它的模型不能采用上述解析方法求得解决。这时，仿真就能发挥它应有的作用。在这种情况下，系统设计与分析人员运用计算机仿真系统，求解系统模型，并收集相应的资料用以估计所研究系统的各项特征。

与数学解析方法相比，仿真具有以下优点。

（1）对于复杂系统，仿真具有良好的适应性，可以解决大多数无法用准确的数学模型表述的具有随机因素的复杂系统的问题。

（2）仿真允许对一段系统工作时间进行压缩，在短时间内仿真出大量时间段的工作情况。

（3）仿真不需要打乱真实系统，就可以使人们对现有系统在重新设计的工作条件下的工作成果做出分析和判断。

（4）仿真能帮助人们选择最优的系统设计方案。

仿真具有如下缺点。

（1）仿真需要花费大量的费用和时间，这是由仿真系统开发的复杂性及仿真所需的计算机存储量大和计算时间长所造成的。

（2）由于现实生活是十分复杂的，只有生活中一部分可以进行仿真，所以会影响仿真结果的可信度。

（3）仿真的精度受到诸多方面因素的影响，较难控制和测定。

（4）模型的参数设定是非常困难的，即难以确定合适的系统仿真初始条件。

1.1.4 系统、模型与仿真的关系

系统、模型与仿真三者之间有密切的关系。系统是研究的对象,模型是系统的抽象,仿真是通过对模型的实验以达到研究系统的目的。三者的关系如图 1-1 所示。

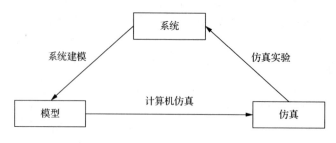

图 1-1　系统、模型与仿真的关系

1.2　物流系统概述

1.2.1　物流系统的概念与分类

物流系统是指在一定的时间和空间里,由所需运转的物资、包装设备、搬运和装卸机械、运输工具、仓储设施、人员以及通信等若干相互制约的动态要素所构成的具有特定功能的有机整体。创建物流系统是为了使企业物流合理化,并将企业生产出来的产品按时、按质、按量、完好无损地送达消费者手中,实现其空间和时间效益。物流系统是企业生产的一个重要组成部分,物流合理化是提高企业生产率重要的方法之一。因此,对物流系统设计和仿真的研究,也日益受到人们的重视。

我们可以按照不同的标准对物流系统进行分类。根据物流发生的位置分类,物流系统可划分为企业内部物流系统和企业外部物流系统;根据物流运行的性质分类,物流系统可划分为供应物流系统、生产物流系统、销售物流系统、回收物流系统和废弃物流系统;根据物流活动的范围分类,物流系统可划分为企业物流系统、区域物流系统和国际物流系统;根据物流构成的内容分类,物流系统可划分为专项物流系统和综合物流系统。

从不同角度对物流系统进行分类,可以加深我们对物流性质、过程的理解和认识,有利于我们更好地进行物流系统的规划、设计、运营组织与管理。

1.2.2　物流系统的特点

物流系统是复杂的离散事件系统,具有如下特点。

(1)不确定性(随机性)。

不确定性存在于物流系统中的每个节点,包括客户需求的不确定性、原材料供需关系的不确定性、采购准备时间的不确定性、运输时间的不确定性、交付时间的不确定性、产品价格的不确定性等。物流系统总是处在一个不确定的环境中,受很多随机因素的影响,具有多目标、多因素、多层次的特点。

(2)非线性。

非线性是指个体以及它们的属性在发生变化时，并非遵从简单的线性关系。组成物流系统的各个实体间的相互影响不是简单的、被动的、单向的因果关系，每个实体的行为和决策又依赖它自身的状态和一些有限的、相关的其他实体的行为，且它们易受内部和外部环境的影响。物流系统的各个实体可以主动改变自己的内部或外部结构，以适应环境变化，从而呈现出物流系统的非线性。

(3)复杂性。

物流系统是由若干个供应商、制造商、配送中心、销售商和终端客户组成的系统。它包含供应商、制造商的选择，配送中心的选址，运输方式（如空运、陆运、铁运、水运或混合运的选择）和运输路线（选择由哪个配送中心送货）的确定。物流系统复杂性主要体现在贯穿于物流系统中的不确定性及各个实体要素之间的非线性关系。

(4)适应性。

物流系统的各个实体，为了适应多变的市场环境，与周围环境和其他实体间持续进行深入的交互。在这一过程中，各个实体不断学习，积累经验，并根据所学到的经验调整自身的结构和行为模式。这种动态的自我优化不仅促进了实体间的有效协作，也促使物流系统不断寻找最佳的组合方式，以适应外部环境的变化，从而推动供需过程的高效重组与升级。

(5)多样性。

由于物流系统各个实体要素之间处于不断相互作用和不断适应的过程，造成了实体向不同的方向发展变化，从而形成了物流系统实体类型的多样性。

综上所述，物流系统具有系统的所有特征。由于物流系统的层次性及各子系统的相互联系和相互作用，使物流系统成为一个动态的、开放的复杂系统。

1.3 物流系统仿真概述

1.3.1 物流系统仿真的概念

所谓物流系统仿真是指针对现实物流系统建立仿真模型，然后在模型上进行实验，用模型代替真实系统，从而研究物流系统性能的方法。通过物流系统的仿真，可以一一仿效实际物流系统的各种动态活动并把系统动态过程的瞬间状态记录下来，最终得到用户所关心的系统统计性能。

由于物流系统自身的不完善或运作过程的不合理，一些物流系统设计上缺乏前瞻性和系统规划，在物流资源的配置、物流网络的结构等方面，很难保证其可靠性、合理性、协调性和最优化。在实际系统中常常包含较多的随机因素，如物流系统中商务的到达、运输车辆的到达和运输事件等一般是随机的。对于这些复杂的随机系统很难找到相应的解析式来描述和求解，系统仿真技术成为解决这类问题的有效方法。物流系统采用仿真方法可以节省费用，减少浪费，消除物流环节中的瓶颈。

1.3.2 物流系统仿真的应用类型

从技术与管理的角度看,物流系统仿真主要有以下几种类型。

(1)物流系统规划与设计。

仿真多用于供应链设计、评价和优化,用来处理供应链中的不确定因素与动态性,此外还可以找出供应链中各个成员之间的最优解决方案。在系统没有运行之前,可以将规划转化为仿真模型,通过运行模型,评价规划或设计方案的优劣并修改方案。这样不仅可以避免不合理的设计和投资,而且也减少了投资风险和避免了人力、时间等的浪费。

(2)物流运输调度。

复杂的物流系统包含多种运输路线和若干运输调度。连接供应链上游与下游是供应链运作过程中至关重要的一个环节,而运输调度与规划运输路线一直是物流系统的难点,其中包含了很多非确定性多项式(non-deterministic polynomial,NP)问题。解决运输调度问题和规划运输路线时大多使用启发式算法、不完全优化算法和遗传算法等,但很难评价这些算法得到的策略哪个更有效、更合理。因为运输调度是物流系统中最复杂、动态变化最大的一部分,具有许多不确定因素,所以很难用解析法描述运输的全过程。使用仿真建立运输系统模型,动态运行此模型,再结合图形将运行状态、物料供应情况、配货情况、道路堵塞情况、配送路径等生动地呈现出来。仿真可以提供车辆运输时间与效率、不同策略之间的比较、不同路径的比较等数据。

(3)物流成本估算。

物流系统运作是一个复杂的系统,其中存在许多的不确定因素。系统的总成本中包括运输成本、库存成本、订货成本和生产成本等。通过物流系统仿真对物流整个过程的模拟,可以记录进程中每一个操作的时间。因此,人们可以通过仿真,统计物流运作时间,进而计算物流成本。

(4)库存控制。

库存系统是供应链管理中的重要环节,起到缓冲、调节和平衡的作用。供应链上各节点企业库存水平的高低一方面影响产品的成本,另一方面影响客户服务水平和企业对市场波动的适应能力。现实库存系统大多属于复杂的离散事件系统,具有诸多不确定因素,而且各部分之间的关系复杂。企业在确定安全库存量、采购订货方式的时候会遇到困难,如没有适应的库存策略、库存积压与库存短缺并存等问题。因为随机性库存系统中有很多不确定的随机参数,解析方法在实际应用中具有很大的局限性,很难采用数学规划或启发式算法进行准确分析,所以常用离散系统仿真技术,对库存系统全局或局部变量进行分析和优化,如库存系统规划、库存成本分析、库存控制策略分析等。

1.3.3 仿真软件出现前后物流系统优化方法比较

在无物流系统仿真软件时,物流系统方案的设计和物流系统瓶颈问题的解决一般需要以下几步。

(1)技术人员、一线工人以及专家学者等到物流节点(如自动化立体仓库、物流配送中心)的运营现场调研。

（2）根据现场的运营情况分析系统的瓶颈并初步给出系统改进方案，然后让现实的物流节点停止业务，配合实施这个方案。

（3）如果瓶颈问题没有解决，需要继续现场调研，继续寻找系统瓶颈及解决方案，这样周而复始直到解决问题。

从上述过程可见，在无物流系统仿真软件时，物流系统的优化成本高、时间长、物流节点业务停止的可能性大，如图1-2（a）所示。

出现物流系统仿真软件之后，物流系统的优化一般需要以下几步。

（1）进行物流系统的现场调研，绘制系统结构布局图，分析物流动线，统计物流设备设施数量和各种运行参数等。

（2）在仿真软件上根据步骤（1）采集的各种信息建立物流系统仿真模型，输入各种仿真数据（如订单的到达规律、设备的运行速度等），运行模型并分析统计结果。

（3）根据统计结果分析系统瓶颈，根据系统瓶颈提出解决方案，并在仿真模型中实施解决方案，如果没有解决系统瓶颈问题，则继续寻找，这样周而复始直到找到较优的解决方案。

（4）把该较优的解决方案在现实的物流系统中实施，解决现实的物流节点的问题。

从上述过程可见，在有了物流系统仿真软件之后，物流系统的优化成本低、时间短、物流节点业务不需要停止，如图1-2（b）所示。

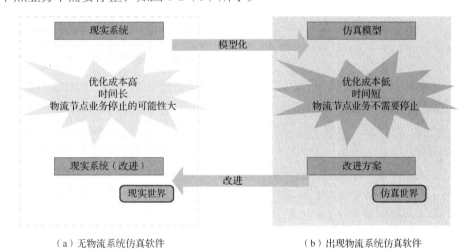

图1-2　物流系统仿真软件出现前后物流系统优化方法比较

综上而言，对物流系统进行仿真，可实现在不组装实际系统的前提下，对现有系统进行分析，避免了不合理的投资，节约了物流成本，减少了投资风险。

1.3.4　物流系统仿真解决的问题

物流系统仿真解决的问题如下。

（1）引进新设备时的事先评价问题以及人员、设备的配置问题。

① 引进何种设备？

② 引进设备的性能如何？

③ 引进设备后的场地规划和人员怎样配置才合理？
④ 引进设备后瓶颈问题能否解决？其他地方是否出现新的瓶颈问题？

图 1-3 所示为某肉食品加工厂配送中心引进的新分拣设备图。由于工厂业务扩大，原来的人工分拣已经满足不了实际业务的需要，从而引进自动分拣传送带。引进自动分拣传送带前，需要对其引进后的运行效果、引进后作业人员及设备的配置，以及引进前后的系统瓶颈等问题进行预测和验证。

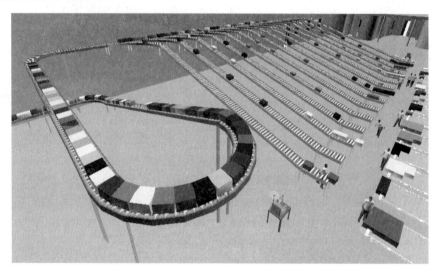

图 1-3　　　　　图 1-3　某肉食品加工厂配送中心引进的新分拣设备图

根据该配送中心的布局图建立系统仿真模型，将订单、原有设备参数等实际数据输入仿真模型，对多种自动分拣传送带进行仿真匹配实验，找出能够与原有设备匹配并有一定裕量的合适的自动分拣传送带机种，然后在此配置环境下，改变设备和作业人员参数，进行反复仿真实验，找出最佳设备和作业人员配置数量。根据仿真结果，在不出现新的系统瓶颈并有一定裕量的情况下，决定引进处理能力为 1600 箱/小时的自动分拣传送带，并决定引进该设备后的作业人员数为 14 人。这样，企业的采购部门可以根据这些数据购买自动分拣传送带，人事部门可以在新设备安装前进行人员的招聘和培训。

（2）场地布局的评价问题，工厂、仓库的规划设计，工厂、仓库的容量/库存问题。
① 需要扩建多大面积的仓库？
② 如何合理地配置新建配送中心的设备和人员？
③ 如何评价已有的两套以上的方案？

（3）作业工程计划的改善问题，几乎所有涉及时间、空间和效率的关系问题。
① 已有定性的认识，但如何才能进行定量分析？
② 如何在定量分析的基础上进行改进、评估？
③ 作业方式选择的定量标准是什么？

图 1-4 所示为某大型商超的仓库布局图，该仓库分为入库区、理货区、待处理区、仓储区、分拣区、出库区及办公区 7 个功能区，其中仓储区分为个人护理区、饮料区、食品区、酒水区 4 个区域。

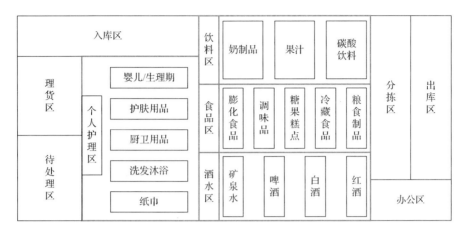

图 1-4 某大型商超的仓库布局图

通过该仓库的实际运营发现如下问题。

（1）仓库的功能区划分不合理，理货区和入库区衔接不紧密，使得两区之间的物流作业不便利，导致搬运距离增加，工作效率不佳；待处理区离出库区距离过远，并且中间相隔了仓储区，不利于问题货物处理完成后的快速发出。

（2）仓储区储位规划不合理，拣货时间长，作业效率低。该仓库采用分类存储策略，仓储区共分为了个人护理区、饮料区、食品区、酒水区 4 个区域。区域划分虽明显，但是没有严格按照出库的数量或者频率进行合理的储位规划，经常出现出库量较大的货品放在距离出库区较远位置的现象，导致拣选路径变长。货物规划存储的位置太过固定，在面对销量季节性变化时，部分货品的储位空间明显不够，爆仓情况时有发生；还有部分货品因库存量较少，却因存储位置的固定，出现大量空库位，导致了存储空间的浪费。

根据以上分析，应用系统布置设计（systematic layout planning，SLP）方法对仓库布局进行重新划分，并采用 ABC 分类法对储位进行重新规划，如图 1-5 所示。

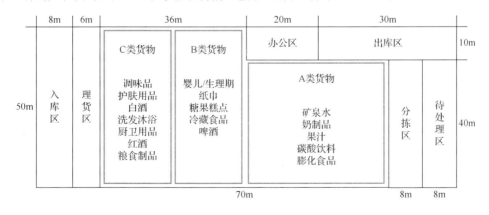

图 1-5 采用 SLP 方法和 ABC 分类法重新规划后的仓库布局图

重新优化的仓库比原来的布局好在哪里呢？可以通过层次分析法进行分析，也可以通过仿真的方法进行分析，对原来的仓库和优化后的仓库分别建立仿真模型，然后进行仿真，通过仿真结果可以分析新的仓库布局在物流量、物流动线、搬运距离、设备人员效率等方面优于原仓库布局，如图 1-6 所示。

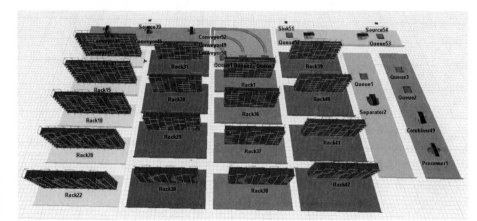

图 1-6　　　　　　　　　　图 1-6　优化后的仓库仿真模型

综上所述，物流系统是企业生产的一个重要组成部分，物流合理化是提高企业生产率重要的方法之一。因此对物流系统的设计和仿真的研究，也日益受到人们的重视。物流系统建模与仿真主要应用在以下两个方面。

（1）对已经存在的物流节点的瓶颈问题进行分析及优化。

（2）给即将建设的物流节点提供最优的建设方案。

1.4　练习题

1. 什么是系统模型？系统、模型、仿真三者之间的关系是什么？
2. 简述建模的步骤。
3. 物流系统仿真的应用类型有哪些？
4. 结合党的二十大报告，列举几个物流系统建模与仿真的新兴领域。

第 2 章
FlexSim 概述

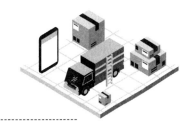

【教学目标】

➢ 了解 FlexSim 的流程及功能特点。
➢ 掌握 FlexSim 的仿真环境、鼠标操作及键盘交互操作。
➢ 在建模时，熟悉对象的层次结构、节点和树。

FlexSim 是工程师、管理者和决策人员对提出的"关于操作、流程、动态系统的方案"进行实验、评估、视觉化的工具。它具有完全的 C++面向对象（object-oriented）性，超强的 3D 虚拟现实，直观和易懂的用户接口，卓越的柔韧性（可伸缩性）。FlexSim 属于分散型模拟软件，具有面向对象技术建模、突出 3D 图形显示功能、建模和调试方便等特点。FlexSim 仿真环境包括主界面、实体库、菜单栏、工具栏及时间控件，利用鼠标操作和键盘交互操作可以实现对仿真的控制。

2.1 FlexSim 综述

1. 建模

FlexSim 采用经过高度开发的部件来建模。部件表示商业过程中的活动、行列，即代表着时间、空间等信息。建立模型时，只需将相应的部件从部件库拖放到模型视图中，各个部件具有位置（x, y, z）、速度（x, y, z）、旋转角度（rx, ry, rz）和动态的活动（时间）等属性。部件可以被制造、被消灭，也可以移到另一个部件里，除了具有自身的属性，还可以继承其他部件的属性。部件的参数具有简单、快速、有效地建立生产、物流和商务过程模型的主要机能。通过对部件参数的设置，我们可以对所有的物理现象进行模型化。例如，机械手、操作人员、队列、叉车、仓库等都可用 FlexSim 来建立模型，信息情报、订单等信息也可很容易地使用 FlexSim 功能强大的部件库来建模。

2. 层次结构

FlexSim 可以让模型结构更具有层次化。建立模型的时候，每个部件都使用继承的方法（即采用继承结构），可以节省开发时间。FlexSim 可以让用户充分利用 Microsoft Visual C++ 的层次体系特性。

3. 量身定做

FlexSim 是一款可以让用户自由自在地量身定制模型的仿真软件。软件的所有可视窗体都可以向定制的用户公开。建模人员可以自由地操作部件、视窗、图形用户界面、菜单、选择列表和部件参数，可以在部件里增加自定义的逻辑、改变或删除既存的编码，也可以从零开始建立一个全新的部件。

值得一提的是，不论是用户设定的还是新创建的部件都可以保存到部件库中，而且可以应用在其他模型中。最重要的是，在 FlexSim 中可以用 C++ 语言创建和修改部件，同时，利用 C++ 编程可以控制部件的行为活动。FlexSim 的界面、按钮条、菜单、图形用户界面等都是由预编译的 C++ 库来控制的。

4. 可移植性

因为 FlexSim 的部件是向建模人员公开的，所以部件可以在不同的用户、库和模型之间进行交换。可移植性与量身定制相结合能带来超快的建模速度。定制的部件保存在部件库中，建模时，只要从部件库中拖放相应的部件，就能在新模型中再现这些部件。可移植性与量身定制延长了部件和模型双方的生命周期。

5. 仿真

FlexSim 具有一个非常高效的仿真引擎，该引擎可同时运行仿真和模型视图（可视化），并且可以通过关闭模型视图来加速仿真的运行速度。仿真运行期间，利用该引擎和 FlexScript 语言可以改变模型的部分属性。

FlexSim 能一次进行多套方案的仿真实验。这些方案能自动进行，其结果存放在报告、图表里，这样我们可以非常方便地利用丰富的预定义和自定义的行为指示器，如用生产量、研制周期、费用等来分析每一个情节。同时可以很容易地把结果输出到如 Word、Excel 等应用软件里，利用 ODBC（open database connectivity，开放式数据库连接）和 DDEC（dynamic data exchange connectivity，动态数据交换连接）可以直接对数据库进行读写数据。

6. 可视性

如果说一幅图能够表达上千的文字，那么 FlexSim 的虚拟现实动画以及模型视图就表达了无限的容量。FlexSim 能利用包括最新的虚拟现实图形在内的所有计算机上可用的图形。如果是扩展名为 3DS、VRML、DXF 和 STL 的 3D 立体图形文件，则可以直接调到 FlexSim 模型中应用。

FlexSim 仿真环境包括主界面、实体库、菜单栏、工具栏及时间控件，利用鼠标操作和键盘交互操作可以实现对仿真的控制。我们在建模时，要有面向对象的思想，熟悉对象的层次结构、节点和树，同时对任务序列以及分配器、分配规则有一定了解。仿真模型的建立包括基本组成成分及建模的基本步骤。仿真模型包括对象、连接方式及仿真方法。要实现仿真模型运行，需要正确地进行仿真布局，定义物流流程，编辑对象参数和编译运行仿真。

2.2　FlexSim 的功能特点

　　一般的模拟仿真软件可分成结构型和分散型两大类型，FlexSim 是属于分散型模拟软件。它是由美国的 FlexSim Software Production 公司出品的，是一款商业化离散事件系统仿真软件。FlexSim 软件提供了原始数据拟合、输入建模、图形化的模型构建、虚拟现实显示、运行模型进行仿真实验、对结果进行优化、生成 3D 动画影像文件等功能，也提供了与其他工具软件的接口。图 2-1 所示为 FlexSim 软件构成模块的结构图。

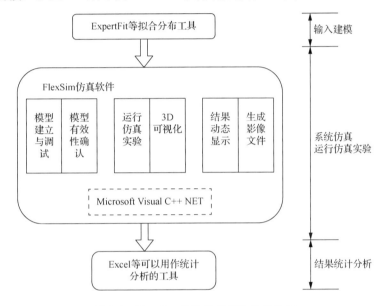

图 2-1　FlexSim 软件构成模块的结构图

　　FlexSim 仿真软件的特点如下。
　　（1）基于面向对象技术建模。
　　FlexSim 中所有用来建立模型的资源都是对象，包括模型、表格、记录、图形用户界面（graphical user interface，GUI）等。同时，用户可以根据自己行业和领域特点扩展对象，构建自己的对象库。面向对象的建模技术使得 FlexSim 的建模过程生产线化，对象可以重复利用，从而减少了建模人员的重复劳动。
　　（2）突出的 3D 图形显示功能。
　　FlexSim 是基于 OpenGL 开发的，也支持 3DS、WRL、DXF 和 STL 等文件格式，三维效果非常好，用户可以建立逼真的模型，从而帮助用户对模型有一个直观的认识，并帮助用户对模型进行验证。用户在仿真环境下可以很容易地操控 3D 模型，可以从不同角度、放大或缩小来观测模型。
　　（3）建模和调试的方便。
　　FlexSim 功能齐全，提供给使用者一个简洁的编排方式，通过拖动实体到模型空间的方式轻松地构建出仿真模型。元件库已详细分类为树状结构、透过 2D 图形化的模式，能自动产生 3D 实体化及虚拟现实的模式。建模的工作简单快捷，不需要编写程序。

（4）建模的扩展性强。

FlexSim 支持建立用户定制的对象，且融合了 C++编程。用户可以将其当作一个 C++的开发平台开发特定的仿真应用程序。FlexSim 是目前世界上唯一一个在图形建模环境中集成了 C++集成开发环境和编译器的仿真软件。在 FlexSim 软件环境中，C++不但可以直接用来定义模型，而且在编译过程中不会出现问题。这样，FlexSim 就不再需要传统的动态链接库和用户定义变量的复杂链接。

（5）开放性好。

FlexSim 提供了与外部软件的接口，可以通过 ODBC 与外部数据库相连，通过 socket 接口与外部硬件设备相连，还可以与 Excel、Visio 等软件配合使用。

FlexSim 仿真系统已被广泛应用在交通路线规划、交通流量控制分析、生产能力仿真与分析、物流中心设计等多个领域。自从 FlexSim 仿真系统推出以来，已有上千家企业在使用 FlexSim。物流行业使用 FlexSim 的好处主要体现在以下几个方面：评估装备与流程设计的多种可能性；提高物流公司与资源的运行效率；减少库存；缩短产品上市时间；提高生产线产量；优化资本投资。

2.3　FlexSim 仿真环境及关键技术

2.3.1　FlexSim 仿真环境

1. FlexSim主界面

FlexSim 主界面如图 2-2 所示。

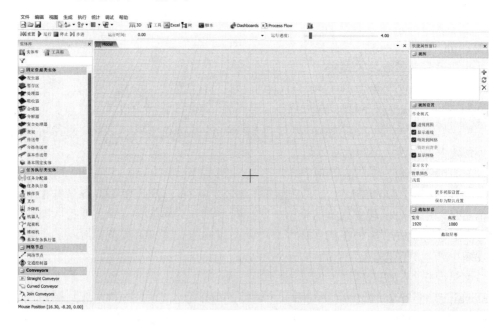

图 2-2　FlexSim 主界面

FlexSim 主界面由菜单栏、工具栏、实体库、模型视图、仿真控制栏五部分构成。

2. FlexSim实体库

FlexSim 实体存储在对象库栅格面板中,这些实体被分为几组,默认状态下显示最常用的实体。

FlexSim 的实体库如图 2-3 所示。

图 2-3　FlexSim 实体库

FlexSim 实体库的部分组件及功能如表 2-1 所示。

表 2-1　FlexSim 实体库的部分组件及功能

组件	功能
发生器	根据时间间隔、时间表或者序列生成产品,也可以模拟现实中的订单到达
暂存区	排队队列或者临时存放产品的场所
处理器	根据加工时间、产品类型或者比例等要求来加工产品,模拟现实中的一段时间延迟,如检测设备、加工设备等
吸收器	零件加工工序全部完成后吸收工件,现实中可以模拟客户
合成器	把零件装配到部件上或者把产品进行码托盘操作
分解器	由一个零件复制生产多个具有相同性质零件的副本或者对产品进行拆托盘操作
复合处理器	加工零件,由多个加工工序来完成,相当于多个处理器的功能
货架	按照一定的规则存取货物

续表

组件	功能
基本固定实体	定义将临时实体拉到站点并继续发送实体的逻辑
任务分配器	根据调度策略派出机器或者工人等，没有需求时召回工人或者设备
操作员	表示一个具体的工人
叉车	当要搬运的物件比较多或者比较大时使用叉车
升降机	产品需要上下运送时使用，如阁楼式货架上层货物出入库、穿梭车换层时
机器人	可以代替人完成产品码垛、搬运等大批量、高质量要求的工作
起重机	完成输送任务，用来模拟有轨道梁导引的起重机，如门式、桥式和悬臂式起重机
堆垛机	在立体仓库的货架之间的通道内来回运行，将位于巷道口的货物存入货架的货格，或者取出货格内的货物运送到巷道口
任务执行器	进行碰撞检测和执行偏移行进，可以用来模拟现实中的自动导引车（automated guided vehicle，AGV）
网络节点	定义运输机和操作员行走的路径网络
交通控制器	控制一个交通网络上给定区域的交通
直线传送带	建立一条直线传送带
弯曲传送带	建立一条弯曲传送带
原传送带实体	该组件可以通过在"全局设置"对话框的"环境"选项卡中，选择"在实体库中显示原传送带实体"复选框调出
衔接工具	可以将两个独立的传送带连接在一起
决策点	一个多功能对象，可用于将逻辑构建到传送带系统中
站点	可用于向传送带系统中添加处理点的对象
动力控制器	控制输送系统在给定时间是开还是关
合流控制器	一个对象，可以控制不同的传送带通道如何合并在一起
文本	添加文本描述
布告板	文本将被锁定到屏幕上一个特定的位置
演示板	对模型进行演示的演示板
形状	模型中的一个"支撑物"
背景	放入一个地板图作为模型的背景
A*导航器	用于查找点之间路径的搜索算法的导航器
障碍	通过设置障碍修改节点网格
直线路径	定义 AGV 在 AGV 网络上到达目的地所采取的直线路线
弯曲路径	定义 AGV 在 AGV 网络上到达目的地所采取的弯曲路线
衔接路径	连接不同的路径
控制点	AGV 网络上发生各种决策逻辑的点
控制区域	在 AGV 网络中的一个或多个路径上强制相互排除的对象

续表

组件	功能
流体时间器	该实体在模型的流体系统中管理时间进程
流体储存箱	可当作一个流体材料的暂存区
流体发生器	流体材料发生器
流体吸收器	流体材料吸收器
流体混合器	通过连续步骤混合多种流体材料的实体
流体混合管	混合流体材料的实体
流体分解管	分解流体材料的实体
流体输送管	一种可模拟流体移动延迟的实体
流体处理器	一种加工流体材料的实体
流体转换器	一种将临时实体转换为流体材料的实体
实体转换器	一种将流体材料转换为临时实体的实体
流体传送带	一种可模拟输送散装材料的实体
地点	工作人员工作或者活动的地点
运输工具	是一个专门的任务执行器，旨在处理"获取和释放传输"活动。在模拟人员场景环境时，由工作人员在模型周围移动，运输工具用于运输人员的流动
可移动设备	表示由工作人员在模型周围移动的对象（如购物车），旨在与采集和释放设备活动合作
排队区	等候线对象用于模拟排队人员的行为

3. 菜单栏

（1）"文件"菜单。创建一个新的仿真模型，可使用"文件"菜单中的"新建"命令。"文件"菜单如图 2-4 所示。

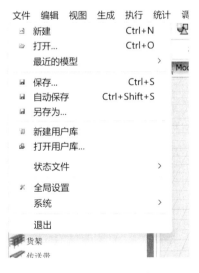

图 2-4 "文件"菜单

FlexSim "文件"菜单的部分命令及功能如表 2-2 所示。

表 2-2　FlexSim "文件"菜单的部分命令及功能

命令	功能
新建	创建一个新的仿真模型
打开	打开一个 FlexSim 模型文件（扩展名为.fsm）
最近的模型	单击此处可以看到最近创建的仿真模型
保存	保存当前模型文件（扩展名为.fsm）
另存为	将仿真模型保存为扩展名为.fsm 的文件
全局设置	此命令可以打开"全局设置"对话框，在此对话框中进行选择设置，配置文本亮度等属性，如图 2-5 所示
系统	用来重新装载媒体，断开 DLL 连接
退出	在不进行任何保存的情况下关闭 FlexSim

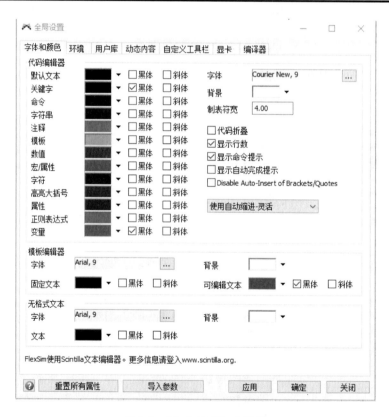

图 2-5　"全局设置"对话框

（2）"编辑"菜单。在"编辑"菜单中，可以对模型进行撤销和恢复操作。"编辑"菜单如图 2-6 所示。

第 2 章
FlexSim 概述

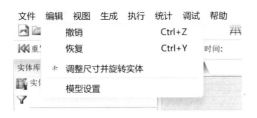

图 2-6 "编辑"菜单

FlexSim"编辑"菜单的部分命令及功能如表 2-3 所示。

表 2-3 FlexSim"编辑"菜单的部分命令及功能

命令	功能
撤销	撤销对模型做的最后一次改变
恢复	恢复对模型的上一次操作

（3）"视图"菜单。"视图"菜单中常用的命令是"模型视图（3D）"和"首页"命令。"视图"菜单如图 2-7 所示。

图 2-7 "视图"菜单

FlexSim"视图"菜单的部分命令及功能如表 2-4 所示。

表 2-4 FlexSim"视图"菜单的部分命令及功能

命令	功能
模型视图（3D）	模型视图以 3D 方式显示模型
首页	返回到首页

（4）"生成"菜单。"生成"菜单中常用的命令是"生成 FlexScript"命令，此命令可创建脚本代码。"生成"菜单如图 2-8 所示。

图 2-8 "生成"菜单

FlexSim"生成"菜单的部分命令及功能如表 2-5 所示。

表 2-5 FlexSim"生成"菜单的部分命令及功能

命令	功能
生成 FlexScript	编写所有 FlexSim 脚本代码

（5）"执行"菜单。"执行"菜单的主要作用是对模型的状态进行控制，如重置模型、运行模型、停止运行模型等。"执行"菜单如图 2-9 所示。

图 2-9 "执行"菜单

FlexSim"执行"菜单的部分命令及功能如表 2-6 所示。

表 2-6 FlexSim"执行"菜单的部分命令及功能

命令	功能
重置	与选择仿真运行控制面板上的"重置"按钮功能相同
运行	与选择仿真运行控制面板上的"运行"按钮功能相同
停止	与选择仿真运行控制面板上的"停止"按钮功能相同
步进	与选择仿真运行控制面板上的"步进"按钮功能相同
提高运行速度	提高模型的仿真运行速度
降低运行速度	降低模型的仿真运行速度

（6）"统计"菜单。利用 ExpertFit 工具可以对采集的数据进行统计分析，找到这些数据符合的分布及参数。"统计"菜单如图 2-10 所示。

图 2-10 "统计"菜单

（7）"调试"菜单。"调试"菜单主要包括断点、FlexScript 代码分析器、事件列表、事件日志等命令。"调试"菜单如图 2-11 所示。

图 2-11 "调试"菜单

FlexSim "调试"菜单的部分命令及功能如表 2-7 所示。

表 2-7 FlexSim "调试"菜单的部分命令及功能

命令	功能
断点	启用断点调试，在脚本编辑器中设置断点，当模型运行至断点时自动暂停
FlexScript 代码分析器	此对话框中罗列了模型中定义的所有脚本函数、参考模型
事件列表	暂挂事件（触发器将要发生的事件）的分类列表
事件日志	触发器已经发生的事件分类列表

（8）"帮助"菜单。"帮助"菜单主要包括用户手册、命令、属性提示、在线内容、网上技术支持、许可证激活、关于 FlexSim 等命令。"帮助"菜单如图 2-12 所示。

图 2-12 "帮助"菜单

FlexSim "帮助"菜单的部分命令及功能如表 2-8 所示。

表 2-8 FlexSim "帮助"菜单的部分命令及功能

命令	功能
用户手册	此命令可打开 FlexSim 的用户手册
命令	此命令可打开命令集
属性提示	打开"属性提示"对话框,在该对话框的列表中显示所有的 FlexSim 属性和它们的含义
在线内容	此命令可以在浏览器中打开 FlexSim 网页
网上技术支持	此命令可以在浏览器中打开 FlexSim 用户论坛网页
许可证激活	此命令可以打开"许可证激活"对话框
关于 FlexSim	打开一个有关 FlexSim 的信息界面,显示当前运行的 FlexSim 版本信息、此 FlexSim 的注册用户信息、显卡信息以及联系信息

4. 工具栏

FlexSim 的工具栏如图 2-13 所示。

图 2-13 FlexSim 的工具栏

FlexSim 工具栏的组件及功能如表 2-9 所示。

表2-9　FlexSim 工具栏的组件及功能

组件	功能
(新建图标)	建立一个新的模型
 (打开图标)	打开一个先前保存的模型（文件扩展名为.fsm）
(保存图标)	保存当前模型
 (A连接图标)	A 连接，连接同类实体；可以切换成 S 连接，连接不同类实体（固定实体-移动实体）
(Q连接图标)	Q 连接，取消同类实体的连接；可以切换成 W 连接，用来取消不同类实体的连接
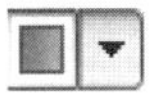 (选择图标)	选择单个或者同时选择多个实体，按住 Shift 键实现选择单个实体，按住 Ctrl 键实现选择多个实体。按住键盘上的 Shift 键然后单击模型空间空白的地方，可以释放被选择的多个实体
 (创建图标)	创建和取消创建实体
3D	打开模型的 3D 视图视窗
工具	打开工具箱
Excel	打开 Excel 界面对话框
树	打开模型的树视图
脚本	打开脚本编辑器

5. FlexSim的仿真时间控件

FlexSim 的仿真时间控件如图 2-14 所示。

图 2-14　FlexSim 的仿真时间控件

FlexSim 仿真时间控件及功能如表 2-10 所示。

表 2-10　FlexSim 仿真时间控件及功能

控件	功能
重置	仿真模型整体复位，如调用各个对象的复位函数、清空缓冲区、设置数据表格参数
运行	仿真模型运行
停止	仿真模型运行结束，单击"运行"按钮后不可以继续运行模型
步进	仿真模型步进，它是按事件步进的

续表

控件	功能
运行时间	仿真模型转换在实际环境中运行的时间
运行速度	仿真运行的速度

2.3.2 FlexSim 中的鼠标操作及键盘交互

1. 鼠标操作

FlexSim 中的鼠标操作如表 2-11 所示。

表 2-11 鼠标操作

操作	说明
移动实体	要在模型中移动实体，则单击该实体，并拖动到需要的位置。还可以右击并拖动鼠标来旋转此实体。也可以使用鼠标滚轮，或同时按住鼠标左右键并拖动鼠标，实体可沿 z 轴方向上下移动
移动视窗	要移动模型的视景观察点，可单击视窗的一个空白区，并拖动鼠标。要旋转模型视点时，右击空白区并拖动鼠标。要放大或缩小视图时，使用鼠标滚轮或同时按住鼠标左右键并拖动鼠标
连接端口	按住键盘上的不同字母，单击一个实体并拖动至第二个实体。如果在单击和拖动过程中按住 A 键，则将在第一个实体上生成一个输出端口，同时在第二个实体上生成一个输入端口，这两个新的端口将自动连接。如果按住 S 键，则将在这两个实体上各生成一个中间端口，并连接这两个新的端口。当按住 Q 键或 W 键时，输入、输出端口之间或中间端口之间的连接被断开，端口被删除

2. 键盘交互

在正投影或透视视图中工作时，可以使用快捷键来建立、定制和获取模型信息。图 2-15 显示了键盘布局，图中用浅色阴影显示的键在与 FlexSim 交互中具有特定的含义。

图 2-15 键盘布局

注：必须在正投影或透视视图是激活视窗的情况下，快捷键才能正常工作。在按下任意键之前，应先单击视窗的标题栏使视窗被激活。否则，快捷键只有在按第二次时才会生效。

（1）A、J 键：情景敏感连接。

A 键用来连接某些类型的两个实体。按住 A 键单击此实体，拖动到另一个实体后释放鼠标按键。通常 A 键连接是一个实体的输出端口到另一实体的输入端口的连线。对于网络节点，A 键将其连接到作为移动物的任务执行器，或连接到作为移动路径关口的固定资源，或者连接到作为移动路径的其他网络节点上。如果习惯使用左手，也可以用 J 键。如果用 A 键连接两个实体，但是没有看见任何变化，要确认视图设定中没有隐藏连接。如果仍没有变化，则可能是那些实体不支持 A 键连接。

（2）Q、U 键：断开情景敏感连接。

Q 键用来断开某些类型的两个实体的连接。按住 Q 键单击实体，拖动到另一个实体后释放鼠标按键。通常使用 Q 键来断开一个实体的输出端口到另一个实体的输入端口之间的连接。对于网络节点来说，Q 键断开一个网络节点与作为移动物的任务执行器，或者与作为移动网关的固定资源之间的连接，并设定一条移动路径的单行线连接为"无连接"（红色）。如果习惯使用左手，也可以用 U 键。

（3）S、K 键：中间端口连接。

S 键用来连接两个实体的中间端口。中间端口的使用是为了达到引导移动实体的目的。按住 S 键单击一个实体，拖动到另一个实体后释放鼠标按键。如果习惯使用左手，也可以用 K 键。

（4）W、I 键：断开中间端口连接。

W 键用来断开两个实体的中间端口连接。按住 W 键单击一个实体，拖动到另一个实体后释放鼠标按键。如果习惯使用左手，也可以用 I 键。

（5）D 键：情景敏感连接。

D 键是第二个用来进行上下文敏感连接的键。网络节点和交通控制器都采用 D 键连接。

（6）E 键：断开情景敏感连接。

E 键是第二个用来断开上下文敏感连接的键。网络节点采用 E 键连接。

（7）X 键：情景敏感单击/切换。

X 键用来根据实体类型改变一个实体或者实体的视图信息。使用方法：按住 X 键单击实体。网络节点将使整个网络在不同的显示模式间切换，X 键也在网络路径上创建新的样条节点，货架也将在不同的显示模式间切换。输送机将重新布置下游输送机位置以使输送机末端齐平。

（8）B 键：情景敏感单击/切换附加键。

B 键用来根据实体的类型来改变实体或实体视图信息的附加键。使用方法：按住 B 键单击实体。网络节点将使整个网络在不同的显示模式之间切换。交通控制器也使用 B 键。

（9）V 键：查看输入/输出端口的连接。

V 键用来查看一个实体的输入/输出端口连接。按住 V 键单击实体，同时按住 V 键和鼠标左键。如果先释放鼠标按键，则相关信息消失；如果先释放 V 键，则会持续显示相关信息。

（10）C 键：查看中间端口连接。

C 键用来查看一个实体的中间端口连接。按住 C 键单击实体，同时按住 C 键和鼠标左键。如果先释放鼠标按键，则相关信息消失；如果先释放 C 键，则会持续显示相关信息。

2.3.3　FlexSim 的对象层次结构

面向对象方法的一个优点是类与类之间可以有继承关系，对象的继承性提供了更大的柔性来扩展我们需求的对象，即衍生出新的对象。在 FlexSim 中可以充分利用继承性来开发我们需求的对象，而软件本身也给用户提供了这样的机制。FlexSim 本身的库对象是高度抽象化的，具有很强的通用性，几乎涵盖了仿真中可能遇到的所有对象。这些对象之间有一定的继承关系，它们之间存在着逻辑关系。图 2-16 所示为 FlexSim 对象的层次结构。

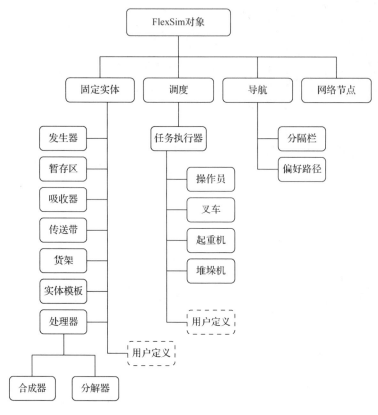

图 2-16　FlexSim 对象的层次结构

在图 2-16 中，FlexSim 各种对象的逻辑关系一目了然。对象库中的对象分为两种，一种是从固定实体中派生下来的，另一种是任务执行器中派生下来的。通过分析可以发现，从固定实体中派生来的对象有一个共同的特点，其本身是不会运动的，它们的作用只是产生或消除物件、存储物件、加工物件等；从任务执行器中派生的对象，其本身是可以运动的，其作用是将物件从一个地点运送到另一个地点。

当现有的库对象不能满足用户的需要时，用户就需要创建自己的对象。FlexSim 为用户提供了这样一种机制——用户可以定制库对象。在对象层次结构图中，可以看到有两个虚线框，这表示用户可以从固定实体和任务执行器中派生出需求的对象。FlexSim 的早期版本中从这两个类中派生新的对象比较复杂，最新的版本中增加了固定实体和任务执行器类，使用户的开发工作更容易。在后面的章节中将具体介绍怎样来实现一个新对象的定制。

2.3.4 节点和树

在介绍树结构之前，我们先来了解 FlexSim 中节点（node）的概念。

节点是树结构的最基本的组成单元，它们组成了连接的层次。所有的节点都有一个文本缓冲区，用来保存节点的名字。节点可以是其他节点的容器，可以是用来定义一个对象属性的关键字，节点也可以拥有一个数据项。属于一个节点的数据项类型可能是数值（number）、字符串（string）、对象（object）、指针（pointer）。

用户可以在对象的树结构中任意地操作节点，如增加节点、删除节点、改变节点所包含的值等。含有对象数据的节点可能包含节点的子列表。含有对象数据的节点称为对象节点。当单击一个对象节点时，会看到在节点的左边有一个大于号（>）按钮。单击">"按钮将打开对象数据的树分支。如果一个节点包含子节点，可以单击"+"按钮来展开。如果一个节点包含对象数据，可以单击">"按钮来展开。

图 2-17 展示了一个队列（queue）展开的对象数据树。

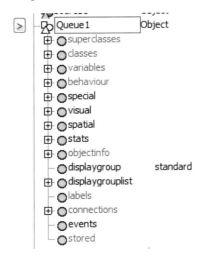

图 2-17 对象数据树

树（tree）结构是一种很常用的数据结构。FlexSim 仿真模型中的对象，或对象中的属性和方法节点等都是树结构；用户甚至可以直接在树结构中操作对象。在 FlexSim 中有两个主要的对象类型：模型（model）或仿真对象（simulation object）和视图对象（view object）。两种类型都有对象数据树，包含了属性和行为控件。一棵对象数据树中的节点可以作为属性、变量或成员函数。

2.4 练习题

1. 简述 FlexSim 的功能特点。
2. FlexSim 实体库组件有哪些？并简述其功能。
3. 画出 FlexSim 的对象层次结构图。

第 3 章
FlexSim 典型实体的使用

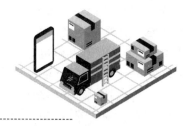

【教学目标】

➢ 了解 FlexSim 系统的概念。
➢ 熟悉并学会使用 FlexSim 的典型实体。
➢ 熟悉每个实体属性界面的选项卡及其参数设置。

本章介绍 FlexSim 典型实体的使用，典型实体包括发生器、吸收器、暂存区、处理器、合成器、分解器、传送带、货架、分配器及运输工具、记录器、可视化工具、网络节点、全局表。不同的实体可以通过外观进行区分，此外它们各自的属性界面也是不同的，每个实体的属性界面都包含数个选项卡，其中有一些是共用选项卡，如"临时实体流"选项卡、"触发器"选项卡、"标签"选项卡、"常规"选项卡，尤其是固定资源类实体几乎都有这些选项卡，它们重要且重复，因此本章将优先介绍共用选项卡，然后介绍各个实体特有的选项卡。了解了这些选项卡及其参数设置，也就掌握了基本的 FlexSim 建模方法。

3.1 FlexSim 实体的概念

实体是主导系统活动的对象（object）。实体是描述系统的三个基本要素（实体、属性、活动）之一。

在离散事件系统中，实体可分为临时实体及永久实体两大类。在系统中只存在一段时间的实体叫作临时实体，如工件、货物。始终驻留在系统中的实体叫作永久实体，如缓冲站、仓库。临时实体按一定规律不断地到达（产生），在永久实体作用下通过系统，最后离开系统，整个系统呈现出动态过程。

实体还可以分为主动体（active）和被动体（passive）。主动体具有自主移动的能力，如服务系统中的顾客、AGV、运输系统中的车辆。被动体不具有自主移动的能力，如产品、工件、托盘、容器等。

3.2 FlexSim 典型实体的使用

3.2.1 共用选项卡

1. "临时实体流"选项卡

"临时实体流"选项卡是所有固定资源类实体共用的选项卡。该选项卡由输入和输出两部分组成，分别决定了如何将上游设备中的临时实体进入到当前实体，以及当前实体如何将临时实体送到下游设备中，"临时实体流"选项卡如图 3-1 所示。（特殊情况：发生器没有输入部分，吸收器没有输出部分。）

图 3-1 "临时实体流"选项卡

（1）"输出"部分。

① 发送至端口。"发送至端口"中的逻辑代码决定临时实体应该发送到下游的哪个端口，查看该触发器的代码可知，代码最后都是以返回一个值结束的，这里的值与实体的输出端口号是对应的，如果返回 0，则打开所有的输出端口，临时实体将通过输出端口进入第一个可用的下游实体。

在默认的情况下（除了分解器），都是"第一个可用"的方式，即临时实体会发送到端口号靠前的可用实体中。虽然"发送至端口"非常重要，但是很多时候并不需要特别对此选项进行设置，"第一个可用"的发送规则在大部分的时候都符合建模要求。这里说到的"可用"概念，是指实体能够接受临时实体，而端口不可用的原因有很多，如关闭了输入、容量到达上限、设置了暂停时间等，需要根据具体情况来分析。

除默认选项外，"发送至端口"最常用的是"指定端口"选项，该选项使得临时实体根据表达式得到的结果进行发送，默认的选项是根据临时实体的类型（item.Type）来发送，即类型 1 的临时实体发送到端口 1、类型 2 的临时实体发送到端口 2，指定端口的应用如图 3-2 所示。

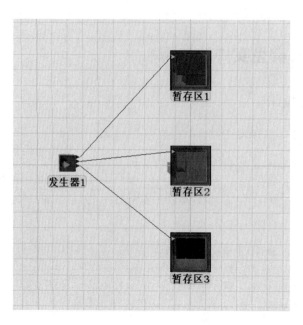

图 3-2　指定端口的应用

由实体库拖出 1 个发生器、3 个暂存区放到正投影视图中,将发生器分别与 3 个暂存区进行 A 连接,然后双击"发生器",打开参数设置界面,在"触发器"选项卡中添加 On Creation(创建触发),然后在"设置临时实体类型和颜色"界面中将临时实体类型修改为 duniform(1,3),可以使发生器产生的临时实体有 3 个不同的颜色。然后在"临时实体流"选项卡的"发送至端口"下拉列表中选择"指定端口"选项,单击"应用"按钮即可。

"发送至端口"下拉选项中的"随机"选项应注意区分"随机端口"和"随机可用端口"。"随机端口"就是完全随机得到一个下游端口号,无论下游是否可用,因此,如果是传送带类一次只能释放一个临时实体的实体,就会出现堵塞的情况;如果选择了"随机可用端口",软件则会在决定发送到哪个下游的瞬间,判断当前下游中哪些端口可用,从可用的端口中随机得到一个。"循环"选项功能也是类似的。

② 使用运输工具。如果选中此复选框,实体将请求使用运输工具将临时实体搬运到下游去。例如,可以通过 S 连接指定"操作员"为运输工具,将临时实体由暂存区 1 搬运到暂存区 2,运输工具的应用过程如图 3-3 所示。如果没有选中此复选框,临时实体将自动移过去。

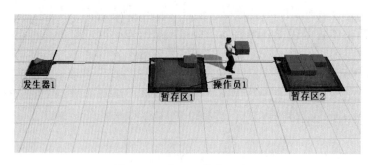

图 3-3　运输工具的应用过程

由实体库拖出 1 个发生器、2 个暂存区放到正投影视图中，将发生器与暂存区 1、暂存区 1 与暂存区 2 进行 A 连接，操作员与暂存区 1 进行 S 连接，然后双击"暂存区 1"图标，打开参数设置界面，单击"临时实体流"选项卡，选中"使用运输工具"复选框，单击"确定"按钮即可，如图 3-4 所示。

图 3-4　运输工具的设置

③ 优先级。只有选中"使用运输工具"复选框时，才可以使用这个选项，在这里设置任务的优先级。运输设备和分配器通常对任务序列进行排序，先执行优先级高的任务。具有相同优先级的任务序列将按照它们被接收的顺序执行。

④ 先占。只有选中"使用运输工具"复选框时，才可以使用这个选项。如果选择此选项，发送的任务序列将会自动地抢占正在执行其他任务的运输工具。这有可能导致运输工具执行正常不被允许的任务，如超载。

⑤ 当下游端口变为可用时对发送至端口进行再次评估。如果选中此复选框，每当下游实体变为可用时，都要对发送至端口进行判断。请注意，只有当下游实体变为可用时才执行这个逻辑。当下游实体已经为可用时，就不再进行连续判断。

（2）"输入"部分。

① 拉入。选中"拉入"复选框，该实体便会从上游拉取临时实体。上游实体会打开所有输出端口，允许下游实体根据自身规则拉取它所需要的临时实体。

② 策略。在选中"拉入"复选框的前提下使用，通过设置拉入策略可以使暂存区 1 只接收发生器 1 产生的临时实体，如图 3-5 所示，暂存区 1 连接发生器 1 的三角图标为绿色意为可以接收，连接发生器 2 的三角图标为红色意为不能接收。

具体设置如下：双击"暂存区 1"图标，在打开的"临时实体流"选项卡中选中"拉入"复选框，在"策略"下拉列表中选择"指定端口"选项，更改弹出框中的内容为 1 即可，如图 3-6 所示。

图 3-5

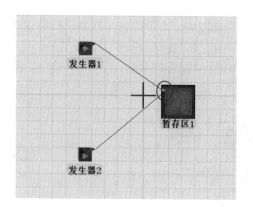

图 3-5　固定资源类实体接收特定输入端口产生的实体

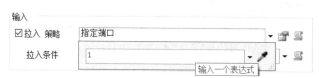

图 3-6　拉入策略的设置

③ 拉入条件。在选中"拉入"复选框的前提下使用。拉入条件的返回值是一个布尔值（1，0），1 代表找到了符合条件的实体，0 代表没有找到。通过拉入条件的设置可以使暂存区 1 只暂存某种颜色的实体，这里以红色实体为例。

具体设置如下：设置 1~10 的标签及颜色，如图 3-7 所示。

图 3-7　颜色设置

选中"拉入"复选框,在"拉入条件"下拉列表中选择"特定临时实体类型"选项,保持默认类型1(默认红色),然后单击"应用"按钮即可。拉入条件设置后的效果如图3-8所示。

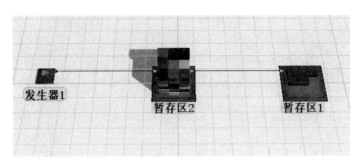

图3-8 拉入条件设置后的效果　　　　　　　　　　　　图3-8

在"拉入条件"下拉列表中,选择"特定的标签"选项可以设置自己定义的标签,如weight等;选择"特定的排序序号"选项可以选择某一序号后的临时实体进入到暂存区内,如设置暂存区1的拉入条件中的"特定的排序序号"选项为3,如图3-9所示,产生的临时实体从第3个开始都会暂存到暂存区1中,如图3-10所示。

图3-9 "特定的排序序号"的设置

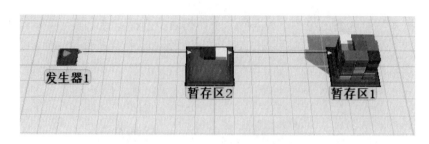

图 3-10　临时实体暂存到暂存区 1

模型 3-1：构建一个再次加工优先处理不良品的模型。
要求如下。

① 发生器产生的 4 种实体分别由 4 个处理器进行加工，处理完后进入暂存区准备进入检验工序。

模型 3-1：再次加工优先处理不良品

② 检验工序将占比 92%的合格产品送到入库货架，占比 8%的不合格产品送入传送带返回暂存区 1 返工。

③ 要求处理器优先处理不合格的产品（不合格产品指定颜色为黑色）。

④ 如果检验工序遇到两次都是不合格的产品，则新增一个报废货架对其进行报废处理。
建模步骤如下。

① 从实体库中拖出 1 个发生器、2 个暂存区、5 个处理器、2 个货架、1 条弯曲传送带放到正投影视图中并进行 A 连接，单击"处理器 5"图标，在右侧"快捷属性窗口"窗格的"常规属性"中更改名称为"检验工序"，同样方法将"货架 1"的名称更改为"入库"，"货架 2"的名称更改为"报废"，设置效果如图 3-11 所示。

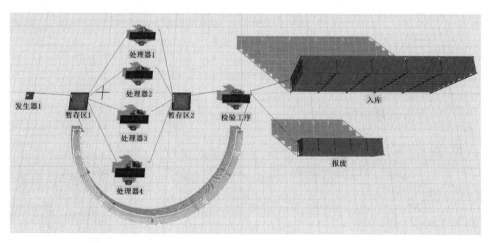

图 3-11　建模设置效果

② 设置发生器 1 的"触发器"选项卡，如图 3-12 所示。

③ 在暂存区 1 的"临时实体流"选项卡中设置"发送至端口"为"指定端口"，如图 3-13 所示。双击"检验工序"的处理器，在"临时实体流"选项卡的"发送至端口"下拉列表中依次点击"随机""按百分比"，将"指定百分比"分别设置为 92%对应输出端口 1 和 8%对应输出端口 2，如图 3-14 所示。

第 3 章
FlexSim 典型实体的使用

图 3-12 设置触发器

图 3-13 暂存区 1 输出端口设置

图 3-14 "指定百分比"设置

④ 双击"弯曲传送带"图标，打开"弯曲传送带"设置界面，在"触发器"选项卡中选择"离开触发"（On Exit）选项，单击"离开触发"右侧的绿色加号按钮，选择"显示外观"下的"设置实体颜色"命令，设置实体颜色为黑色，见图3-15（通过设置弯曲传送带的触发器实现不合格品回流到暂存区1）。

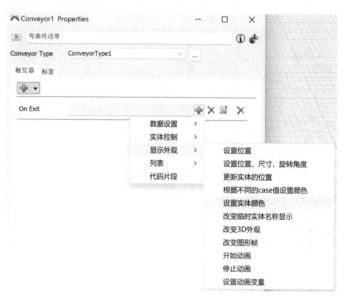

图3-15 弯曲传送带离开触发设置

⑤ 在工具箱设置"临时实体箱"——Box，在右侧"快捷属性窗口"窗格"标签"栏中新增一个以process_time为名称的标签。双击"处理器1"图标，打开参数设置界面，在"触发器"选项卡中，单击绿色加号按钮，选择On Process Finish选项，设置"递增系数"为1，如图3-16所示（当出现不合格实体时会通过传送带送回暂存区1，这些实体的加工次数为1，而由发生器新产生进入暂存区1的实体加工次数为0，因此我们要优先处理加工次数为1的临时实体）。

图3-16 设置标签

⑥ 为处理器设置一个拉入策略。在处理器的"临时实体流"选项卡中选中"拉入"复选框，在"策略"下拉列表中选择"拉入最符合条件的临时实体"选项后，界面如图3-17所示，同样方法将处理器2、处理器3、处理器4和检验工序进行设置。

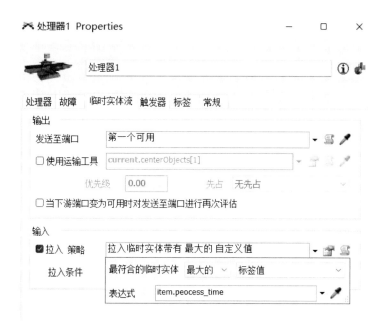

图 3-17 设置拉入策略

⑦ 双击"报废"图标，打开参数设置界面，在"尺寸表格"选项卡中，将"列数"和"层数"均设置为5，并单击"应用基本设置"按钮，如图3-18所示。

图 3-18 报废货架尺寸设置

⑧ 通过修改"检验工序"的代码实现对两次不合格的产品进行报废处理，双击"检验工序"的处理器，在打开的界面编辑输出的代码如图3-19所示，使得加工次数大于1的（意味产品两次加工不合格）产品输出到"报废"端口（输出端口3）。

```
检验工序 - Send To Port
 1 Object item = param(1);
 2 Object current = ownerobject(c);
 3 /***popup:Percentage:valuestr=Port*/
 4 /**按百分比*/
 5 int stream = /**\nStream number: *//**tag:stream*//**/getstream(current)/**/;
 6 double randomnum = uniform(0.0, 100.0, stream);
 7 double total = 0.0;
 8 /***tagex:data*/
 9 total += /**\nPercent: *//**/92/**/;
10 if (randomnum <= total)
11     return /** Port: *//**/1/**/;
12 total += /**\nPercent: *//**/8/**/;
13 if (randomnum <= total && item.process_time>1)
14     return /** Port: *//**/3/**/;/***/
15 if (randomnum <= total)
16     return /** Port: *//**/2/**/;/***/
17
```

图 3-19　修改"检验工序"的代码

⑨ 建立所要求的模型，如图 3-20 所示。

再次加工优先
处理不良品
模型文件

图 3-20

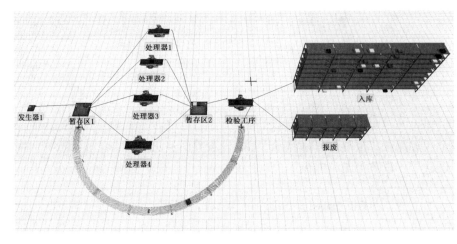

图 3-20　整体模型

2. "触发器"选项卡

（1）设置临时实体为不同颜色。

双击"发生器"图标，打开参数设置界面，在"触发器"选项卡中添加 On Creation（创建触发），单击 On Creation 右侧的绿色加号按钮，选择"数据设置"下拉菜单中的"设置标签"命令，在打开界面的"标签"栏中填入 Type，"值"为"duniform (1,3)"，意思为产生了一个 1 到 3 的整数均匀分布并赋值给了 item 的 Type 标签，选择"显示外观"下拉菜单中的"根据不同的 case 值设置颜色"命令，值对应上面 duniform (1,3)产生的 1、2、3，Color.byNumber 即根据数值进行颜色的分配，最终颜色将被赋予 item 实体，也就是给它染了色。

（2）设置模型运行时间。

双击"吸收器"图标，打开参数设置界面，在"触发器"选项卡中添加 On Entry（进入触发），单击 On Entry 右侧的绿色加号按钮，选择"实体控制"下拉菜单中的"停止模型运行"命令，更改条件数字（如改为 100，即吸收器在接收 100 个临时实体后会停止），"只用于实验"选择 no。

（3）临时实体离开处理器。

双击"处理器"图标，打开参数设置界面，在"触发器"选项卡中添加 On Exit（离开触发），在"直接编辑此触发器代码"处输入代码"print("离开处理器 2", time());"后单击"应用"按钮。

（4）重置触发（On Reset）。

在"触发器"选项卡中添加 On Reset（重置触发），单击 On Reset 右侧的绿色加号按钮，选择"显示外观"下拉菜单中的"设置位置"命令，设置位置坐标为 $X=1$，$Y=2$，$Z=3$，则每次重置后该实体都会回到所设的初始位置（1,2,3）。

（5）资源可用触发器（On Resource Available）。

建立一个基础模型如图 3-21 所示。

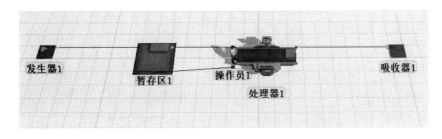

图 3-21　未设置 On Resource Available 的模型

从图 3-21 中可知，待处理器加工完搬运过来的实体后，操作员才会离开，继续搬运下一个实体，浪费了一定的时间。通过设置 On Resource Available，可以令操作员在将实体搬运到处理器后立即返回暂存区继续搬运下一个实体，以达到优化内置逻辑，节省时间，提高资源利用率的目的。设置 On Resource Available 的模型如图 3-22 所示。

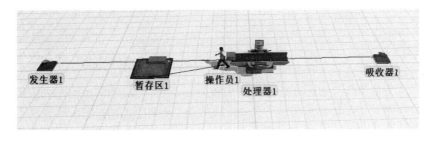

图 3-22　设置 On Resource Available 的模型

具体操作步骤如下：双击"操作员"图标，打开参数设置界面，在"触发器"选项卡中添加 On Resource Available，选择"行进到原位置"选项，单击"确定"按钮即可，On Resource Available 选项设置如图 3-23 所示。

图 3-23 On Resource Available 的设置

（6）离开触发（On Exit）和进入触发（On Entry）。

模型 3-2：构建一个体现 On Exit 和 On Entry 用法的补货模型。要求：暂存区 1 在容量为 12 时关闭输入端口，在容量低于 4 时打开输入端口进行补货。

模型 3-2：体现 On Exit 和 On Entry 用法的补货模型

为了暂存区能累积足够的临时实体，需要把发生器的产生间隔尽量设置得比处理时间短。操作步骤如下。

① 从实体库中拖出 1 个发生器、1 个暂存区、1 个处理器、1 个吸收器放到正投影视图中并进行 A 连接，如图 3-24 所示。

构建一个体现 On Exit 和 On Entry 用法的补货模型文件

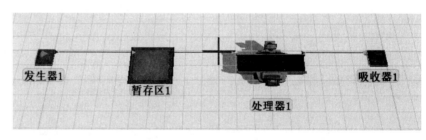

图 3-24 拉入组件并进行 A 连接

② 双击"发生器 1"图标，打开参数设置界面，在"发生器"选项卡中设置"到达时间间隔"的"均值"为 4，"标准差"为 1，服从正态分布，如图 3-25 所示。

③ 设置暂存区使它符合高关低开的逻辑。双击"暂存区 1"图标，打开参数设置界面，在"触发器"选项卡中添加 On Entry（进入触发）和 On Exit（离开触发），在"实体控制"的下拉菜单中选择"关闭和打开端口"命令，运用 content（current）函数获取当前实体的容量，设置 On Entry 的"条件"为"content（current）>=12"，如图 3-26 所示，使暂存区 1 在容量为 12 时关闭输入端口。

图 3-25 到达时间间隔设置

图 3-26 设置 On Entry 的条件

④ 由于实体在 On Exit 启动之后才会离开，因此为使暂存区在容量低于 4 时打开输入端口进行补货，需要设置 On Exit 的"条件"为"content（current）==5"（比目标容量多 1 个），如图 3-27 所示。

图 3-27 设置 On Exit 的条件

⑤ 单击"运行"按钮即可实现要求，可以打开 Dashboards 里的"WIP 时间序列图"进行验证，如图 3-28 所示，从图中可以看出暂存区内的货物在 4~12 个。

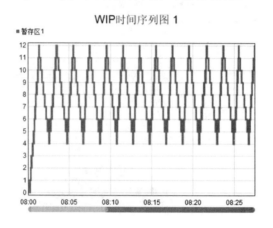

图 3-28 WIP 时间序列图

3. "标签"选项卡

标签可以理解为为指定实体添加、修改自定义的属性，如为 Box 添加质量、产地等属性。标签分为数值型和字符串型，在"标签"选项卡中可以添加、删除、修改、复制、上下移动标签和标签值，图 3-29 所示为"标签"选项卡。若选中"自动重置标签"复选框，则标签值会保持初始设置的状态。

图 3-29 "标签"选项卡

4. "常规"选项卡

"常规"选项卡分为外观，标识，位置、旋转、尺寸，端口四部分。

（1）外观部分。

① 3D 图形。通过在 3D 图形里添加一个新的图形帧，使实体在不同的状态下有不同的形状、外观。在下拉列表中有一些可选择的形状，如金属椅、轮椅、桌子等，也可以在下拉列表中选择 Browse 选项导入自定义的三维图像文件。FlexSim 支持的三维格式包括.3ds、.wrl、.dxf、.stl 等。

② 图形因子。当导入外部比较复杂的模型时，图形因子是用来矫正偏移位置、旋转和大小的。

③ 3D 纹理。通过选择下拉列表中的不同选项可以改变实体的 3D 外观。

④ 视景/动画。用来创建一些我们想要的动画效果或者自定义实体。

第 3 章
FlexSim 典型实体的使用

（2）位置、旋转、尺寸部分。

通过修改对应的 X、Y、Z 坐标值，可以更改临时实体的位置和外观信息。

（3）端口部分。

端口包括输入端口、输出端口、中间端口。建模时，A 连接创建了输入端口和输出端口的上下游关系，S 连接的两个实体互为中间端口。如图 3-30 所示，暂存区 1 的输入端口为发生器 1（发生器 1 与暂存区 1 为 A 连接），中间端口为操作员 1（操作员 1 与暂存区 1 为 S 连接），输出端口为处理器 1（暂存区 1 与处理器 1 为 A 连接）。

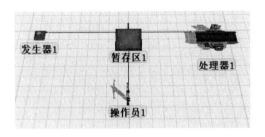

图 3-30　端口连接

模型 3-3：创建一个更改输出端口顺序的模型。

操作步骤如下。

① 从实体库拖出 1 个发生器、2 个暂存区放到正投影视图中，将发生器分别与暂存区 1 和暂存区 2 进行 A 连接，如图 3-31 所示。

② 双击"发生器 1"图标，打开参数设置界面，单击"常规"选项卡，在"输出端口"中选择"2：暂存区 2"选项，单击"排序^"按钮。输出端口调整后的结果如图 3-32 所示，此时暂存区 2 已变为输出端口 1。

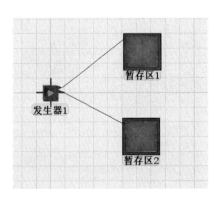

图 3-31　发生器与暂存区进行 A 连接　　　　　图 3-32　设置发生器 1

③ 将发生器产生的临时实体（Box）优先存放在暂存区 2，如图 3-33 所示，输入端口、中间端口的设置同理。

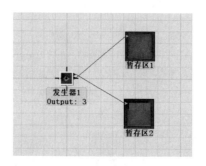

图 3-33　临时实体优先存放在暂存区 2

（4）标识部分。

① 显示名称：是否在 Model 视图中显示名字。

② 显示端口：是否在 Model 视图中显示输入、输出和中间端口。若不选中此复选框，进行连接的实体间的连线会被隐藏。

③ 显示 3D 图形：是否显示 3D 外观。

④ 显示容量（子实体）：是否显示子实体。以暂存区为例，若不选中此复选框，即使暂存区内有临时实体箱暂存，也是看不到的，这里的临时实体箱即为子实体。

⑤ 调整容量：图形绘制的基准是否基于子实体。

⑥ 保护：保护实体位置、大小和旋转不被鼠标拖动而控制。

⑦ 禁止选中：无法选中，防止实体被误操作（删除），干扰选择。选中"禁止选中"复选框后的实体可以通过选择同类实体跳转到该实体来取消"禁止选中"操作。如图 3-34 所示，通过"处理器 2"参数设置界面中左下角的三角图标，转到"处理器 1"的参数设置界面，在"常规"选项卡中取消选中"禁止选中"复选框。

图 3-34　通过同类实体跳转

3.2.2 发生器的使用

"发生器"选项卡中主要功能如下。

（1）临时实体种类。可通过下拉列表选择不同的临时实体，这些临时实体与临时实体箱中的临时实体相对应，若选择"Go To FlowItem Bin…"命令，则可以打开临时实体箱，查看不同临时实体的外观和属性。

（2）到达时间间隔。"到达时间间隔"为临时实体的默认到达方式，若选中"0时刻到达"复选框，则发生器会在 0 时刻创建第一个临时实体，第二个临时实体则会根据设置的时间间隔生成。通过更改"到达时间间隔"的参数，可以控制相邻两个临时实体生成的时间间隔，可以服从某种函数分布或者百分比，还可以是某个固定的值（删除编辑框里的所有内容，输入想设定的数值即可），最常使用的是统计函数。"到达时间间隔"设置如图 3-35 所示。

图 3-35 "到达时间间隔"设置

（3）到达时间表。若"到达方式"选择"到达时间表"选项，则临时实体将会严格按照时间表格生成。Arrivals 为临时实体到达次数，与表格中的行数相对应。改变 Labels 的数值，可以在下方表格为临时实体新建若干标签类型，如 Type、Weight 等。若选中"重复时间/序列表"复选框，则发生器会按照表格循环生成临时实体，但注意，要想使用此种循环，表格中的 ArrivalTime（单位默认是 s）必须设置为递增。

根据图 3-36 的设置，临时实体生成的规则为：第 0s 生成 15 个类型为 1 的临时实体，第 10s 生成 5 个类型为 2 的临时实体，第 20s 生成 10 个类型为 3 的临时实体，第 30s 生成 12 个类型为 1 的临时实体，然后从头循环。（注意：这里我们设置 Arrival1 为 0，所以进行下一个循环时 Arrival4 和 Arrival1 会产生一个首尾相连的情况，即 30s 时会同时产生 27 个临时实体。）

图 3-36　循环到达时间表

（4）到达序列。按到达次数分批发送。它与到达时间表的区别是：到达时间表设定后，不管发生器是否堵塞，到了预定时间就会产生相应数量的临时实体；而到达序列不能指定时间，当第一批临时实体发送完才会发送第二批，并且是紧接着产生的。

当暂存区容量充分时，图 3-37 所设置的到达序列表中临时实体的总和为 20 个，暂存区的临时实体默认容量是 1000 个，能够包含我们所设置的 20 个，此时暂存区会一次性接收 20 个临时实体，然后进行处理，如图 3-38 所示。

图 3-37　到达序列举例

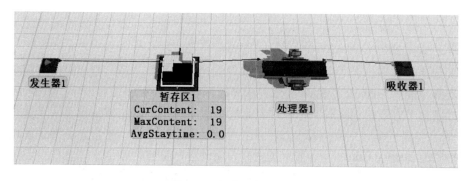

图 3-38　暂存区容量充分

当暂存区容量有限时，我们将暂存区容量改为 2（详细设置请查看 3.2.4 节），不能包含我们所设置的 20 个临时实体，暂存区会依据到达序列接收临时实体，然后送往处理器进行处理，如图 3-39 所示。

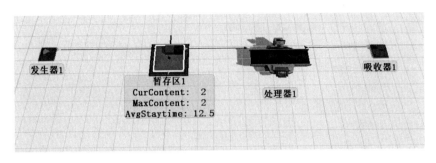

图 3-39 暂存区容量有限

3.2.3 吸收器的使用

吸收器用来消除模型中已经通过全部工序加工的临时实体。一旦临时实体进入吸收器，就不能再恢复。

"吸收器"选项卡中只有"回收策略"选项，默认为 Do Not Recycle Flowitems，即进入吸收器的临时实体会被直接销毁，此外下拉列表中还有循环使用指定类临时实体的选项，如图 3-40 所示，若选择 Recycle to Box 选项，则进入吸收器的 Box 将不会被销毁，而是依旧存在模型内部，等待下次发生器生成 Box 时调用它。

图 3-40 吸收器回收策略

3.2.4 暂存区的使用

暂存区实体扮演储存区和缓冲区的角色。暂存区可以代表一队人、CPU 上一个空闲过程的队列、工厂中地面上的一个储存区或客户服务中心的一队等待的呼叫等。

通过"暂存区"选项卡可以设置暂存区的最大容量。

若选中"后进先出"复选框，则暂存区会释放在暂存区里停留时间最短的临时实体到下游，若不选中此复选框，则默认"先进先出"的规则。

成批操作：选中"成批操作"复选框后可更改"目标批量"数量，如更改为 3，则会在暂存区累积暂存 3 个临时实体后才开始搬运，如图 3-41 所示。

"显示"部分是设置临时实体在暂存区中的排列方式，包括垂直堆放、水平堆放、暂存区内堆放和无操作 4 种模式。如果用户不想以暂存区默认的方式来安排临时实体的堆放（有自定义的堆存方式），那么此处可选择"无操作"选项，然后在适当的触发器（通常是进入触发）中，通过选项或代码设置临时实体的位置。

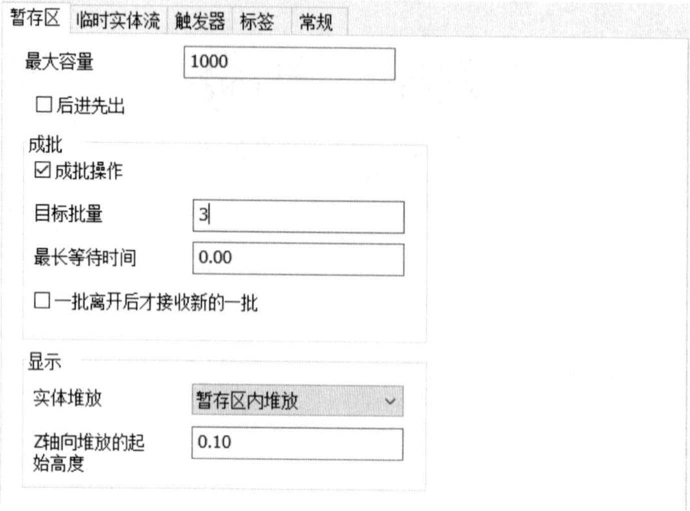

图 3-41 "目标批量"设置

3.2.5 处理器的使用（包括多重处理器的使用）

（1）"处理器"选项卡。

处理器、合成器、分解器功能可以共享，但是合成器和分解器没有"最大容量"和"临时实体走完处理器全长"选项。

该选项卡主要用来设置临时实体在处理器类实体上停留的时间和方式，停留的时间包括预置时间和加工时间，二者均可为 0，也可以直接在编辑框中输入或者通过右侧下拉列表设置，如图 3-42 所示。预置时间和加工时间可以作为：机器的预热和真正加工的时间；或者同一台设备上执行两道工序操作的时间；或者设备临时存储的两个阶段。读者可以根据实际需求灵活应用，不必拘泥于"处理器"这个名字。如果选中"使用操作员进行预置"和"使用操作员进行加工"复选框，那么"捡取操作员"（软件中的"捡取操作员"即拣取操作员）选项就会被激活，该选项与"使用运输工具"选项类似，实际效果是：当 item 进行加工/预置时，必须调用 TE（通常是操作员）到达实体附近，TE 状态转为占用（Utilize），并绑定在该处理器上，直到 item 完成加工/预置。

"预置时间"：每次处理器开始加工之前，如对处理器进行清洗、调试等，预置结束准备工作做完之后它才开始加工。

（2）"故障/中断"选项卡。

"故障/中断"选项卡除处理器、合成器、分解器以外的所有固定资源类实体和除任务分配器以外的所有任务执行器类实体共享。在固定资源类实体中，该选项卡名称为"故障"；在任务执行器类实体中，该选项卡名称为"中断"，如图 3-43 所示。为何内容一样的选项卡在不同类型的实体上却有不同的名称呢？对于处理器类的实体来说，暂停实体运作通常是模拟故障或检修；而对于任务执行器类的实体来说，暂停实体运作通常是模拟员工休息，这也就是为什么处理器类实体的中断通常使用故障产生与修复表（MTBF/MTTR），而任务执行类实体（特别是操作员）的休息时间通常是事先规划好的，因此，"故障/中断"选项卡更多地配合时间表（Time Table）来使用。

第 3 章
FlexSim 典型实体的使用

图 3-42 "处理器"选项卡

图 3-43 "故障/中断"选项卡

（3）"复合处理器"选项卡的使用。

"复合处理器"选项卡如图 3-44 所示。图中左上角椭圆框内的图标依次为添加、删除、移动工序，在理论上，可以拥有无数道工序，不同的工序拥有单独的设置界面。选中指定工序之后，界面右侧可对指定工序进行具体设置，设置的内容与"处理器"选项卡设置类似，但是没有"预置时间"选项（也就是说，"复合处理器"选项卡中设置的每道工序只能执行一个加工时间）。"复合处理器"选项卡既可以自定义每道工序的名称，也可以设置每道工序使用不同数量的操作员（依旧需要配合任务分配器），若指定工序不需要操作员，可直接设置"操作员数"为 0。

图 3-44 "复合处理器"选项卡

3.2.6 合成器的使用

合成器要求输入端口 1 必须是容器类实体，如托盘、料箱等。合成器有 3 种合成模式，如图 3-45 所示，分别是：打包，将不同端口指定数量的多个临时实体装入一个容器中；合成，将不同端口指定数量的多个临时实体组合为一个；批处理，从不同端口收集指定数量临时实体后，统一执行加工流程，然后不对临时实体的层级进行任何修改，发送到下游。

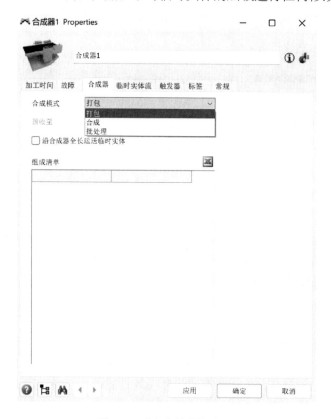

图 3-45 "合成模式"选项

"沿合成器全长运送临时实体"复选框：若选中此项，临时实体将从一端到另一端沿着合成器行走。

"组成清单"选项：定义每种类型的临时实体的收集数量。合成器把从输入端口 1 进入的临时实体作为容器，每次合成操作只从这个端口接收一个临时实体。其他行代表从输入端口 1 之外的其他端口进入的临时实体数量。在窗口打开的情况下，由发生器或其他合成器上游的实体与合成器进行 A 连接，可以更新合成器的"组成清单"表格内容。

如有 3 种产品需要进行码盘操作，每个托盘中每种产品各 3 个，建模时需要使用 4 个发生器，其中 1 个产生托盘，另外 3 个发生器分别产生 3 种颜色的产品，如图 3-46 所示。

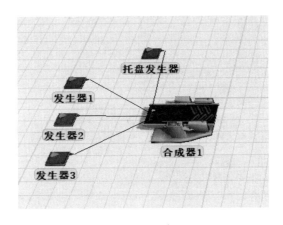

图 3-46　初始建模图

图 3-46 中的托盘发生器必须先连接合成器的输入端口 1，然后连接 3 个产品发生器。托盘发生器的临时实体种类必须是托盘（Pallet），如图 3-47 所示。

图 3-47　托盘发生器临时实体种类设置

合成器 1 的"合成器"选项卡的"组成清单"是从输入端口 2 开始的，这是因为输入端口 1 输入托盘。可以设置"组成清单"中的输入端口 2、输入端口 3、输入端口 4 的目标数量为 2，这样托盘中的每种货物就可以码放 2 个了，如图 3-48 所示。

合成器 1 运行后的效果如图 3-49 所示。

图 3-48 "合成器"选项卡中"组成清单"的设置

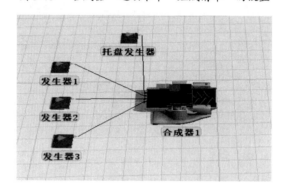

图 3-49 合成器 1 运行后的效果

如果托盘发生器没有连接合成器 1 的输入端口 1（连接到输入端口 2、输入端口 3 或者输入端口 4）进行仿真操作，产品和托盘是分离的，初学者会经常犯这样的错误，使得仿真结果不正确，如图 3-50 所示。

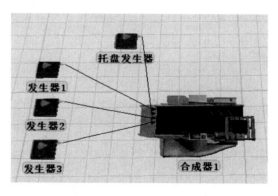

图 3-50 托盘发生器没有连接合成器 1 的输入端口 1

3.2.7 "分解器"选项卡的使用

"分解器"选项卡包括"拆包"和"分解"两种模式，如图 3-51 所示，若选中"拆包"单选按钮，表明进入分解器的临时实体包含其他需要被移出的临时实体，比如一个托盘上装有 2 个货物，全部拆包后，分解器就会输出包括托盘在内的 3 个货物。若选中"分解"

单选按钮,分解器将会复制进入的临时实体。若选中"沿分解器全长传送实体"复选框,临时实体将会在处理时间内历遍分解器的全长。在"分解/打包临时实体数量"下拉列表中可以设置分解器要拆包或者复制临时实体的数量。"使用回收实体"选项仅限在分解模式中使用。需要注意的是,在使用分解器进行拆托盘操作时,分解器的输出端口 1 一定要连接回收托盘的容器装置,分解器的输出端口 2 连接接收产品的装置。

图 3-51 "分解器"选项卡

3.2.8 传送带的使用

本小节介绍传送带的使用,包括分拣传送带的使用。

1. 调出原传送带

FlexSim 7.5 及以上版本的默认传送带为隐藏状态,而原传送带对于初学者采用 FlexSim 建模非常有用,选择"文件"→"全局设置"命令,在打开的"全局设置"界面的"环境"选项卡中选中"在实体库中显示原传送带实体"复选框可以将其调出,如图 3-52 所示。

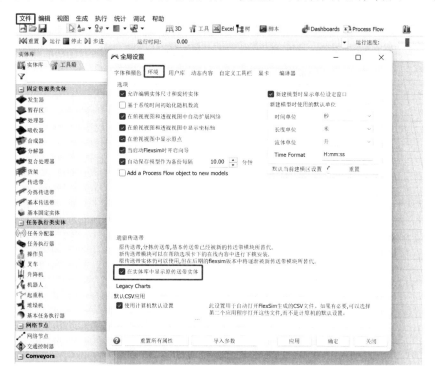

图 3-52 选中"在实体库中显示原传送带实体"复选框

传送带包括基本传送带、传送带、分拣传送带等，可通过"传送带"选项卡设置临时实体在传送带上的速度、最大容量、间隔、旋转方向、虚拟长度等，如图3-53所示。

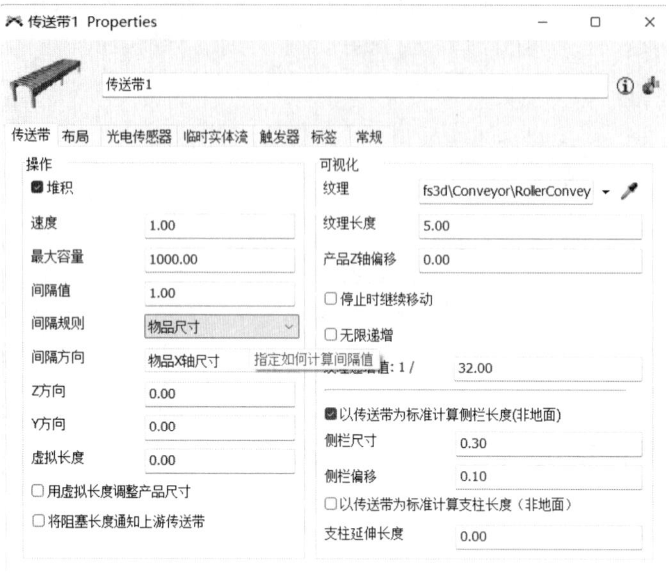

图3-53 "传送带"选项卡

通过更改"传送带"选项卡中的Z方向和Y方向设置，可以改变临时实体的位置形态，如图3-54所示。

图3-54 "传送带"选项卡中Z方向、Y方向的设置

"传送带"选项卡中"可视化"部分可以改变传送带的外观，如纹理、侧栏尺寸、支柱延伸长度等。

2. "布局"选项卡

"布局"选项卡可以控制传送带类实体的形态和布局情况,如图 3-55 所示,可以添加、选中不同参数设置的 section,设置其为弯曲或平直,当设置为平直类型时,"长度"指的是与地面平行的距离长度。

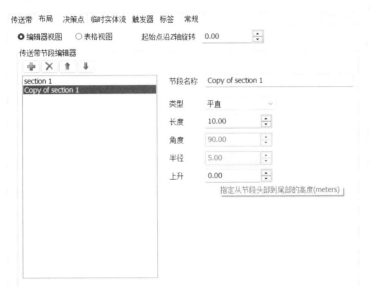

图 3-55 "布局"选项卡

3. 分拣传送带的设置

分拣传送带的特点是拥有多个输入和输出位置,分拣传送带的"合流控制"选项卡中的两张表格分别针对输入点和输出点的控制,当分拣传送带连接了上下游(输入端如发生器等实体,输出端如暂存区、货架等实体)后,会根据输入和输出端口的数量生成相应的表格。

模型 3-4:

创建传送带(包括分拣传送带)使用的模型。图 3-56 所示为一个简单的传送带分拣模型。

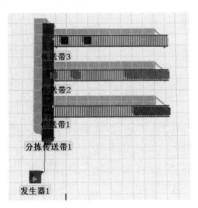

图 3-56 传送带分拣模型

简单的传送带分拣模型文件

图 3-56

模型 3-4:简单的传送带分拣模型

建模步骤如下。

① 从实体库中拖出 1 个发生器、1 条分拣传送带、3 条传送带。双击"分拣传送带 1"图标，打开参数设置界面，在"常规"选项卡中调整其方向，使其变为竖直方向，如图 3-57 所示。

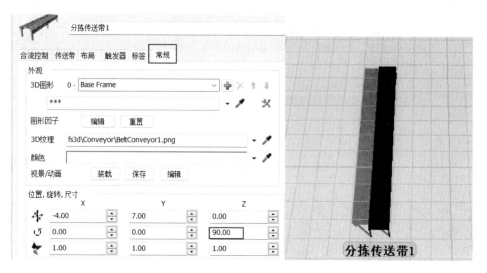

图 3-57　分拣传送带 1 位置设置

② 在分拣传送带的"合流控制"选项卡中修改 3 个分拣口的 Exit Point（因为连接了 3 条传送带）分别为 3、6、9，在"发送条件"下拉列表中选择"根据临时实体类型"选项，如图 3-58 所示。

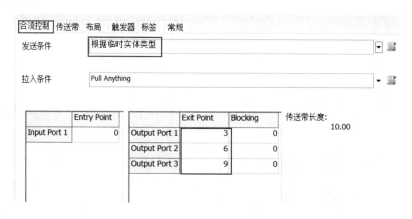

图 3-58　"合流控制"选项卡的设置

③ 单击"运行"按钮就可以看到分拣传送带上 3 个分拣口的位置，将 3 条传送带移到相应的位置，如图 3-59 所示。

④ 在发生器 1 的"触发器"选项卡中添加 On Creation（创建触发），并设置临时实体类型和颜色，单击"重置"按钮、"运行"按钮即可。

第 3 章
FlexSim 典型实体的使用

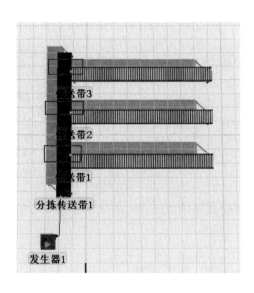

图 3-59 分拣传送带输出端口位置

图 3-59

3.2.9 货架的使用

1. "货架"选项卡

双击"货架 1"图标,打开参数设置界面,单击"货架"选项卡,如图 3-60 所示。

图 3-60 "货架"选项卡

① 平放货架。选中此复选框，货架将与地面存储区相似，同一个货格的临时实体将垂直累积堆放。

② 标记正在调用运输工具的货格。选中此复选框，调用运输工具的货架，被取货的货格会显示为红色。

③ 最大容量。与暂存区一样，表示货架允许储存的最大容量。

④ 拾取/放置时 Y 轴偏移。通过此选项可以设置用叉车或操作员进行拾取或放置操作，且当叉车或操作员与货架的距离合适时，可以合理地模拟现实情况。

⑤ 放置到列或层。通过下拉列表可以选择临时实体的多种放置方式。当同时选择"第一个可用列"和"第一个可用层"时，货架从第一行和第一列开始往货格上放置临时实体，此外，还应注意放置到列/层的货格容量应该保持一致，软件默认每个货格放置一个单元货物，否则会引起混乱，如图 3-61 所示。

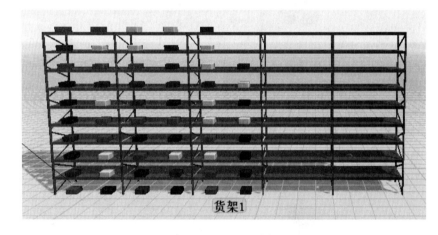

图 3-61

图 3-61　第一个可用层/列货架堆放逻辑

也可以通过编程实现把不同类型的货物分别放置到不同的层。如货物有 3 个类型，可以用 3 个发生器生成 3 个类型的货物，也可以在发生器"触发器"选项卡中添加 On Creation（创建触发），然后在"设置临时实体类型和颜色"界面中设置"临时实体类型"为 duniform(1,3)，如图 3-62 所示。

图 3-62　选择"临时实体类型"

若将类型 1 的货物放置到货架的 1~3 层,类型 2 的货物放置到货架的 4~6 层,类型 3 的货物放置到货架的 7~10 层,则在"放置到层"下拉列表中选择"指定"选项,如图 3-63 所示。

图 3-63 "放置到层"设置

单击右侧的"编程"按钮,编程代码如图 3-64 所示。

```
1 Object item = param(1);
2 Object current = ownerobject(c);
3 double baynumber = param(2);
4 /***popup:ByExpression*/
5 /**指定*/
6 int levelnum = /** \n层号: *//***tag:expression*//**/item.Type/**/;
7 if(levelnum==1)
8 return duniform(1,3);
9 if(levelnum==2)
10 return duniform(4,6);
11 if(levelnum==3)
12 return duniform(7,10);
13 /** \n\nNote: The expression may be a constant value or the result of a com
14 return max(1, min(rackgetnroflevels(current, baynumber), levelnum));
15
```

图 3-64 把货物放置到指定层的编程代码

程序代码运行后,货物放置到了不同的指定层,如图 3-65 所示,3 种类型的货物按照要求放置到了不同的层。

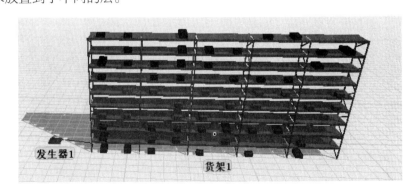

图 3-65 货物放置到了不同的指定层

图 3-65

⑥ 最小停留时间。用来调整临时实体在货架上至少要停留的时间,默认值为 0(下游可以接受,临时实体就会离开)。

2. "尺寸表格"选项卡

"尺寸表格"选项卡可以决定货架的外观设计和尺寸，包括货架的列数、层数、列宽、层高等，通过"高级"部分可以设置指定列的列宽以及指定层的层高，如图 3-66 所示。

图 3-66 "尺寸表格"选项卡

3.2.10 分配器及运输工具的使用

1. 分配策略部分

分配策略决定了分配器控制的不同操作员的任务分配，在"分配策略"下拉列表中可以选择多种分配策略。在循环模式下，操作员会严格按照操作员 1、操作员 2、操作员 3 的顺序进行搬运，如图 3-67 所示；在循环可用模式下，操作员会在按照操作员 1、操作员 2、操作员 3 循环搬运的基础上跳过正在搬运不可用的操作员。

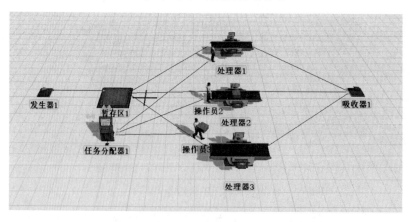

图 3-67 循环模式下运输工具使用的模型

图 3-67 模型的建模过程：从实体库中拖出 1 个发生器、1 个暂存区、1 个任务分配器、3 个处理器、1 个吸收器，将发生器、暂存区、处理器、吸收器进行图 3-67 所示的 A 连接，按住 Shift 键同时选中 3 位操作员，将任务分配器 1 和 3 位操作员进行 A 连接，然后将任务分配器和暂存区进行 S 连接，在暂存区 1 的"临时实体流"选项卡中选中"使用运输工具"复选框，双击"任务分配器 1"图标，打开参数设置界面，选择分配策略为"循环模式"，单击"确定"按钮即可。

2. 排队策略部分

排队策略默认根据任务序列优先级进行排序，优先级数越大，任务序列的位置越靠前。若任务序列优先级相同，则根据获取任务的时间顺序和先进先出的原则执行。

3.2.11 可视化工具的使用

可视化工具主要在实体库的视觉类实体中，包括文本、布告板、平面、演示板、形状、背景、墙体，"显示"选项卡为它们的共用选项卡。

1. 文本

通过修改图 3-68 红色部分可以修改文本内容，还可以修改文本大小、文本厚度等。

图 3-68 文本设置　　　　　　　　　　图 3-68

在"文本显示"下拉列表中选择"显示日期和时间"选项，就会出现图 3-69 所示的日期和时间，并且时间会随着模型的运行而变化。

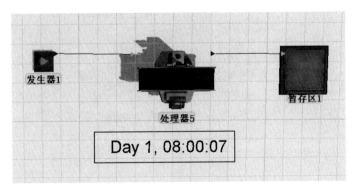

图 3-69 日期和时间的设置

在"文本显示"下拉列表中还有"显示实体统计""显示状态百分比"等选项,通过简单的尝试,可以较容易地理解选项的作用。

2. 布告板

布告板与文本比较相似,区别为它会固定在屏幕的某一位置,可用于视频的录制,即录制视频中的某个 logo 可以贯穿视频始终。

3. 平面

从实体库中拖出一个平面、1 个暂存区和 1 个处理器,然后在暂存区 1 上按住鼠标左键不放,将其拖到平面上,同理将处理器 1 也拖到平面上,此时这 3 个实体可以一起移动,表明成功将平面用作容器,如图 3-70 所示。此时,可以编辑容器使其内部实体隐藏,将容器变成一个黑箱子,可以双击"可视化工具"图标,打开参数设置界面,在"常规"选项卡中不选中"显示容量"复选框即可。

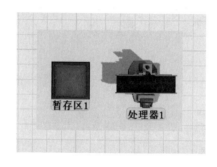

图 3-70 平面用作容器

此外,平面还可用于多楼层建模,图 3-70 模型中的 3 个实体已经形成一个模块,因此可直接复制得到另一个模块,选中其中一个模块,滚动鼠标上的滚轮即可改变其高度,形成图 3-71 所示的两层结构。

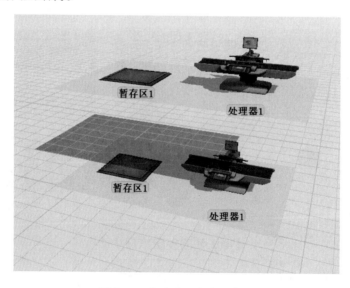

图 3-71 平面用于多楼层建模

4. 演示板

可以在"文本显示"文本框中修改文本的内容，还可以修改文本的尺寸和文本颜色。可以在下拉列表中选择想要显示的文本，也可以使用文本显示列表、文本尺寸、文本颜色等修改已经显示的文本。可以在"显示"选项中选择纹理，来定义幻灯片的背景，或者通过在"常规"选项卡中选择颜色，来修改背景颜色。

5. 形状

可通过"显示"选项卡的"可视化显示"选项将其设置为立方体、球体等，或者导入自己想要的形状，还可以设置纹理。

6. 背景

使用"背景"时会弹出如图 3-72 所示的界面，AutoCAD 图形是我们常用的文件类型，单击"下一步"按钮可以选择想要导入的背景文件名称。在使用背景的过程中需要注意两点：第一，在默认情况下，FlexSim 的长度单位为 m（米），而 CAD 的常用单位为 mm（毫米），为了使二者的尺寸匹配，导入文件的尺寸需等比缩小 1000 倍；第二，为了便于找到 CAD 中导入的图形，在 CAD 制图过程中，应将图形设置在原点位置，并且在导入 FlexSim 文件时也应将图形设置在原点附近。

图 3-72　背景

3.2.12　网络节点的使用

（1）运用网络节点功能可以使运输工具在运输的过程中实现绕路的操作（原路返回）。如图 3-73 所示，任务执行器可以依据网络节点的设置绕路到达暂存区。

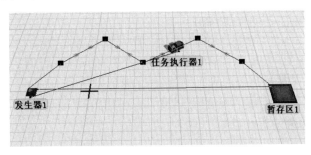

图 3-73　运用网络节点规划行进路线

建模步骤：从实体库拖出 1 个发生器、1 个暂存区、1 个任务执行器和 5 个网络节点，将它们按照图 3-74 所示进行连接（注：任务执行器 1 作为运输工具与发生器 1 进行 S 连接，其他均为 A 连接，任务执行器 1 还应与网络节点连接），双击"发生器 1"图标，在打开的参数设置界面中选中"使用运输工具"复选框。

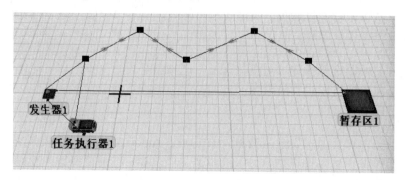

图 3-74　模型展示

（2）任务执行器进行路径导航时默认选择行进最短的路径。如图 3-75 所示，当有①、②两条路线可以到达暂存区 1 时，任务执行器优先选择路径较短的路线②。

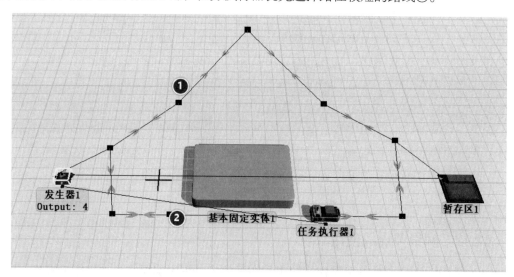

图 3-75　任务执行器行进按照路径最短原则

（3）设置路径节点实现单程绕路。

将图 3-75 中第 2 条路线的反向箭头关闭，即可使任务执行器 1 由路线 2 到暂存区 1，由路线 1 返回发生器 1，实现单程环形绕路。如图 3-76 所示，此时，任务执行器 1 就会从路线②去到暂存区 1（最短路径原则），从路线①返回发生器 1（路线②返程路径不通）。关闭反向箭头的方法：右击想要关闭的反向箭头，在弹出的快捷菜单中选择 No_Connection 命令，被更改箭头即会变为红色。

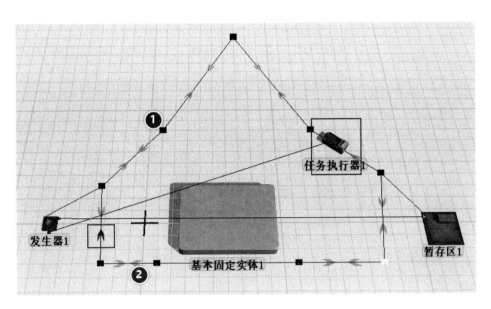

图 3-76　设置路径节点实现单程环路

（4）右击路线 1 上的箭头，在弹出的快捷菜单中选择 Curved 命令，可以将任务执行器 1 的行进路线变成圆滑的曲线，如图 3-77 所示。

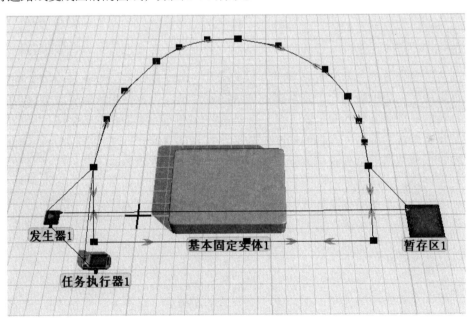

图 3-77　曲线路线的设置

（5）隐藏路线上的节点和箭头。按住 X 键，单击任意路径节点可以隐藏路线上的节点和箭头，如图 3-78 所示。

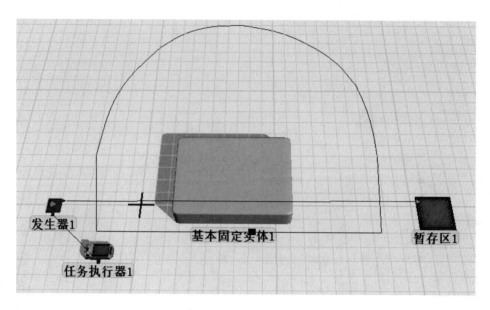

图 3-78　隐藏路线上的节点和箭头

3.2.13　全局表的使用

全局表是 FlexSim 中可以存储数据的表格，模型中任何实体都可以对表格进行读写操作。

1. 快捷属性窗口介绍

单击"工具箱"按钮，在加号图标的下拉列表中选择"全局表"选项，右击 GlobalTable，可以进行重命名、删除等操作，在右侧的"快捷属性窗口"窗格中可以更改全局表的行数和列数，若选中"使用 Bundle"复选框，则全局表只能储存数值和文本数据。"图钉"图标的作用是将全局表的数据在 Dashboard 中用条形图（Bar Chart）、线形图（Line Graph）等可视化图表呈现数据。全局表"快捷属性窗口"窗格如图 3-79 所示。

图 3-79　全局表"快捷属性窗口"窗格

2. Excel 表格导入导出

将 Excel 表格中的数据复制到对应行列的全局表中，即可将 Excel 表格中的数据导入，同理也可将全局表中的数据复制到 Excel 表格中，完成数据的导出。此外，利用"快捷属性窗口"窗格中"表"选项卡的"Excel"按钮完成全局表的导入和导出。

3. 重置触发

FlexSim 模型在重置的时候会触发"重置触发器"，若删除所有行，则在全局表右侧的快捷窗格中单击右侧绿色加号按钮，在下拉菜单中选择"删除所有行"命令后会删除全局表所有的行，"删除所有数据""删除字符串和数值型数据"也是同理。若不设置"恢复默认值"，则下次重置运行 FlexSim 模型，就会在此次全局表变动基础上再次进行修改；若设置"恢复默认值"，则下次重置运行 FlexSim 模型时恢复默认值，可以通过编写代码实现我们想要的功能。

4. 调用和写入全局表数据

一般在固定实体的"临时实体流"和所有实体的专属选项卡里可以调用全局表。写入全局表较多地应用于触发器中，在"触发器"选项卡中添加 On Creation（创建触发），单击 On Creation 右侧绿色加号按钮，在"数据设置"下拉菜单中选择"写入全局表"命令即可。

3.3 实体综合使用实训

3.3.1 实体实训 1

1. 实训要求

① 配送中心每隔 1000s 到达一批货物，有 3 种类型，各类型货物数量随机，总数为 200 件。

第 3 章 实训 1 模型

② 货物进入配送中心后在入库暂存区记录货物的编号、类型、入库时间。

③ 配送中心一共有 3 个货架，货物随机存放在对应类型的货架上。

④ 假定客户订单种类是已知的，如表 3-1 所示，每隔 20s 有一个客户订单会到达配送中心。

⑤ 每个客户订单都由一个单独的周转箱进行打包，打包时间为 10s，打包完成后存放至出库暂存区。

表 3-1 客户订单

	订单 1	订单 2	订单 3
货物 1	1	0	1
货物 2	2	3	0
货物 3	1	1	2

当我们将发生器的"到达方式"设置为"到达时间间隔"为 1000 时，发生器会每隔 1000s 产生一个临时实体，为使发生器每隔 1000s 产生 200 个临时实体，要借助分解器进行设置。

2. 建模步骤

（1）打开"分解器"选项卡，选中"分解"单选按钮，在"分解/打包临时实体数量"下拉列表中选择"指定数量"选项，并输入 200，如图 3-80 所示。

图 3-80　分解器 1 的设置

（2）在分解器 1 的"触发器"选项卡中添加 On Exit（离开触发），设置临时实体的类型、颜色和编号，如图 3-81 所示。

图 3-81　分解器的"触发器"选项卡设置

（3）拖出 1 个暂存区，将发生器 1、分解器 1、暂存区 1 依次进行 A 连接。运用全局表对入库货物的编号、类型、入库时间进行统计，新建一个全局表并重命名为"入库统计表",全局表设置为 3 列 1000 行并更改表头,如图 3-82 所示。

图 3-82 入库统计表的设置

(4) 在入库暂存区的"触发器"选项卡中添加 On Entry (进入触发),进行如图 3-83 所示的设置。

图 3-83 入库暂存区"触发器"选项卡的设置

（5）单击"重置""运行"按钮。入库统计表中的数据如图3-84所示。

	number	类型	入库时间
Row 1	1	1	1000
Row 2	2	1	1000
Row 3	3	2	1000
Row 4	4	1	1000
Row 5	5	2	1000
Row 6	6	2	1000
Row 7	7	2	1000
Row 8	8	2	1000
Row 9	9	1	1000
Row 10	10	2	1000
Row 11	11	2	1000
Row 12	12	3	1000
Row 13	13	3	1000
Row 14	14	2	1000
Row 15	15	2	1000

图3-84　入库统计表中的数据

（6）拖出3个货架，分别与入库暂存区进行A连接，如图3-85所示。

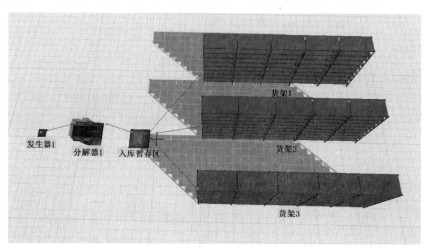

图3-85　货架与入库暂存区进行A连接

（7）将入库暂存区的"发送至端口"设置为"指定端口"，如图3-86所示。

图3-86　暂存区"发送至端口"的设置

(8)单击"运行"按钮,货物放置效果如图 3-87 所示,即能实现货物随机放在对应类型的货架上。

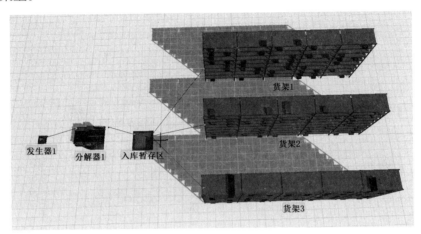

图 3-87 货物放置效果

(9)新建一个全局表并命名为"订单",将表 3-1 导入全局表,如图 3-88 所示。

图 3-88 表 3-1 导入全局表

(10)拖入一个发生器,打开参数设置界面,在"发生器"选项卡中将临时实体种类设置为 Tote(周转箱),"到达时间间隔"设置为 20(因为客户订单每隔 20s 产生一个)。对"触发器"选项卡进行如图 3-89 所示的设置。

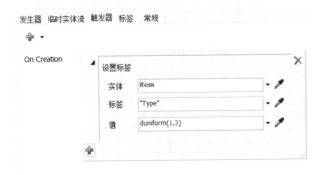

图 3-89 "触发器"选项卡的设置

(11)拖入一个合成器,将发生器 2 与合成器 1、合成器 1 与 3 个货架分别进行 A 连接,在合成器 2 的"触发器"选项卡中添加一个 On Entry（进入触发），添加一个"更新合成器组件列表"，在"表格"下拉列表中选择要导入的订单表（这样合成器就会根据发生器产生周转箱的类型查询全局表）。拖入一个暂存区，重命名为"出库暂存区"。

本实训的完整模型如图 3-90 所示。

实体实训 1
模型文件

图 3-90

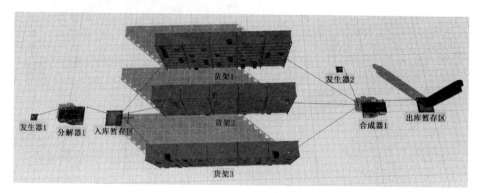

图 3-90　模型展示

3.3.2　实体实训 2

图 3-91 所示为某国家级物流系统与技术示范中心的托盘式立体库+循环搬运系统。图中两排托盘货架之间是巷道式堆垛机，入库区传送带上的货物通过两台穿梭车搬运到立体库的入库站台，出库站台的整托盘货物通过穿梭车搬运到出库区的传送带上。

第 3 章　实体
实训 2 模型

实体实训 2
模型文件

图 3-91　某国家级物流系统与技术示范中心的托盘式立体库+循环搬运系统

第 3 章
FlexSim 典型实体的使用

对该托盘式立体库+循环搬运系统布局如图 3-92 所示。

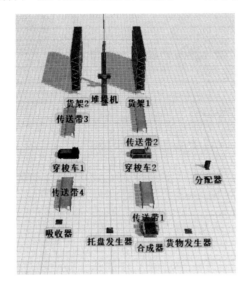

图 3-92　托盘式立体库+循环搬运系统布局　　　　图 3-92

入库区由货物发生器、托盘发生器、合成器和传送带 1 构成；仓储区由货架 1、货架 2、堆垛机、传送带 2 和传送带 3 构成；出库区由传送带 4 和吸收器组成；循环搬运系统由两台穿梭车和穿梭车的运行轨道构成，图 3-92 中没有放置穿梭车的运行轨道，是为了后边更好地讲解网络节点的设置流程。

（1）将托盘发生器与合成器进行 A 连接，然后将货物发生器与合成器进行 A 连接，以实现托盘发生器为合成器的输入端口 1，货物发生器为合成器的输入端口 2，由合成器对货物进行打包，货物在合成器上被码放在托盘上，每个托盘上放 8 个货物。两个发生器的货物"到达时间间隔"和"临时实体种类"设置如图 3-93 所示，合成器的码盘数量设置如图 3-94 所示。

图 3-93　托盘发生器和货物发生器的设置

图 3-94　合成器的码盘数量设置

（2）将合成器与传送带 1 进行 A 连接，传送带 1 与传送带 2 进行 A 连接，将分配器与传送带 1 进行 S 连接，双击"传送带 1"图标，打开参数设置界面，在"临时实体流"选项卡中选中"使用运输工具"复选框，如图 3-95 所示。分配器与两台穿梭车进行 A 连接（注意 A 连接的方向），可以实现穿梭车由分配器调度。

图 3-95　传送带 1 的使用运输工具设置

（3）整托盘的货物从传送带 1 上被穿梭车拿走放到传送带 2，然后由堆垛机搬运到两排货架上，为了保证两排货架都有货物存放，传送带 2 的输出端口需要设置随机端口，设置如图 3-96 所示。

图 3-96　传送带 2 的设置

（4）货物在货架上停留 200s 后出库，堆垛机把货物搬运到传送带 3 上，然后由穿梭车搬运到传送带 4 上，传送带的货物进入吸收器；传送带 2 与两个货架进行 A 连接，两个货架与传送带 3 进行 A 连接，传送带 3 与传送带 4 进行 A 连接，传送带 4 与吸收器进行 A 连接。两个货架需要与堆垛机进行 S 连接，设置两个货架时，需选中"临时实体流"选项卡中的"使用运输工具"复选框；传送带 3 上的货物需要穿梭车搬运到传送带 4，因而传送带 3 需要与分配器进行 S 连接，设置传送带 3 时，也需选中"临时实体流"选项卡中的"使用运输工具"复选框。货架 1 的设置如图 3-97 所示。

图 3-97　货架 1 的设置

整体运行效果如图 3-98 所示，但是穿梭车没有固定的行走路径。

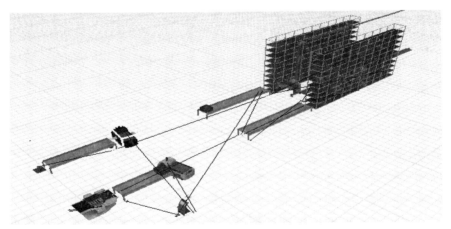

图 3-98　整体运行效果

在保证货物出入库整体流程实现的情况下，为循环搬运系统的两台穿梭车设置运行路径。需要用至少 4 个网络节点分别与传送带 1～传送带 4 进行 A 连接，并与各个节点进行 A 连接，设置顺时针不通行，然后把两台穿梭车分别与网络节点进行 A 连接，如图 3-99 所示。

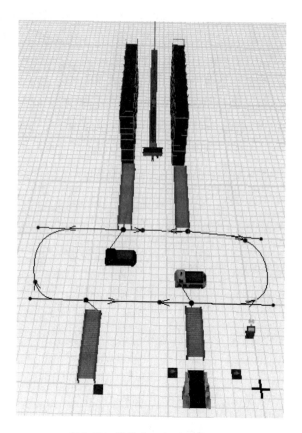

图 3-99 穿梭车运行路径的设置

可以通过设置网络节点实现路线两侧弯曲，右击网络节点之间的箭头，在弹出的快捷菜单中选择 Curved 命令，可以设置路径弯曲；选择 No_Connection 命令，可以设置不通行，如图 3-100 所示。

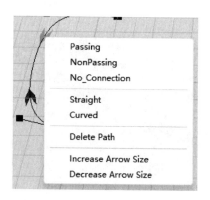

图 3-100 运行路径弯曲及不通行命令

以上实训案例详细讲述了 FlexSim 主要实体的使用方法，以此为基础，下面就可以进行 FlexSim 物流系统建模仿真了。

3.4 实训练习

1. 某加工厂饮料灌装打包系统仿真如图 3-101 所示。

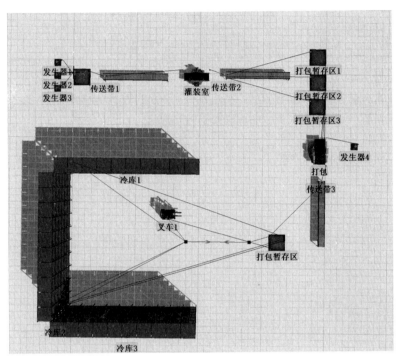

图 3-101 某工厂饮料灌装打包系统仿真

饮料灌装打包系统仿真具体的流程如下：
（1）从仓库取出空桶放在传送带 1；
（2）空桶到达灌装室进行灌装；
（3）灌装后到达打包区，被放在托盘上按照订单量进行打包；
（4）打包后的单元被送到打包暂存区（容量 2）；
（5）使用叉车将其送到冷库。

2. 数据假设如下。
（1）3 种不同类型的空桶产生时间间隔都服从 exponential（0,15,0），exponential（0,20,0），exponential（0,25,0）分布。
（2）3 种类型空桶在罐装室的加工时间各不相同，类型为 1 的空桶加工时间服从 duniform（2,10）分布，类型为 2 的空桶加工时间服从 duniform（3,10）分布，类型为 3 的空桶加工时间服从 duniform（2,8）分布。
（3）合成器根据订单进行打包，所需信息如表 3-2 所示。

表 3-2　订单信息表

	订单 1	订单 2	订单 3
产品 1	5	4	5
产品 2	2	3	5
产品 3	3	2	3

（4）叉车每次运送 1 个托盘，需花费 10s 把产品从打包暂存区运到冷库，订单 1 的托盘运送至冷库 1，订单 2 的托盘运送至冷库 2，订单 3 的托盘运送至冷库 3。

（5）冷库设置 8 层 10 列，每个货格放两个托盘。

3. 仿真问题：

在不考虑机器故障的情况下进行仿真，演示 8h（28800s），统计运到仓储的托盘数量和叉车的运行状态。

第 4 章
FlexSim 仿真模型建立

【教学目标】

> 了解 FlexSim 仿真模型的基本组成。
> 熟悉 FlexSim 建模的基本步骤。
> 学会对 FlexSim 建模结果进行统计与分析。

在学习了 FlexSim 各实体属性界面选项卡及其参数设置和典型实体的使用后,需要对 FlexSim 仿真模型的基本组成、FlexSim 建模的基本步骤、FlexSim 统计与分析有充分的了解和整体的掌握。

4.1 FlexSim 仿真模型的基本组成

FlexSim 软件的基本组成是对象、连接、方法。FlexSim 具有丰富的对象库,库中实体可以满足客户的个性化需求,且客户可以自定义实体并保存,方便以后调用。

1. 对象

FlexSim 采用对象对实际过程(如某生产线上的生产过程)中的各元素建模。FlexSim 采用面向对象的技术,大部分 FlexSim 对象都是固定实体或者任务执行器对象的子对象。子对象拥有其父对象所有的接口和相应的功能。

对象分为离散类对象和连续类对象。

(1)离散类对象。离散类对象包括资源类、执行类、网络类、图示类。资源类对象一般是离散仿真模型中的主干对象,此类对象决定了模型的流程,主要包括发生器、暂存区、处理器、吸收器、合成器、分解器等;执行类对象主要包括任务分配器、任务执行器、操作员、叉车等;网络类对象主要包括网络节点、交通控制器等;图示类对象主要包括布告板等。

（2）连续类对象。连续类对象主要是用于设计具有流体类的系统仿真，但它又不仅仅局限于流体，事实上它能够仿真具有连续属性的事件。

2. 连接

FlexSim 模型中的对象之间是通过端口来连接的。其中，端口分为 3 种类型：输入端口、输出端口和中间端口。

3. 方法

方法是用来完成某项任务的一系列规则集，其中好的方法是可以重复使用的。FlexSim 建模方法主要包括到达方法、触发方法、实体流方法、导航方法、任务执行器移动方法等。

4.2 FlexSim 建模的基本步骤

FlexSim 建模的基本步骤主要分为构建模型布局、定义物流流程、编辑对象参数、编译运行仿真、查看统计结果并优化 5 个步骤。

（1）构建模型布局。将仿真所需要的对象模型从对象库中拖到仿真视图窗口中的适当位置，如图 4-1 所示。

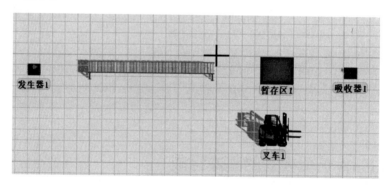

图 4-1　构建模型布局

（2）定义物流流程。根据连接类型，按下 A 键或 S 键的同时，用鼠标从一个对象拖到另一个对象上以连接二者，如图 4-2 所示。

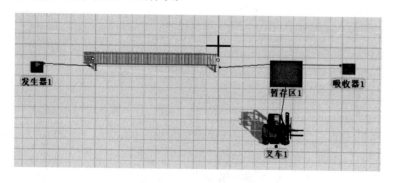

图 4-2　定义物流流程

第 4 章
FlexSim 仿真模型建立

连接两个对象端口的按键和功能见表 4-1。

表 4-1 连接两个对象端口的按键和功能

按键	功能
A 键	用来将对象 1 的输出端口连接到对象 2 的输入端口上
Q 键	用来取消对象 1 的输出端口与对象 2 的输入端口之间的连接
S 键	用来连接对象 1 与对象 2 的中间端口
W 键	用来取消对象 1 与对象 2 的中间端口的连接

各类端口连接的显示位置：输出端口显示在对象的右上角、输入端口显示在对象的左上角、中间端口显示在对象底部中心，如图 4-3 所示。

查看对象的端口连接：可在对象参数设置界面的"常规"选项卡中调整端口的编号顺序，如图 4-4 所示。

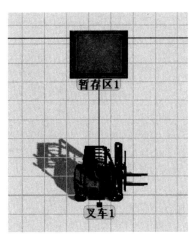

图 4-3 端口连接显示位置　　　　图 4-4 调整端口的编号顺序

（3）编辑对象参数。双击对象可以打开对象参数设置界面，例如，发生器 1 的参数设置界面如图 4-5 所示。

图 4-5 发生器 1 的参数设置界面

以暂存区 1 为例，其参数界面中包括 "暂存区" 选项卡、"临时实体流" 选项卡、"触发器" 选项卡、"标签" 选项卡、"常规" 选项卡，如图 4-6 所示。

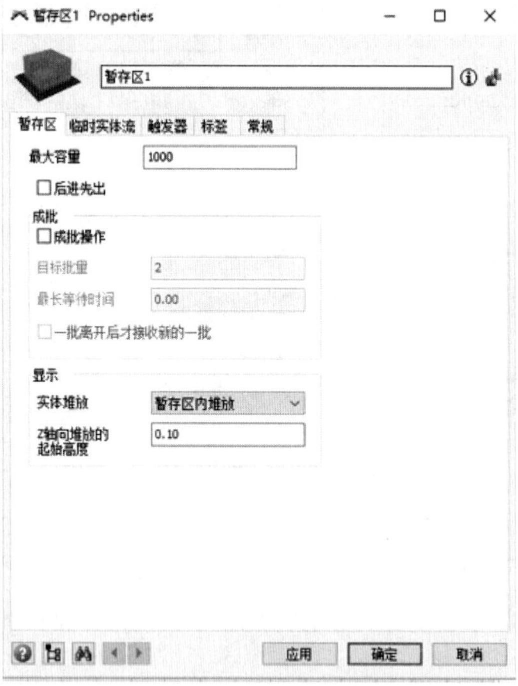

图 4-6 暂存区 1 的参数设置界面

（4）编译运行仿真。编译运行仿真栏如图4-7所示。

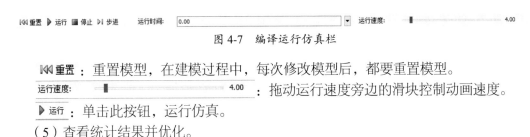

图4-7 编译运行仿真栏

重置：重置模型，在建模过程中，每次修改模型后，都要重置模型。

运行速度：拖动运行速度旁边的滑块控制动画速度。

运行：单击此按钮，运行仿真。

（5）查看统计结果并优化。

4.3 FlexSim统计与分析

1. 概述

FlexSim建立模型的所有资源是对象，对象可以是产品、模型、图表、记录、库、GUI，甚至是应用程序本身。而FlexSim的对象都可以向定制的用户公开，建模人员可以自由地操作部件、GUI、菜单、选择列表和部件参数，可以在部件里增加自定义的逻辑、改变或删除既存的编码。FlexSim在仿真过程中，能根据仿真进度动态显示报表数据。

FlexSim在模型运行过程中记录了所有设备的所有状态（工作、等待、阻塞、故障等）的时间数值，以及设备加工产品的个数，用户可以自由组合和输出由这些数据组成的报表。FlexSim还具有设备利用率、单条模型生产线的加工总能力、单个设备的加工能力、设备状态的时长及时间比例、模型瓶颈分析等统计分析功能。

2. 查看统计图

在FlexSim软件中，可以先选中一个目标对象，在软件右上角会出现"快捷属性窗口"窗格，第一行就会有一个"统计"标签，如图4-8所示。

图4-8 FlexSim"快捷属性窗口"窗格中的"统计"标签

单击"统计"标签，会出现状态栏，其中包括"状态""输入输出量""容量"和"停留时间"等部分，如图4-9所示。

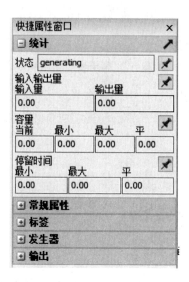

图 4-9 "统计"状态栏

（1）单击"状态"文本框右侧的"图钉"按钮，选择"饼状图"，就会出现当前选中实体的效率状态情况，如图 4-10 和图 4-11 所示。

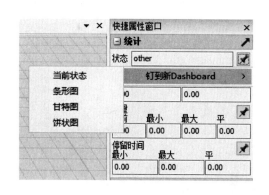

图 4-10 "状态"菜单

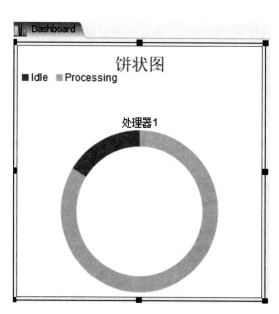

图 4-11 实体效率的状态情况

在状态饼状图中，Idle 表示实体空闲的情况，Processing 表示实体运行的情况。

（2）单击"输入输出量"右侧的"图钉"按钮（图 4-12），查看输入/输出时间序列（图 4-13），得到输入输出量统计表。

 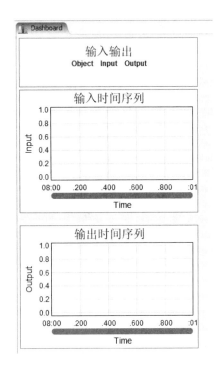

图 4-12 "输入/输出量"菜单　　　　　图 4-13 输入/输出时间序列

(3) "容量"菜单如图 4-14 所示,容量时间序列如图 4-15 所示(设置方法同上)。

 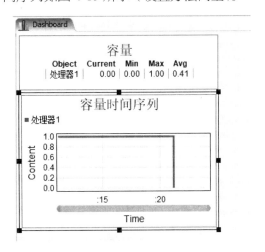

图 4-14 "容量"菜单　　　　　图 4-15 容量时间序列

(4) 停留时间统计,可以设置货物在实体中的最小停留时间、最大停留时间以及平均停留时间,"停留时间"菜单如图 4-16 所示,停留时间序列如图 4-17 所示。

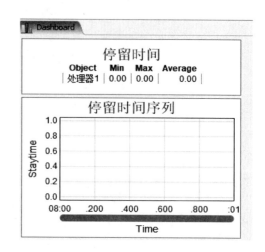

图 4-16 "停留时间"菜单　　　　　　　图 4-17 停留时间序列

另外一种查看统计数据的方法是单击菜单栏右侧的"报告与统计"图标,如图 4-18 图标。

图 4-18 在"统计"菜单下选择"报告与统计"命令

打开如图 4-19 所示的"报告与统计"界面。

图 4-19 "报告与统计"界面

第 4 章
FlexSim 仿真模型建立

选择"选项"选项卡，如图 4-20 所示。

图 4-20 "报告与统计"界面中的"选项"选项卡

图 4-20 中的 >>> 和 <<< 按钮代表可以把左侧列表框中的所有项目选择到右侧列表框中，或者把右侧列表框中的所有项目选择到左侧列表框中；>> 和 << 按钮代表可以把左/右列表框中的项目逐一加到右/左列表框中。我们可以在右侧"报告中的实体种类"列表框中选择想要看到仿真模型中实体的统计数据，如只想看到 Transporter（叉车）的统计结果，可以单击中间的 <<< 按钮清空右侧列表框，然后将左侧列表框中的 Transporter 加到右侧列表框中，如图 4-21 所示。

图 4-21 选择 Transporter 作为报告中的实体

单击"状态报告"标签，先清空右侧"报告中的状态"列表框，然后将左侧"可用状态"列表框中反映 Transporter 统计结果的状态加到右侧列表框中，如图4-22所示。

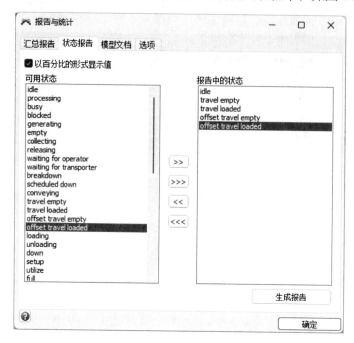

图 4-22 右侧列表框添加 Transporter 统计结果的状态

单击界面中的"生成报告"按钮，就可以得到反映 Transporter（叉车）运行统计结果的 Excel 表格，如图4-23所示。当统计大量实体的运行报告时，这种方法非常实用。

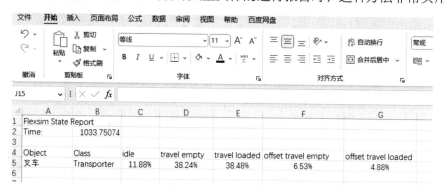

图 4-23 生成 Transporter（叉车）运行统计结果的 Excel 表格

4.4 建模步骤实训

4.4.1 某加工车间的建模仿真案例实训

第4章 实训1模型

下面我们通过一个多产品单阶段制造系统仿真的例子来具体说

明 FlexSim 仿真建模的基本步骤。

某加工车间加工 3 种类型产品,这 3 种类型产品分别从工厂其他车间运到该车间。这个车间有 3 台机床,每台机床可以加工一种特定的产品类型。一旦产品在相应的机床上完成加工,所有产品都必须送到一个公用的检验台进行质量检测。质量合格的产品就会被送到下一个车间。质量不合格的产品则必须送回相应的机床进行再加工。

对仿真模型的要求如下。

(1)产品到达:3 种产品按照均匀分布到达,产品到达间隔时间服从指数分布 Exponential(0,4.8,1)。

(2)产品加工:加工时间服从指数分布 Exponential(0.0,10.0,1)。

(3)产品检测:固定时间 4s。

(4)产品合格率:20%。

(5)暂存区容量:10000.00。

(6)仿真时间:50000.00s。

1. 构建模型布局

根据题意要求,从实体库里拖出 1 个发生器、2 个暂存区、4 个处理器、1 条返修传送带和 1 个吸收器放到正投影视图中,将其按图中布局摆放并重命名,如图 4-24 所示。

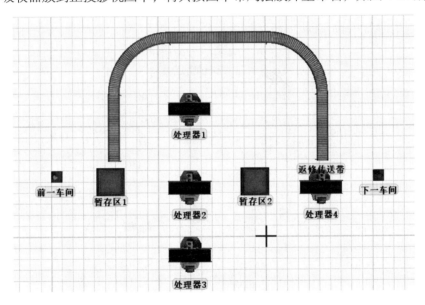

图 4-24 构建模型布局

2. 定义物流流程

根据临时实体的路径连接端口,固定实体之间采用 A 连接,移动实体与固定实体之间采用 S 连接。本实训中端口的连接都是 A 连接,连接方法如下:按 A 键,单击发生器并拖到处理器处,再释放鼠标左键。拖拉时将在屏幕上看到一条黄线,释放鼠标时黄线变为黑线,如图 4-25 所示。

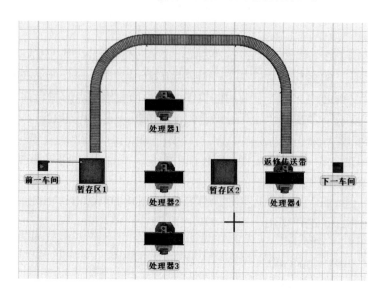

图 4-25 设置端口连接

连接过程如下：发生器（前一车间）连接对应的暂存区 1，暂存区 1 连接每个处理器（加工设备），每个处理器连接暂存区 2，暂存区 2 连接对应的处理器 4（检测装置）；处理器 4 先连接吸收器（下一车间），再连接返修传送带，返修传送带连接暂存区 1。完成连接后，所得到的模型布局如图 4-26 所示。

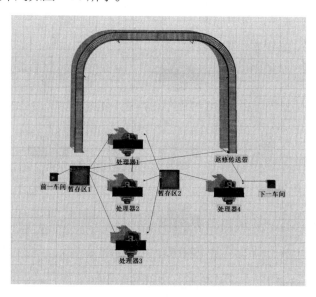

图 4-26 完成连接后的模型布局

3. 编辑对象参数

根据对实体行为特性的要求改变不同实体的参数。从发生器开始设置，直到吸收器。

（1）发生器的参数设置。

发生器（前一车间）到达方式、临时实体种类、到达时间间隔设置如图 4-27 所示，设置临时实体类型和颜色如图 4-28 所示。

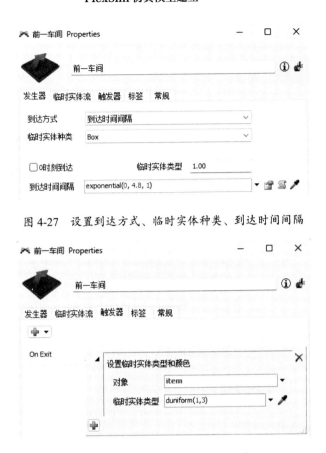

图 4-27 设置到达方式、临时实体种类、到达时间间隔

图 4-28 设置临时实体类型和颜色

（2）第 1 个暂存区（暂存区 1）的参数设置。

暂存区 1 的最大容量、实体堆放区域、Z 轴向堆放的起始高度参数设置如图 4-29 所示，输出端口设置如图 4-30 所示。

图 4-29 暂存区 1 的参数设置

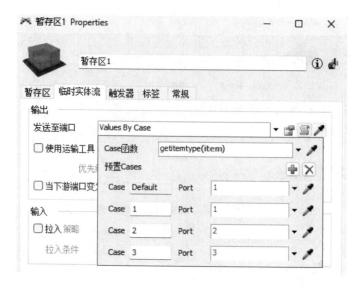

图 4-30 暂存区 1 的端口设置

（3）前 3 个处理器的参数设置相同。

前 3 个处理器的参数设置如图 4-31 所示。

图 4-31 前 3 个处理器的参数设置

（4）设置第 2 个暂存区（暂存区 2）的参数。

暂存区 2 的参数设置如图 4-32 所示。

图 4-32 暂存区 2 的参数设置

（5）第 4 个处理器（处理器 4）的加工时间设置如图 4-33 所示。

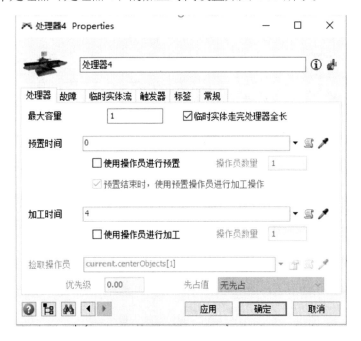

图 4-33 处理器 4 的加工时间设置

处理器 4 的检测产品合格率设置如图 4-34 所示。

图 4-34 处理器 4 的检测产品合格率设置

在图 4-34 中，由于建模时处理器 4 先连接的吸收器，后连接的返修传送带，所以端口 1 设置百分比为 80，端口 2 设置百分比为 20。

（6）设置返修传送带的参数。返修传送带的实体颜色设置如图 4-35 所示。

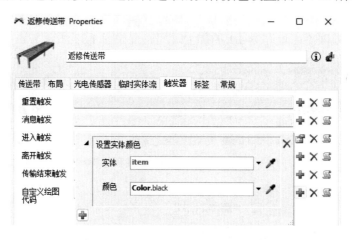

图 4-35 返修传送带的实体颜色设置

（7）设置仿真时间。仿真时间设置如图 4-36 所示。

图 4-36 仿真时间设置

4. 运行仿真

为了在运行模型前设置系统和模型参数的初始状态，可先单击主视窗顶部的 重置 按钮，再单击 运行 按钮运行模型。

图 4-37 所示为多产品单阶段制造系统模型运行平面图，可以看到 3 种颜色的产品进入暂存区 1，然后分别在处理器 1～处理器 3 上进行加工，加工完成后的产品进入暂存区 2 等待检测，在处理器 4 上检测合格的产品进入下一车间，不合格产品（黑色产品）通过返修传送带返回暂存区 1。多产品单阶段制造系统模型运行立体图如图 4-38 所示。

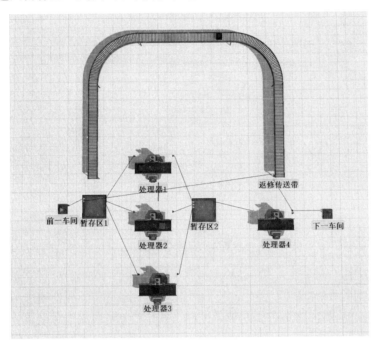

图 4-37　多产品单阶段制造系统模型运行平面图

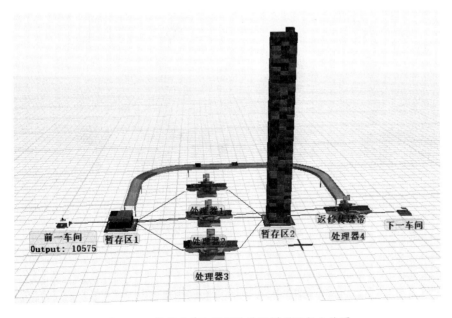

图 4-38　多产品单阶段制造系统模型运行立体图

5. 观察仿真结果并优化

从图 4-38 可见，暂存区 2 堆积了大量等待检测的产品，查看处理器 4 的效率饼状图，如图 4-39 所示。

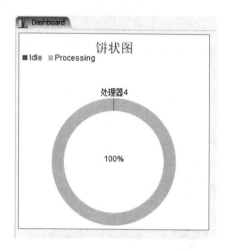

图 4-39　处理器 4 的效率饼状图

由图 4-39 可以看出，处理器 4（产品检测设备）的效率是 100%，处于高负荷运转状态，依然不能满足产品检测的需要。因此，我们可以增加一个具有同样检测能力的处理器 5，分担产品检测作业，从而优化该车间的加工过程。多产品单阶段制造系统优化后的布局如图 4-40 所示。

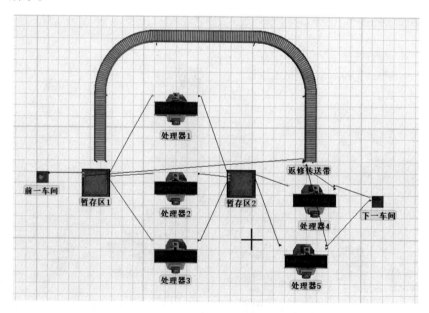

图 4-40　多产品单阶段制造系统优化后的布局

运行结束后的仿真图如图 4-41 所示，暂存区 2 已经没有堆货现象，暂存区 1 中有 10 个货物，符合生产实际。

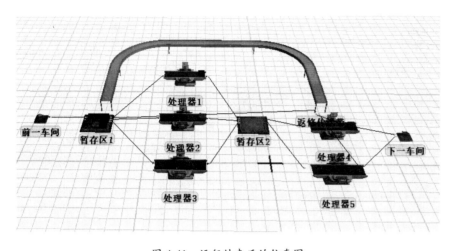

实训1模型文件

图 4-41

图 4-41 运行结束后的仿真图

优化后的两个处理器的效率饼状图如图 4-42 和图 4-43 所示。

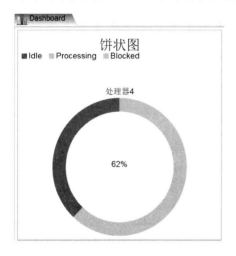
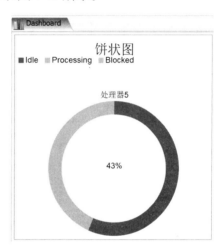

图 4-42 优化后处理器 4 的效率饼状图　　　图 4-43 优化后处理器 5 的效率饼状图

可见，无论从暂存区堆货角度分析，还是从处理器（检测装置）的效率角度分析，系统瓶颈问题已经得到了很好的解决，而且两个检测装置的效率分别为 62%和 43%，即使前一车间供应产品的速度加快，该车间依然能够满足生产需求。

4.4.2 某生产企业按照客户订单备货实训

生产线生产 5 种不同类型的产品，即 5 种不同类型的临时实体。临时实体将按照正态分布时间到达（均值为 20，标准差为 2）。临时实体的类型在类型 1~类型 5 之间均匀分布。5 种产品被送到检测车间的暂存区 1，然后由 3 位操作员组成的小组协助搬运产品到检测装置上，并先预置产品，预置时间为 6s，预置结束后进入检测过程，检测时间为 16s。检测完成后通过各自的传送带将产品运输出去（传送带速度为 2m/s），在传送带末端按照客户订单进行装盘。5 个客户的订单表以及客户到达时间表如表 4-2、表 4-3 所示；货物被装盘后放入暂存区 2（容量为

第 4 章 实训 2 模型

25），然后产品被运输机（速度为2m/s）输送到仓储中心的货架上（货架8层，8列）。设置系统停止时间为5500s（可以保证当货物按照客户订单准备完成后，及时停止生产，否则会造成前边的传送带大量堆货）。

表4-2 客户订单表

	客户1	客户2	客户3	客户4	客户5
产品1	4	4	4	4	4
产品2	4	5	5	4	2
产品3	5	4	3	4	5
产品4	6	4	5	4	5
产品5	5	6	4	5	4

表4-3 客户到达时间表

	到达时间	产品名称	产品类型	数量
客户1	0	A	1	2
客户2	1500	B	2	1
客户3	1800	C	3	3
客户4	2550	D	4	2
客户5	3600	E	5	3

1. FlexSim仿真建模

（1）模型的总体布局如图4-44所示。

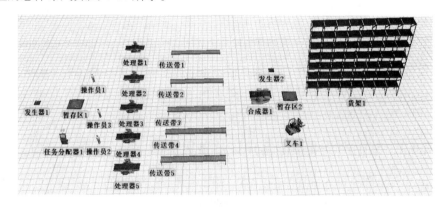

图4-44

图4-44 模型的总体布局

（2）实体参数设置如下。

① 第1个发生器（发生器1）的设置。对产生5种产品的发生器1参数设置如图4-45所示。

图 4-45 发生器 1 的参数设置

临时实体到达时间服从正态分布（均值为 20，标准差为 2），设置如图 4-46 所示。

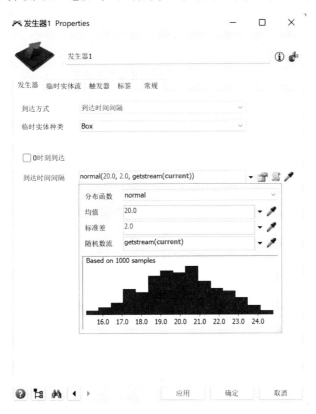

图 4-46 到达时间正态分布设置

② 第 1 个暂存区（暂存区 1）的设置。5 种产品从暂存区由 3 位操作员组成的小组协助搬运，送到检测装置上，其中暂存区 1 操作员的参数设置如图 4-47 所示。

5 种产品在运输的过程中，不同产品进入不同的处理器，然后进行产品的预置和处理。其中不同的产品进入不同的处理器参数设置如图 4-48 所示。

图 4-47 暂存区操作员的参数设置

图 4-48 暂存区分货设置

③ 处理器的设置。产品由操作员从暂存区搬运到处理器，先预置产品，然后对产品进行处理。5 个处理器的参数设置相同，以处理器 1 为例进行设置。处理器 1 的参数设置如图 4-49 所示。

图 4-49　处理器 1 的参数设置

④ 传送带的设置。当产品从处理器出来到达传送带时，传送带速度为 2m/s。5 条传送带的参数设置相同，以传送带 1 为例进行设置。传送带 1 的参数设置如图 4-50 所示。

图 4-50　传送带 1 的参数设置

⑤ 第 2 个发生器（发生器 2）的设置。当产品从传送带出来到达合成器时，合成器上存在发生器根据客户的到达时间发出的托盘，并且在合成器上根据客户订单进行装盘作业。对发生器 2 发出的托盘进行参数设置，如图 4-51 所示。

图 4-51 发生器 2 发出的托盘参数设置

客户按照到达时间表方式到达,其参数设置如图 4-52 所示。

图 4-52 客户到达时间参数设置

⑥ 全局表的设置。合成器根据客户订单对产品进行装盘,其中全局表的设置步骤如图 4-53、图 4-54 所示。

图 4-53 添加全局表设置

第 4 章
FlexSim 仿真模型建立

	Col 1	Col 2	Col 3	Col 4	Col 5
Row 1	4	4	4	4	4
Row 2	4	5	5	4	2
Row 3	5	4	3	4	5
Row 4	6	4	5	4	5
Row 5	5	6	4	5	4

图 4-54 客户订单表设置

⑦ 合成器的设置。合成器 1 按照客户订单进行装盘，组合方式为打包，进入方式是更新合成器组合列表，如图 4-55 和图 4-56 所示。

图 4-55 合成器 1 装盘方式参数设置

图 4-56 合成器 1 按客户订单进行装盘设置

⑧ 第 2 个暂存区（暂存区 2）的设置。装盘后的产品放入暂存区 2，并用叉车放到货架上，暂存区 2 的参数设置如图 4-57 和图 4-58 所示。

图 4-57　暂存区 2 的参数设置

图 4-58　暂存区 2 调用叉车的设置

⑨ 货架的设置。仓储中心的货架 1 为 8 层，8 列。其参数设置如图 4-59 所示。

第 4 章
FlexSim 仿真模型建立

图 4-59 货架 1 的参数设置

总的运行模型图如图 4-60 所示。

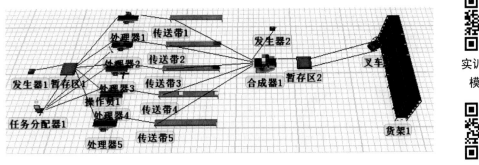

图 4-60 总的运行模型图

实训 2 模型-模型文件

图 4-60

2. 仿真结果分析与优化

（1）仿真结果分析。

① 操作员的运行结果分析。操作员 1、操作员 2、操作员 3 的运行结果分析如图 4-61、图 4-62、图 4-63 所示。从图中分析可知，操作员 1 的利用率在 11% 左右，操作员 2 的利用率为 12%，而操作员 3 的利用率不到 10%，造成人力成本的浪费，此处需要减少操作员的人数，提高搬运效率，节约人力成本。

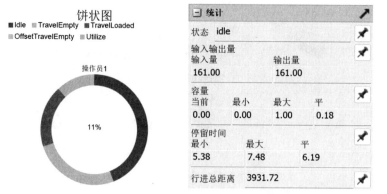

图 4-61　操作员 1 的运行结果图

图 4-62　操作员 2 的运行结果图

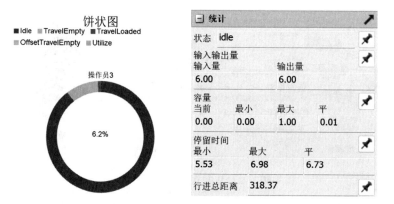

图 4-63　操作员 3 的运行结果图

② 货架的运行结果分析。对总体运行结果分析，其中根据表 4-3 客户到达时间表中每个客户对货物的需求量可知，货架上一共有 11 盘货。分析如下：根据客户的订单及客户的到达时间表中的产品 2 可知，客户 1 所需要数量为 2，即 2 个托盘。这两个托盘均按照 4 个产品 1，4 个产品 2，5 个产品 3，6 个产品 4 以及 5 个产品 5 进行码盘。客户 2 到客户 5 以同样的方式进行分析。因此在运行终止时，货架上托盘的数量为 11 个，如图 4-64 所示。

图 4-64　货架上产品总量

模型的最终运行结果如图 4-65 所示。

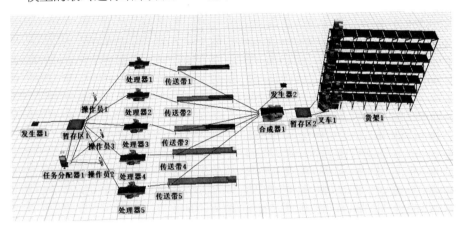

图 4-65　模型的最终运行结果图

（2）仿真模型的优化。

由上述运行结果分析可知，操作员的数量较多，造成搬货效率降低，人力资源浪费，成本增加。因此，可以通过减少操作员的人数，对模型进行优化。操作员的数量由 3 位降到 1 位，操作员的运行结果分析如图 4-66 所示。由图 4-66 可知，当操作员数量变为 1 位时，搬货效率提高到了 25% 左右，也能完成全部搬货任务，从而减少了 2 位操作员的人员成本。

图 4-66　优化后 1 位操作员的运行结果图

4.5 实训练习

修改 4.4.2 实训的产品检测过程,要求预置时使用操作员完成预置任务,通过仿真查看 3 位操作员的效率如何,是否需要优化。

第 5 章
仿真输入数据分析

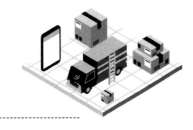

【教学目标】

- ➢ 理解并掌握数据的收集与处理、数据分布的分析与假设、分布参数的类型与估计、拟合优度检验。
- ➢ 了解仿真输入数据分析的概念。
- ➢ 熟悉 ExpertFit 软件分析、拟合数据的应用。

仿真输入数据是仿真的基础和源泉,在仿真模型中,输入数据的正确与否直接影响仿真的输出结果。几乎所有仿真模型中都包含随机输入。例如,在排队系统仿真中,典型的输入数据可以是到达的时间间隔和服务时间的分布;在库存系统仿真中,输入数据包括需求的分布和提前期的分布等。许多仿真系统模型都存在一些随机变量,对此类系统的仿真结果进行分析时,一般采用统计方法来估计系统的性能,用随机变量的概率分布、数学期望和方差等统计特征进行描述。本章介绍了确定随机变量分布模型的方法,并对数据的收集与处理展开阐述,通过对系统输入数据进行分析,建立输入数据模型来真实反映数据的随机特征。在数据分布的分析与假设中,从连续分布类型假设、离散分布类型假设及实验分布类型假设进行阐述。在分布参数估计中,重点对极大似然估计法展开介绍,该估计方法应用广泛。最后对数据进行分布拟合优度检验的讲解。

5.1 仿真输入数据分析概述

对具有随机变量的系统进行仿真时,必须先确定其随机变量的概率分布,以便在仿真模型中对这些分布进行取样以得到需要的随机变量。当输入随机变量的分布已知时,可以用合适的方法生成相应分布的随机数作为系统的输入。然而,在实际问题中,对输入的总体分布一无所知或仅知部分信息,只能通过对系统的观察,收集数据作为输入的随机变量。

确定随机变量的分布模型通常采用两种方法：利用观察数据建立实验分布函数，并用实验分布抽样法生成相应的输入随机数；对这些数据的分布形式假定、分布参数估计和拟合优度检验等进行设置，确定输入随机变量的分布模型。

输入数据模型确定的基本方法如图 5-1 所示。

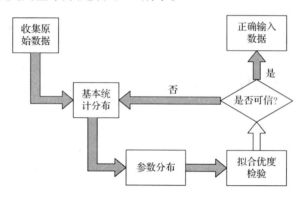

图 5-1　输入数据模型确定的基本方法

5.2　数据的收集与处理

数据收集是以系统的特征为目标，收集能反映特征的与实际问题相关的资料、信息。数据收集是输入数据分析的基础，需要对数据进行分析，对收集的方法、数据需要做预先的设计和估算。因此，收集正确的原始数据是进行系统仿真的一个关键因素。由于在实际系统中会有很多的输入数据，且需根据仿真目的判断资料和信息的收集是否正确，因此数据的收集也是一项工作量很大的工作。收集的数据通过统计手段（计数统计、频率分析、直方图制作等）得出统计分布的假设函数（如正态分布、负指数分布、Erlang 分布等），从而对数据进行分析。如果收集的输入数据不准确或者采用的数据分析方法不正确，即使仿真系统的模型是正确的，也不能得到正确的结果，最终造成决策失误和损失，仿真的意义就没有得到充分体现。

在进行数据收集时，应注意以下几个问题。①根据问题的特征，进行仿真的前期研究。分析影响系统的关键因素，做好仿真计划，了解仿真时所需要的数据。②尽量把性质相同的数据集组合在一起，形成不同类型的数据分组，便于数据本身的管理和仿真的对比分析。③应注意对数据的分析，抓住仿真研究的关键，对仿真无用的数据无须收集。④数据的自相关性的检验，考察一个观察序列数据存在自相关的可能性，自相关可能存在于相继的时间周期或相继的客户中。⑤数据应该满足独立的要求，通过回归分析，判断两个随机变量之间的相关性。

在进行系统仿真时，收集输入数据的方法：通过对原始数据的收集获得数据；通过实际观测获得系统的输入数据（如观测在一段时间内到银行的客户数量，观测超市中客户到达收银台的时间间隔）；由项目管理人员提供的实际系统的运行数据（配送中心在一段时间内收到的订单数量）；从文献中收集类似系统的输入数据模型。

利用研究机构或组织提供的用于测试仿真或算法的数据包进行仿真或算法性能对比，具有较高的可信度和权威性，便于进行对比分析。

通过对系统输入数据的分析确定输入数据模型，使建立的输入数据模型能够正确反映数据的随机特征。数据模型的确定是得到正确仿真结果的前提。

5.3 数据分布的分析与假设

1. 连续分布类型的假设

若观测数据是连续分布的，常用的预处理方法有 3 种，即点统计法、直方图法及概率图法。

（1）点统计法。

点统计法是基于连续分布的变异系数特征来进行分布类型的假设，观测数据的预处理则是计算其变异系数，根据偏差系数的特征寻找与其相近的理论分布。变异系数的定义是

$$\delta = \sqrt{S^2(n)}/\bar{x}(n) \tag{5-1}$$

式中，$S^2(n)$ 与 $\bar{x}(n)$ 分别为观测数据的方差与均值。

例如，对于指数分布 $\exp(\beta)$，无论 β 为何值，$\delta=1$。

点统计法对观测数据进行如下预处理。

均值：

$$\bar{x}(n) = \sum_{i=1}^{n} x_i / n \tag{5-2}$$

方差：

$$S^2(n) = \sum_{i=1}^{n} [x_i - \bar{x}(n)]^2 / (n-1) \tag{5-3}$$

则 δ 的似然估计

$$\hat{\delta} = \sqrt{S^2(n)}/\bar{x}(n) \tag{5-4}$$

点统计法不能唯一确定分布的类型。由于许多分布的变异系数的取值范围是重合的，并且 $\hat{\delta}$ 是 δ 的似然估计，但不一定是无偏的。尽管如此，点统计法仍可作为分布类型假设的一种粗糙的指导性方法使用。

（2）直方图法。

直方图法是将观测数据 $x_1, x_2, \cdots, x_n$ 的取值范围分成 k 个断开的相邻区间 $[b_0, b_1)$, $[b_1, b_2), \cdots, [b_{k-1}, b_k)$，每个区间宽度相等，记 $\Delta b = b_j - b_{j-1}$, $j = 1, 2, \cdots, k$。

对任意 j，令 n_j 表示第 j 个区间上观测数据的个数，记 $g_j = n_j / n$, $j = 1, 2, \cdots, k$。

定义函数：

$$h(x) = \begin{cases} 0 & x < b_0 \\ g_j & b_{j-1} \leqslant x < b_j \\ 1 & x \geqslant x_k \end{cases} \tag{5-5}$$

作出 $h(x)$ 的直方图，将该图与常见的理论分布的密度函数图形进行比较（先忽略位置及比例尺的差别），观察哪种分布与 $h(x)$ 的图形类似，则可假设观测数据 $x_1, x_2, \cdots, x_n$ 服从该类型分布，然后采用点统计法确定其参数。

直方图法是用观测到的样本数据建立随机变量的概率密度函数分布的直方图，然后通过将直方图与理论分布的概率密度函数曲线图形进行对比，从图形上直观地判断观测的随机变量是否满足某种理论分布。

在实际使用时，可能需要对观测数据进行适当的调整，即增加一些值特别大或特别小的过程数据，便于进行理论分布比较。使用直方图法的难点是如何确定区间长度 Δb。若 Δb 太大，则将丢失信息；若 Δb 太小，则观测数据中的噪声滤除得不够（观测数据中总是存在一定的噪声）。因此，往往需要选择不同大小的 Δb 分别作出相应的直方图，选择一个"最好的"或"最光滑的"直方图与理论分布的密度函数图像进行比较，以便得到较为可靠的分布假设。

（3）概率图法。

直方图法是将观测数据的直方图与理论分布的密度函数图像进行比较，而概率图法则是将观测数据定义为一个实验分布函数，然后将它与理论分布函数做比较后进行假设。设观测数据 $x_1, x_2, \cdots, x_n$ 共用 m 个取值（$m \leq n$，因为可能存在取值相同的观测点），分别记为 $x_{(1)}, x_{(2)}, \cdots, x_{(m)}$。

实验分布函数的定义为

$$\overline{F}[x(i)] = n_i / n, \quad i = 1, 2, \cdots, m \tag{5-6}$$

式中，n_i 表示小于或等于观测数据的个数，且 $n_m = n$。为了避免因有限个观测数据得到的实验分布函数值等于 1，对式（5-6）略加修正，采用式（5-7）来定义

$$\tilde{F}[x(i)] = (n_i - 0.5) / n \tag{5-7}$$

由于实验分布函数的图形特征一般没有密度函数那么明显，基本上都是呈 S 形，概率图法不是采用这种实际比较的方法，而采是用分位数比较法。分位数也称分位点，其定义为：设 $0 < g < 1$，则 $x_j = F^{-1}(g)$ 称为 $F(x)$ 分位点。

如果 $F(x)$ 与 $G(y)$ 均为分布函数，分别取不同的 g 值，得到不同的 (x_g, y_g)，若 $F(x)$ 与 $G(y)$ 是相同的分布函数，则由 (x_g, y_g) 形成的轨迹是斜率为 55° 的直线。反之，如果两个分布函数 $F(x)$ 与 $G(y)$ 采用相同的一组 g 值，求出各自的分位点均为 x_g, y_g，在 xOy 平面上确定 (x_g, y_g) 轨迹，若该轨迹是一条斜率为 55° 的直线，则可以确认 $F(x)$ 与 $G(y)$ 的分布是相同的。

为了作出 $\tilde{F}[x(i)] = (n_i - 0.5) / n = g_i$ 的分布类型，可取 $\tilde{F}[x(i)]$ 的分位点为 $x(i)$，分别对应 $\tilde{F}[x(i)]$ 的值为 g_i，从常见的理论分布中选择一种分布类型，依据 g_i 求得其分位点 y_i，然后在 xOy 平面作出 $(x(i), y_i)$ 的轨迹，观察是不是斜率为 55° 的直线，若比较接近，则可假设观测数据的分布类型与所选的分布类型相同。

有时，$(x(i), y_i)$ 的轨迹虽然呈直线，但斜率不是 55°，这说明这两个分布类型是相同的，只是位置参数和（或）比例参数不同，那么可对 $x(i)$ 进行 $y_i = \gamma + \beta x(i)$ 变换，得到的

$(x(i), y_i)$ 的轨迹一定是斜率为 55° 的直线。从而得出只要分位点 $(x(i), y_i)$ 轨迹接近直线，观测数据的分布类型与所选的分布类型就是相同的，其位置参数及比例参数可通过前面的方法来确定。

如果 $(x(i), y_i)$ 的轨迹不是直线，说明所选分布类型不符合要求，应考虑选择其他的分布类型进行比较。概率图法只需要判断分位点轨迹偏离直线的程度，不会造成观测数据的信息丢失，且方法简单，从而得到广泛应用。

2. 离散分布类型的假设

（1）点统计法。

离散分布下的点统计法与连续分布的做法是相同的，即由观测数据 $x_1, x_2, \cdots, x_n$ 计算出均值和方差，并得到偏差系数 δ 的似然估计。

$$\overline{x}(n) = \sum_{i=1}^{n} x_i / n$$

$$S^2(n) = \sum_{i=1}^{n} [x_i - \overline{x}(n)]^2 / (n-1)$$

则 δ 的似然估计 $\hat{\delta} = \sqrt{S^2(n)} / \overline{x}(n)$。将 $\hat{\delta}$ 值与理论分布的 δ 值进行比较，然后进行分布类型的假设。若 $\delta < 1$，则可假设分布类型为二项分布；若 δ 接近 1，则可假设分布类型为泊松分布。

（2）线图法。

设观测数据为 $x_1, x_2, \cdots, x_n$，将其按递增顺序排列，设共有 m 个取值（$m \leq n$），分别为 $x_{(1)}, x_{(2)}, \cdots, x_{(m)}$，记 $x_{(i)}$ 的数据个数占整个观测数据个数的比例为 $h_{(i)}$。以 $x_{(i)}$ 为自变量，以 $h_{(i)}$ 的值作为函数值，即 $h_{(i)} = f(x_{(i)})$。由函数值 $h_{(i)}$ 向相应的自变量 $x_{(i)}$ 作垂线所得到的图形称为线图。

线图法是将观测数据的线图与假设的理论分布的质量函数图形进行比较后，找到相似图形的方法。

由以上介绍可以看出，线图法不需要将观测数据划分新的区间，因此不会丢失任何数据信息，比连续分布的直方图法使用起来更为方便。

3. 实验分布

如果由观测数据难以确定一个理论分布，则只能采用实验分布作为观测数据的模型。原始观测数据一般有两种形式：一种是原始单个数据，另一种是分组数据。

若观测数据是原始单个数据 $x_1, x_2, \cdots, x_n$，则在定义其实验分布时先将 n 个数据按递增顺序排列。由于可能有相同值的数据，经排序得到 $x_{(1)}, x_{(2)}, \cdots, x_{(m)}$，$m \leq n$，该观测数据的实验分布函数的定义为

$$F(x) = \begin{cases} 0 & x < x_{(1)} \\ \dfrac{i-1}{n-1} + \dfrac{1}{n-1} \cdot \dfrac{x - x_j}{x_{(j+1)} - x_{(j)}} & x_{(j)} \leq x \leq x_{(j+1)}, \quad j = 1, \cdots, m \\ 1 & x > x_{(m)} \end{cases} \quad (5\text{-}8)$$

若观测数据是分组数据,即不知道观测数据的数值,仅知道该 n 个数据分布在 m 个相邻区间 $[a_0, a_1), [a_1, a_2), \cdots, [a_{m-1}, a_m)$ 上及每个区间上数据的个数,记第 j 个区间上的个数为 n_j ($j=1, 2, \cdots, m$),则 $n_1+n_2+\cdots+n_m=n$,实验分布函数的定义为

$$F(x) = \begin{cases} 0 & x < a_0 \\ \sum_{i=1}^{k-1} \frac{n_i}{n} + \frac{n_j}{n} \cdot \frac{x - a_{j-1}}{a_j - a_{j-1}} & a_{j-1} \leqslant x \leqslant a_j, \quad j = 1, \cdots, m \\ 1 & x \geqslant a_m \end{cases} \quad (5\text{-}9)$$

实验分布的缺点是,随机变量取值只能为 $x(1) \leqslant x(2) \leqslant x(m)$ 或 $a_0 \leqslant x \leqslant a_m$。

5.4 分布参数的类型和估计

1. 分布参数的类型

(1)位置参数(记为 γ)。

位置参数确定分布函数取值范围的横坐标。当 γ 改变时,相应的分布函数向左或向右移动而不发生其他变化,因而又称位移参数。例如,均匀分布函数

$$f(x) = \begin{cases} \dfrac{1}{b-a} & x \in [a, b] \quad (a < b) \\ 0 & \text{其他} \end{cases} \quad (5\text{-}10)$$

式中,参数 a 被定义为位置参数,当 a 改变时(保持 $b-a$ 不变),$f(x)$ 向左或向右移动。

(2)比例参数(记为 β)。

比例参数决定分布函数在其取值范围内取值的比例尺。β 的改变只是压缩或扩张分布函数,而不会改变其基本形状。例如,指数分布函数

$$f(x) = \begin{cases} \lambda e^{-\lambda x} & x > 0 \\ 0 & x \leqslant 0 \end{cases} \quad (5\text{-}11)$$

当 λ 发生改变时,指数分布的函数图像基本形状不会发生变化。

(3)形状参数(记为 α)。

形状参数确定分布函数的形状,从而改变分布函数的性质。

例如,韦伯分布的概率密度函数为

$$f(x) = \begin{cases} \dfrac{\alpha}{\beta^\alpha} x^{\alpha-1} e^{-(x/\beta)^\alpha} & x \geqslant 0 \\ 0 & \text{其他} \end{cases} \quad (5\text{-}12)$$

式中,参数 α 被定义为形状参数,当 α 改变时,函数形状也相应发生很大的变化。

对于随机变量 X、Y,如果存在一个实数 γ,使 X 与 Y 具有相同的分布,则称 X 与 Y 是位置上不同的随机变量;如果存在一个正实数 β,使得 βX 与 Y 具有相同的分布,则称 X 与 Y 是比例尺不同的随机变量;如果 $\gamma + \beta X$ 与 Y 具有相同的分布,则称 X 与 Y 在位置与比例上不同。

2. 分布参数的估计

（1）样本均值与样本方差。

设某一个随机过程 X，其 n 个抽样样本为 $x_1, x_2, \cdots, x_n$，该样本的均值

$$\overline{X} = \frac{1}{n} \sum_{i=1}^{n} x_i \tag{5-13}$$

该样本的方差

$$S^2 = \frac{1}{n-1} \left(\sum_{i=1}^{n} x_i^2 - n\overline{X}^2 \right) \tag{5-14}$$

如果离散数据已按频数分组，则

$$\overline{X} = \frac{1}{n} \sum_{i=1}^{k} f_i x_i$$

$$S^2 = \frac{1}{n-1} \left(\sum_{i=1}^{k} f_i x_i^2 - n\overline{X}^2 \right)$$

式中，k 是 X 中数值不相同的个数，即分组数；f 是 X 中数值 X_i 的观察频数。

（2）物流系统建模仿真中常用的一些分布参数建议值，如表5-1所示。

表5-1 常用的一些分布参数建议值

分布	参数	建议使用的估计量
泊松分布	α	$\hat{\alpha} = \overline{X}$
指数分布	λ	$\hat{\lambda} = \dfrac{1}{\overline{X}}$
在 $(0, b)$ 上的均匀分布	b	$\hat{b} = \dfrac{n+1}{n} x_{\max}$
正态分布	μ, σ^2	$\hat{\mu} = \overline{X}, \hat{\sigma}^2 = S^2$

5.5 拟合优度检验

拟合优度检验是一个对未知总体作出假设检验，判断其总体分布的一种检验方法。在实际问题中，总体的分布形式往往是未知的，需对总体所服从的分布类型进行初步的判断，提出假设并检验这个假设是否合适。

1. χ^2 检验

χ^2 检验是一种检验经验分布与总体分布是否吻合的非参数检验方法，也称卡方检验。它不限于总体是否服从正态分布，并可用于检验总体是否服从一个预先给定的分布。卡方检验的基本方法是将样本观察值分组，然后计算各组的理论频数与实测频数之差以判断样

本分布是否符合某个理论分布。

设 $(x_1, x_2, \cdots, x_n)$ 是来自未知总体 X 的一个样本，但并不知道 X 的分布，现在检验假设如下。H_0：X 的分布函数为 $F(x)$，H_1：X 的分布函数不是 $F(x)$，这里的 $F(x)$ 是一个已知的分布函数。如果 $F(x)$ 中带有未知参数 θ，$\theta = (\theta_1, \cdots, \theta_k)'$，则记为 $F(x;\theta)$。

一般情况下，若 H_0 为真，则差异不太明显；若 H_0 为假，则实际频数与理论频数的差异明显。通过构建一个符合 χ^2 分布的统计量，并用此统计量来进行检验假设。

拟合优度检验的思想和处理步骤如下。

（1）将 $(-\infty, +\infty)$ 划分成 r 个小区间，$I_1 = (a_0, a_1], I_2 = (a_1, a_2], \cdots, I_r = (a_{r-1}, a_r]$，$-\infty = a_0 < a_1 < \cdots < a_{r-1} < a_r = +\infty$。

（2）计算各区间上的理论频数。如果原假设为真，即总体 X 的分布函数为 $F(x;\theta)$，则 $i=1,2,\cdots,n$ 落入区间的概率为 $p_i(\theta) = F(a_i;\theta) - F(a_{i-1};\theta)$，$\theta$、$i=1,2,\cdots,r$。

（3）由于样本容量为 n，因此样本中落入区间 I_i 的个数为 $np_i(\theta)$，这里的 $np_i(\theta)$ 称为理论频数。如果 θ 是未知的，可用 θ 的极大似然估计 $\hat{\theta}$ 代入 $p_i(\theta) = F(a_i;\theta) - F(a_{i-1};\theta)$，得到 $p_i(\hat{\theta})$，这里的理论频数为 $np_i(\hat{\theta})$。

（4）计算各区间上的实际频数。设 $x_1, x_2, \cdots, x_n$ 中落入区间 I_i 的个数为 n_i，称 n_i 为实际频数。

（5）构造服从已知的确定分布的统计量

$$\chi^2 = \sum_{i=1}^{r} \frac{\left(n_i - np_i(\hat{\theta})\right)^2}{np_i(\hat{\theta})}$$

由于 $np_i(\hat{\theta})$ 是由分布函数 $F(x;\theta)$ 计算出来的区间上 I_i 的理论频数，而 n_i 是样本中落入 I_i 的实际频数，它们差异的大小说明了样本与分布 $F(x;\theta)$ 的拟合程度。

（6）根据样本观测值对实际问题进行检验，得出结论。

当统计量 χ^2 的观测值比较小时，说明拟合较好，接受 H_0；反之，说明拟合不好，即 X 的分布函数不是 $F(x)$，从而拒绝 H_0。对于给定的显著性水平 α，查自由度为 $r-k-1$ 的 χ^2 分布表，可得 $C_{1-\alpha}(r-k-1)$，满足

$$P(\chi^2 \geq C_{1-\alpha}(r-k-1)) = 1-\alpha \tag{5-15}$$

式中，k 为区间个数；r 为需要估计的参数的个数。

根据样本观测值算出 Pearson 统计量 χ^2 的观测值 c。当 $c \geq C_{1-\alpha}(r-k-1)$ 时，拒绝 H_0；否则接受 H_0。

实践证明，若 n 充分大时，且 H_0 为真，统计量 χ^2 总是近似地服从自由度为 $r-k-1$ 的 χ^2 分布。非参数的 χ^2 检验要求 n 足够大且 np_i 也不能太小，在实践中，要求样本容量 n 要大于 50。

2. 科尔莫哥洛夫-斯米尔洛夫检验（K-S 检验）

χ^2 检验的困难在于按 p_i 相等来确定 $[a_{i-1}, a_i)$ 时，要对 $\hat{F}(x)$ 进行逆运算。而在某些情况下，求 $\hat{F}(x)$ 的逆运算比较困难，有时 $\hat{F}(x)$ 甚至无封闭形式，根本无法求 $\hat{F}(x)$ 的逆运算，

导致检验无法进行。另外，当 n 较小，$P_i \geqslant 5/n$ 的值较大时，得到的区间过大，会造成观测数据丢失。因此，需要采用其他的检验方法来进行检验。

K-S 检验也是一种拟合优度检验，它涉及一组样本数据的实际分布与某一指定的理论分布相符合程度的问题，用来检验所获取的样本数据是否来自具有某一理论分布的总体。

K-S 检验的基本原理：将拟合的分布函数 $\hat{F}(x)$ 与观测数据的实验分布函数 $\tilde{F}(x)$ 进行比较。设观测数据为 $x_1, x_2, \cdots, x_n$，观测数据的实验分布函数 $\tilde{F}(x)$ 采用如下定义

$$\tilde{F}(x) = \frac{(x_i \leqslant x)\text{数据的个数}}{n} \tag{5-16}$$

这样，$\tilde{F}(x)$ 是右连续的阶跃函数。

K-S 检验的规则：根据 $\hat{F}(x)$ 与 $\tilde{F}(x)$ 的接近程度来决定是否拒绝原假设 H_0。

评价接近程度的指标是采用 $\hat{F}(x)$ 与 $\tilde{F}(x)$ 之间的最大距离 D_n。

$$D_n = \max\{|\hat{F}(x) - \tilde{F}(x)|\} \tag{5-17}$$

K-S 检验的步骤如下。

（1）建立假设。H_0：对于所有 x，$\tilde{F}(x) = \hat{F}(x)$；$H_1$：对于一些 x，$\tilde{F}(x) \neq \hat{F}(x)$。

（2）计算统计量：$D_n = \max\limits_{1 \leqslant i \leqslant n} \{|\tilde{F}(x_i) - \hat{F}(x_i)|, |\tilde{F}(x_{i-1}) - \hat{F}(x_i)|\}$

（3）查找临界值：根据给定的显著性水平 α，样本数据个数 n，查 K-S 检验临界值表的单临界值 d_α。

（4）做出判断：$D_n < d_\alpha$，则在 α 的水平上接受假设 H_0；反之，则拒绝 H_0。

K-S 检验存在的问题是：不同的分布，d_α 的值是不同的；即使是同一分布，不同的 α，$d_{\alpha, 1-\alpha}$ 也不相同，而且尚无通用的表可查。

χ^2 检验与 K-S 检验之间的比较如表 5-2 所示。

表 5-2 χ^2 检验与 K-S 检验之间的比较

检验方法	功能
χ^2 检验	应用范围广，基本原理简单；受区间数量、大小选择的影响，若同一样本区间数选取不当则可能做出错误的判断；小样本事件无法采用 χ^2 检验
K-S 检验	无须划分区间，对样本数量没有要求，但操作比较烦琐，应用范围比较小，只能用于特定分布

5.6 输入数据案例分析实训

观察每周的 5 个工作日中 8:00—8:10 这 10min 内到达十字路口东南角的家用轿车数量，一共观察 20 周。表 5-3 给出了观察的数据，第一行数据表示有 12 次 10min 内没有家用轿车到达十字路口东南角，第二行数据表示有 10 次 10min 内有 1 辆家用轿车到达十字路口东南角，依此类推。

表 5-3　车辆数观察结果数据

车辆数	频度	车辆数	频度
0	12	6	7
1	10	7	5
2	19	8	5
3	17	9	3
4	10	10	3
5	8	11	1

根据上述材料绘制直方图，并求出样本均值和样本方差，并根据图 5-2 中的 4 个标准随机分布函数图，对数据进行分布假设和参数估计。

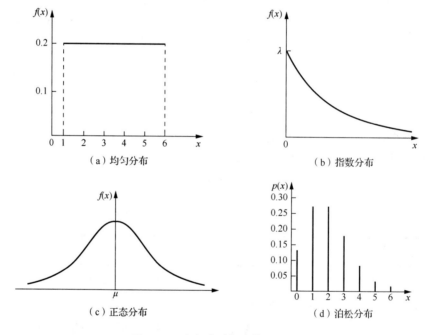

图 5-2　4 个标准随机分布函数图

根据表 5-3 中的数据，利用 Excel 绘制家用轿车到达频度直方图，如图 5-3 所示。

将直方图包络线和图 5-2 中 4 个标准随机分布函数图对比可知，家用轿车到达频度符合泊松分布。分析表 5-3 中数据可以得到如下参数：$n=100$，$f_1=12$，$x_1=0$，$f_2=10$，$x_2=1$，…，可以求得

$$\sum_{j=1}^{k} f_j x_j = 364$$

$$\sum_{j=1}^{k} f_j x_j^2 = 2080$$

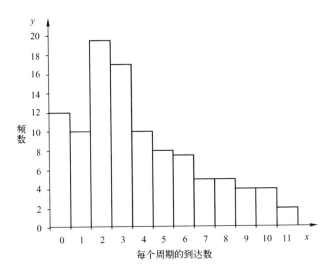

图 5-3 家用轿车到达频度直方图

然后根据 5.4 节中的样本均值与样本方差的计算公式 $\bar{X} = \dfrac{1}{n}\sum_{i=1}^{k} f_i x_i$ 与 $S^2 = \dfrac{1}{n-1}\left(\sum_{i=1}^{k} f_i x_i^2 - n\bar{X}^2\right)$ 可以计算出

$$\bar{X} = \frac{364}{100} = 3.64$$

$$S^2 = \frac{2080 - 100 \times (3.64)^2}{99} \approx 7.63$$

$$S = \sqrt{7.63} \approx 2.76$$

根据表 5-1 可得泊松分布参数

$$\alpha = \bar{X} = 3.64$$

5.7 FlexSim-ExpertFit 输入数据分析及应用

ExpertFit 是 FlexSim 内嵌的随机变量概率分布拟合软件及分析工具。当用户把实测的数据加载到 ExpertFit，它会迅速而准确地统计出其平均值、方差等各种随机变量分布特征参数，并确定出与样本数据最符合的概率分布类型和相关参数，通过拟合优度检验推荐最适合的分布函数。ExpertFit 软件可以帮助用户确定采集的实际数据与哪种随机分布最匹配，代替了烦琐的手工计算。

当仿真用户采集一组数据后，选择 FlexSim 软件"统计"菜单中的 ExpertFit 命令（图 5-4），即可打开内嵌的 ExpertFit

图 5-4 选择 ExpertFit 命令

窗口，如图 5-5 所示。

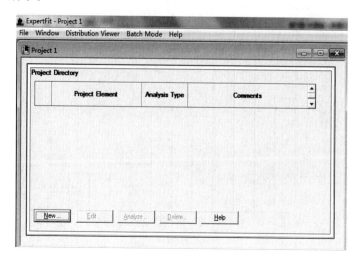

图 5-5　ExpertFit 窗口

单击 New 按钮，即可建立一个新的数据分析项目（Project-1），如图 5-6 所示。

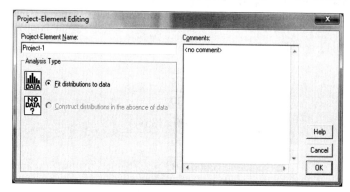

图 5-6　建立数据分析项目（Project-1）

单击 OK 按钮即可进入新的数据分析项目（Project-1）的操作界面，如图 5-7 所示。

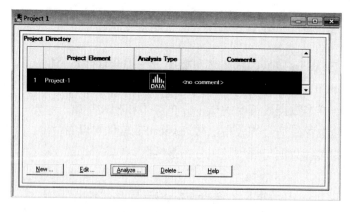

图 5-7　数据分析项目（Project-1）的操作界面

单击 Analyze 按钮后进入数据分析界面，如图 5-8 所示。

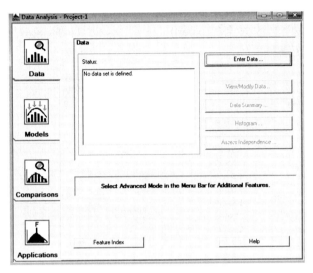

图 5-8　数据分析界面

数据分析界面左边有 4 个数据分析按钮：数据按钮、模型分析按钮、数据比较按钮和应用按钮。单击 Enter Data 按钮后即可进入输入数据选择界面，如图 5-9 所示。

图 5-9　输入数据选择界面

选中 Enter/Edit Data Values 单选按钮后进入输入数据界面，如图 5-10 所示。

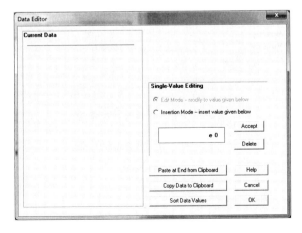

图 5-10　输入数据界面

可以从粘贴板复制数据，也可以把数据复制进粘贴板，如果仿真用户已经把 Excel 中采集的数据（产品到达时间间隔）复制到粘贴板，就可以单击 Paste at End from Clipboard 按钮，这样就把粘贴板中的数据导入 ExpertFit 软件，如图 5-11 所示的对话框左侧数据列（500 个产品到达时间间隔数据）。

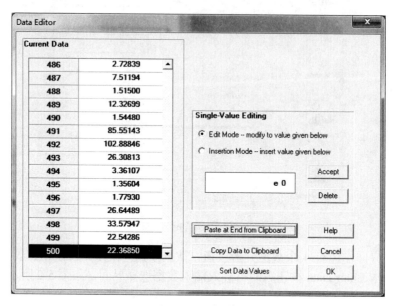

图 5-11 从粘贴板导入数据

单击 OK 按钮后显示导入数据的简要信息，如图 5-12 所示，这些信息包括数据总量、最小值、最大值、平均值、中间值、方差、变异系数及偏度。

Data Characteristic	Value
Source file	<edited>
Observation type	Real valued
Number of observations	500
Minimum observation	0.03699
Maximum observation	122.97090
Mean	19.17206
Median	12.64612
Variance	378.58751
Coefficient of variation	1.01488
Skewness	1.94458

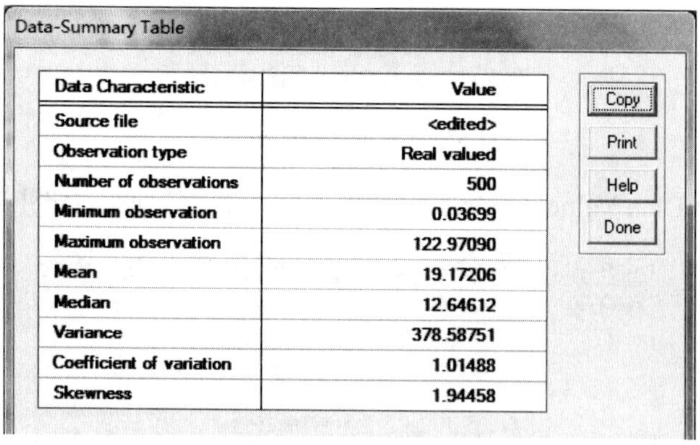

图 5-12 导入数据的简要信息

单击 Done 按钮后，在打开的界面中单击 Histogram 按钮，就可以显示这些数据的直方图显示选项卡，如图 5-13 所示。

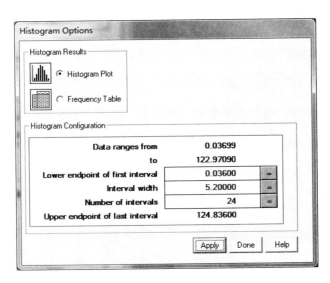

图 5-13 直方图显示选项卡

选中 Histogram Plot 单选按钮，然后单击 Apply 按钮，就可以显示导入数据的直方图了，如图 5-14 所示。

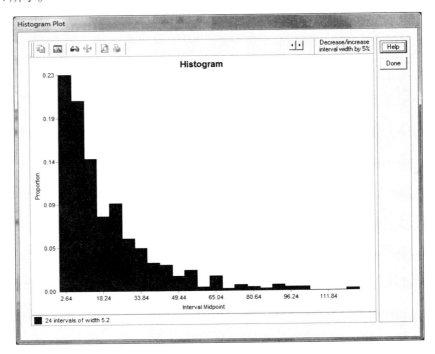

图 5-14 导入数据的直方图

单击图 5-8 中的 Models（模型分析）按钮，就可以进入数据自动拟合界面，如图 5-15 所示。

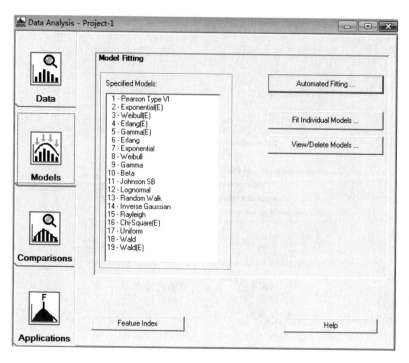

图 5-15 数据自动拟合界面

单击 Automated Fitting 按钮，就可以自动拟合出几种已知的分布，如图 5-16 所示。

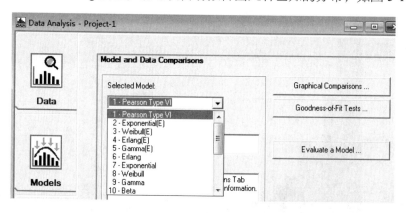

图 5-16 拟合出的几种已知分布

从图 5-16 中可以看出，导入的数据拟合出的前三位分布分别是皮尔逊分布（Pearson）、指数分布（Exponential）和韦伯分布（Weibull）。

单击图 5-8 中的 Comparisons（数据比较）按钮，在打开的界面中单击 Graphical Comparisons 按钮，就可以看到 3 种分布的拟合曲线比较图，如图 5-17 所示。

单击图 5-8 中的 Applications（应用）按钮，进入导入数据仿真应用界面，如图 5-18 所示。

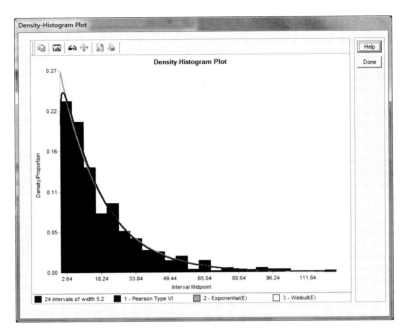

图 5-17　3 种分布的拟合曲线比较图

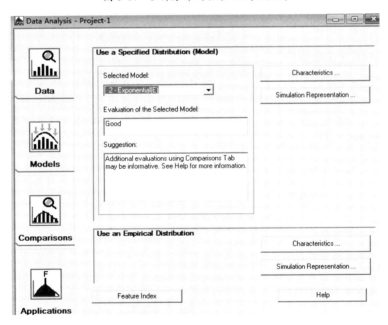

图 5-18　导入数据仿真应用界面

在 Selected Model 下拉列表中选择第 2 个分布函数指数分布（Exponential）（实践中客户到达时间间隔一般符合指数分布），单击 Simulation Representation 按钮进入仿真表达选项界面，如图 5-19 所示。

在 Simulation Software 下拉列表中选择 FlexSim，单击 Apply 按钮就可以得到指数分布的 2 个参数值，如图 5-20 所示。

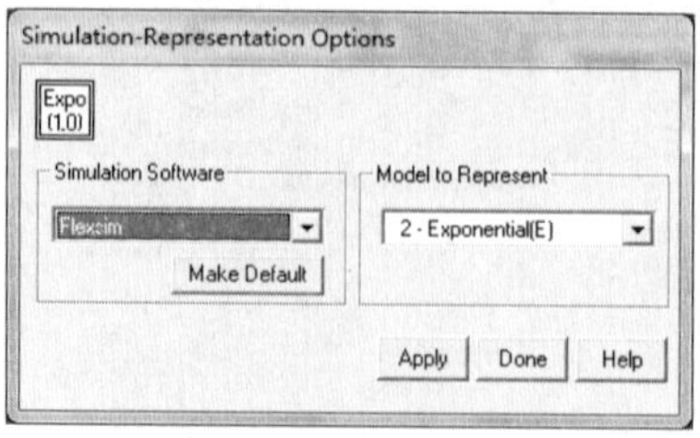

图 5-19　仿真表达选项界面

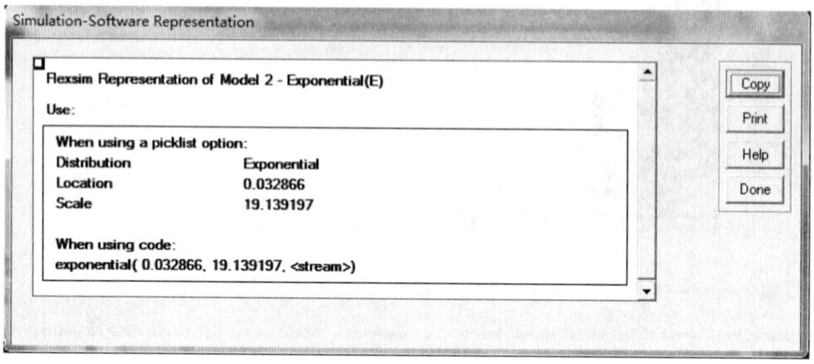

图 5-20　指数分布的参数值

由图 5-20 可见，指数分布的 2 个参数值分别是：位置参数（Location）为 0.032866，比例参数（Scale）为 19.139197。

这样就把输入的 500 个产品到达时间间隔数据，通过 ExpertFit 软件分析后，得出结论是符合指数分布 Exponential（0.032866,19.139197），最后在 FlexSim 模型中的发生器（Source）参数对话框中，把产品的到达时间间隔设置成指数分布 Exponential（0.032866,19.139197），如图 5-21 所示。

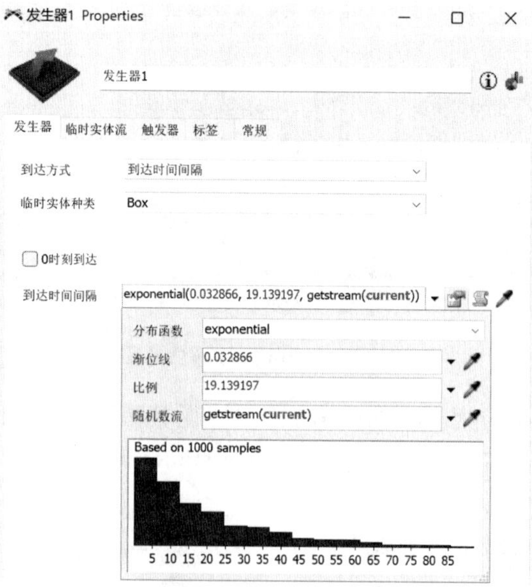

图 5-21　发生器（Source）对话框中设置产品到达时间间隔

5.8 实训练习

根据 Excel 给出的数据，利用 ExpertFit 软件分析这组数据符合哪种分布，并求出其参数，然后输入 FlexSim 发生器的货物到达时间间隔参数。

在一周（7 天）中，对每天 10:00—10:10 时间段内动物园入口处的人数进行统计，共统计 20 周。统计数据见表 5-4。

表 5-4 人数观察统计数据

人数	频度	人数	频度
1	15	7	10
2	11	8	8
3	22	9	5
4	20	10	7
5	17	11	6
6	15	12	4

第 6 章
排队系统建模与仿真案例实训

📦【教学目标】

➢ 掌握排队系统的基本知识,包括排队系统的排队过程、类型和特点。
➢ 采用手工仿真的方法计算系统繁忙程度。
➢ 学习用 FlexSim 对实际排队问题进行仿真。
➢ 比较手工仿真和 FlexSim 仿真,总结各自的优缺点。

在排队论的一般模型中,各个顾客由顾客源(总体)出发,到达机构(服务台)前排位等候接受服务,服务结束就离开,队列的数目和排列方式称为排列结构,顾客按一定的规则次序接受服务称为排队规则和服务规则。从顾客到达到接受服务离去的过程就构成了一个排队系统。学习排队系统的仿真,研究如何减少服务机构成本和顾客等待费用,可以使企业降本增效,增强企业竞争力。

6.1 排队系统的基础知识

6.1.1 排队系统的概念及特点

排队是我们在日常生活中经常遇到的现象,如顾客到商店买东西、病人到医院看病,就常常需要排队。一般来说,当某个时刻要求服务的数量超过服务机构的容量时,就会出现排队现象。这种现象远不只在个人日常生活中出现,要求服务的可以是人,也可以是物。例如,在计算机网络系统中,要求传输数据的是各个网络节点,这里的服务机构是网络传输机构,而要求服务的就是等待传输数据的网络节点。此外,车站等交通枢纽的车辆堵塞和疏导、故障机器的停机待修、水库的存储调节等都属于排队现象。在各种排队系统中,顾客到达的时刻与接受服务的时间都是不确定的,是随机变化的,因此排队系统在某一时刻的状态也是随机的,排队现象几乎是不可避免的。

排队系统的关键元素是顾客和服务台。顾客是指到达设施并请求服务的任何实体；服务台是指能够提供服务的任何资源。排队系统是指物、人及信息等流量元素在流动过程中，由于服务台不足而不能及时为每位顾客服务，产生需要排队等待服务（加工）的一类系统。这类系统的应用范围也可以扩大到物流系统中，如等待装运的物料与运输车辆之间、等待包装的商品与包装设备之间、等待入库的成品与堆垛机之间等，都是排队系统的实例。简单的排队系统可以用数学方法来求解，复杂的排队系统可以应用仿真求解各种结构、各种类型的排队系统。

排队系统的形式各种各样，复杂程度也有很大不同，但排队系统仿真建模却有共同的特点。首先，它们的建模步骤都是相同的。其次，排队系统仿真时钟是跳跃的。这是因为顾客的到来或离开系统的时间在排队系统中都是随机的。在有些时刻，系统中没有事件发生，系统状态也没有任何变化，此时系统可以直接跳到下一个状态点；而在另外一个时刻，有一个或多个事件发生，这些时刻称为特定时刻，系统状态也会随之变化。所以在进行排队系统仿真时，仿真时钟只停留在事件发生的时刻上。此外，排队系统有共同及相似的事件类型与处理子程序，到来与离开事件及其处理子程序是所有排队系统共有的，其他事件及相应子程序则因不同类型的排队系统而有不同的内容。

6.1.2 排队系统的基本参数

排队系统单服务台的形式如图 6-1 所示，系统本身包括了顾客源、排队队列和服务台 3 部分。顾客源中的顾客不断到达该系统，并形成队列等待服务，直到接受服务后离开，或重返顾客源，或离开该系统。排队系统是一个顾客不断到来、排队及服务与离去的动态过程。

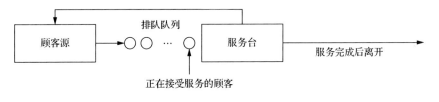

图 6-1　排队系统单服务台的形式

这类系统中，最主要的实体就是顾客与服务台。而在动态随机服务的过程中，还会出现许多客观的现象，为了对排队系统有一个清晰确切的描述，需要对其对应的有关概念分别进行介绍。

1. 顾客与顾客源

"顾客"一词在这里是指任何一种需要系统对其服务的实体。顾客可以是人，也可以是零部件、机器等物。

顾客源又称顾客总体，是指潜在的顾客总数。它分为有限与无限两类。有限顾客源中的顾客个数是确切或有限的，如一个维修工人负责维修 3 台机器，则这 3 台机器就是一个有限的总体。无限顾客源中的顾客个数是无限的，顾客到达数服从一定的随机分布，如服从泊松分布，则在时间 t 内到达 n 个顾客的概率为

$$P_n(t) = \frac{e^{-\lambda t}(\lambda t)^n}{n!}, n = 0,1,2,\cdots$$

或相继到达的顾客的间隔时间 T 服从负指数分布,即 $P(T \leq t) = 1 - e^{-\lambda t}$,式中 λ 为单位时间顾客到达数的期望,称为平均到达率;$1/\lambda$ 为平均间隔时间。

在具有较大潜在顾客的系统中,顾客源一般假定为无限的,即不能用确切的或有限的个数或没有办法来预知可能到来的顾客总体。如进入超市的顾客或要求电信系统提供通话服务的顾客,而事实上这些顾客总体虽然很大但仍是有限的。定义其为无限主要是为了简化模型。

区分有限顾客源与无限顾客源主要是因为在这两类系统中,顾客到达率(即每单位时间到达顾客的平均数)的计算是不同的。在无限顾客源模型中,顾客到达率不受已经进入系统等待或正接受服务的顾客数的影响;而对于有限顾客源模型,顾客到达率往往取决于正在服务或正在等待接受服务的顾客数。

2. 到达模式

到达模式是指顾客按照一定的规律到达系统,它一般用顾客相继到达的时间间隔来描述。常见的到达模式分为以下几种。

(1)确定性到达:顾客有规则地按照一定的时间间隔到达。这些时间间隔是预先确定的或者是固定的。等距到达模式就是一个常见的确定性到达模式,它表示每隔一个固定的时间段就有一个顾客到达。

(2)随机到达:顾客的到达时间间隔是随机的、不确定的。这是最常见的情况,通常使用各种概率分布来模拟,例如泊松分布、爱尔朗分布等。

(3)批到达:顾客不是单独到达,而是以一批一批的形式到达。每批中顾客的数量可以是固定的,也可以是随机的。

(4)预约到达:顾客在特定的时间预约服务,然后按照预约的时间到达。在这种情况下,到达时间是可以精确预知的。

(5)季节性波动:在某些情况下,顾客的到达可能受到季节性因素的影响,例如节假日、促销活动等,导致到达率在某些时间段内增加。

3. 服务机构

服务机构是指同一时刻有多少个服务台可以提供服务,服务台之间的布置关系如何。若服务机构不同,则排队系统的结构也不同。根据服务机构与队列的形成形式不同,常见且比较基本的排队系统的结构一般有以下几种:单队列单服务台结构、多队列单服务台结构、多个服务台串联且每个服务台前有一个队列的结构、多个服务台并联且共同拥有一个队列的机构、多个服务台并联且每个服务台前有一个队列的结构。一个较为复杂的排队系统的结构往往是由以上几种基本结构组合而成的。

服务机构有服务时间和排队规则两个重要的属性。

(1)服务时间。

服务台为顾客服务的时间可以是确定的,也可以是随机的,服务时间随机更为常见。由于服务时间往往不是一个常量,而是受许多因素影响而变化,因此对这些服务过程的描述就要借助于概率函数。总的来说,服务时间的分布有以下几种。

① 定长分布：这是最简单的情形，所有顾客被服务的时间均为某一常数。
② 指数分布：当服务时间完全随机时，可以用指数分布来表示它。
③ 爱尔朗分布：用来描述服务时间的标准差小于平均值的情况。
④ 超指数分布：与爱尔朗分布相对应，用来描述服务时间的标准差大于平均值的情况。
⑤ 一般服务分布：用于服务时间是相互独立但具有相同分布的随机情况，上述分布均是一般分布的特例。
⑥ 正态分布：在服务时间近似于常数的情况下，多种随机因素的影响使得服务时间围绕此常数上下波动，一般用正态分布来描述服务时间。
⑦ 服务时间依赖于队长的情况：排队顾客越多，服务速度越快，服务时间越短。

（2）排队规则。

排队规则是指顾客在队列中的逻辑次序，以及确定服务台有空时服务哪一个顾客的规则，即顾客以何种次序与规则接受服务。

常见的排队规则有以下几类。

① 损失制：若顾客来到，系统所有的服务台均非空，则顾客自动离去，不再回来。
② 等待制：若顾客来到，系统所有的服务台均非空，则顾客形成队列等待服务，常用的规则及意义见表6-1。

表6-1 等待制常用的排队规则及意义

规则	意义
先进先出（FIFO）	按到达次序接受服务，先到先服务
后进先出（LIFO）	与先进先出服务相反，后到先服务
随机服务（SIRO）	服务台空闲时，从等待队列中任选一个顾客进行服务，队列中每一个顾客被选中的概率相等
按优先级服务（PR）	当顾客有着不同的接受服务优先级时，有两种情况：一是服务台空闲时，队列中优先级最高的顾客先接受服务；二是当有一个优先级高于当前顾客的顾客到来时，优先级高的顾客先接受服务
最短处理时间先服务（SPT）	当服务台空闲时，选择需要最短服务时间的顾客先接受服务

③ 混合制：它是损失制和等待制的综合类型。混合制的排队规则及意义见表6-2。

表6-2 混合制的排队规则及意义

规则	意义
限制队长的排队规则	设系统存在最大允许队长 N，顾客到达时，若队长小于 N，则加入排队，否则自动离去
限制等待时间的排队规则	设顾客排队等待的最长时间为 T，当顾客排队等待时间大于 T 时，则顾客自动离去
限制逗留时间的排队规则	逗留时间包括等待时间与服务时间。若逗留时间大于最长允许逗留时间，则顾客自动离去

6.1.3 排队系统的类型

1. 单服务台排队系统

单服务台排队系统是排队系统中最简单的结构形式，在该类系统中有一级服务台，这一级中也只有一个服务台。它的结构如图 6-2 所示。

图 6-2 单服务台排队系统

2. 单级多服务台排队系统

单级多服务台排队系统也是经常遇到的一类排队系统形式，它又可分为所有服务台只有一个排队以及每个服务台都有排队的两种不同情况，如图 6-3 所示。每个服务台的服务时间可以有相同分布或参数，也可以有不同参数甚至不同的分布。在第 1 种排队形式中 [图 6-3（a）]，只要有服务台空闲顾客都可进入该服务台，当两个或两个以上服务台空闲时，可按规则选择进入其中的一个服务台。在第 2 种排队形式中 [图 6-3（b）]，首先确定该顾客选择哪个服务台，然后根据选择的服务台是"忙"或"闲"决定是接受并开始服务，还是在该服务台前的队列中等待服务。

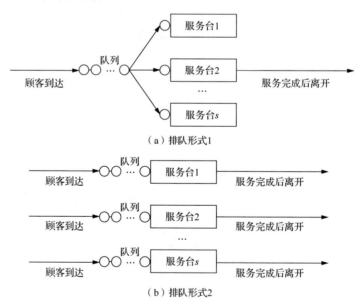

图 6-3 单级多服务台排队系统

3. 多级多服务台排队系统

多级多服务台排队系统是排队系统的一类常见形式。图 6-4 表示了一个典型的多级多服务台排队系统，服务台共有 3 级，每级分别由 2 个服务台、3 个服务台和 1 个服务台组成，每级服务台前有一列队列排队，顾客进入系统后逐级进入服务台，逐级服务。如没有空闲的服务台则逐级排队等待，当最后一级服务结束后顾客离开系统。

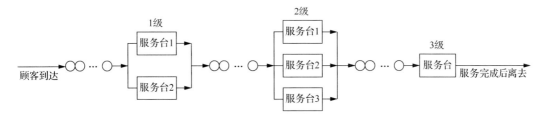

图 6-4 多级多服务台排队系统

6.1.4　排队系统的性能指标

在排队系统中，除了损失制，排队现象是不可避免的。这是因为顾客到达的速率大于服务台服务的速率。但是，排队越长则意味着排队系统服务质量越差，或者说排队系统效率越低。而盲目增加服务台，虽然队长可以减少，但有可能造成服务台太多的空闲时间，设备利用率太低。排队系统研究的实质就是要解决上述问题，即合理地解决顾客等待时间与服务台空闲时间之间的矛盾，使得排队系统服务质量与设备利用率都达到较高的标准。

排队系统常用的性能指标如下。

（1）服务员的利用率 ρ，公式如下：

$$\rho = \frac{\text{平均服务时间}}{\text{平均到达时间间隔}} = \frac{\lambda}{\mu}$$

式中，λ 为平均到达速率，μ 为平均服务速率（即单位时间内被服务的顾客数）。

通常情况下，$\rho < 1$。这是其他性能指标存在的前提条件。

（2）平均等待时间 W_q，公式如下：

$$W_q = \lim_{n \to \infty} \sum_{i=1}^{n} D_i / n$$

式中，D_i 为第 i 个顾客的等待时间；n 为已接受服务的顾客数。

（3）平均逗留时间 W，公式如下：

$$W = \lim_{n \to \infty} \sum_{i=1}^{n} W_i / n = \lim_{n \to \infty} \sum_{i=1}^{n} (D_i + S_i) / n$$

式中，W_i 为第 i 个顾客在排队系统中的逗留时间，它等于该顾客排队等待时间 D_i 和接受服务时间 S_i 之和。

（4）平均队长 L_q，公式如下：

$$L_q = \lim_{t \to \infty} \int_0^T L_q(t) \mathrm{d}t / T$$

式中，$L_q(t)$ 为 t 时刻的队列长度；T 为系统运行时间。

（5）系统中平均顾客数 L，公式如下：

$$L = \lim_{T \to \infty} \int_0^T L(t) \mathrm{d}t / T = \lim_{T \to \infty} \int_0^T \left[L_q(t) + S(t) \right] \mathrm{d}t / T$$

式中，$L(t)$ 为 t 时刻排队系统中的顾客数；$S(t)$ 为 t 时刻排队系统中正在接受服务的顾客数。

（6）忙期（闲期）。

忙期是指服务台全部处于非空闲状态的时间段，相反，闲期是指服务台全部处于空闲状态的时间段。对于单服务台来说，忙期与闲期交替出现。

除以上常见的性能指标，具体的排队系统还可以根据系统本身的要求，采用其他体现系统性能的指标，如最长队列、顾客在系统中最大的逗留时间等。

6.2 排队系统仿真实训

6.2.1 问题描述

某汽车加油站有一台 A 加油机，当 A 加油机被占用时，汽车需排队等待。仿真的目的是求得系统中车辆的平均等待时间、等待队长和加油机的效率，通过分析这些数据找到系统瓶颈并加以优化。系统输入数据的特征如下。

（1）汽车随机到达，到达间隔时间分布如表 6-3 所示。

表 6-3 汽车到达间隔时间分布

到达间隔时间/min	概率	累计概率	随机数区间
1	0.25	0.25	01～25
2	0.40	0.65	26～65
3	0.20	0.85	66～85
4	0.15	1.00	86～100

（2）汽车在 A 加油机的服务时间分布如表 6-4 所示。

表 6-4 A 加油机的服务时间分布

服务时间/min	概率	累计概率	随机数
2	0.30	0.30	01～30
3	0.28	0.58	31～58
4	0.25	0.83	59～83
5	0.17	1.00	84～100

6.2.2 手工仿真

顾客到达随机数和服务时间随机数已经写入表 6-5，构造仿真表及重复运行结果如表 6-5 所示。

表 6-5 一台加油机工作仿真表　　　　　单位：min

顾客编号	顾客到达随机数	到达间隔	到达时刻	服务时间随机数	开始服务时间	服务时间	完成服务时间	排队时间	排队长度/辆
1	—	—	0	95	0	5	5	0	0
2	26	2	2	21	5	2	7	3	1
3	98	4	6	51	7	3	10	1	1
4	90	4	10	92	10	5	15	0	0
5	26	2	12	89	15	5	20	3	1
6	42	2	14	38	20	3	23	6	2
7	74	3	17	13	23	2	25	6	2
8	80	3	20	61	25	4	29	5	2
9	68	3	23	50	29	3	32	6	2
10	22	1	24	49	32	3	35	8	3
11	48	2	26	39	35	3	38	9	3
12	34	2	28	53	38	3	41	10	4
13	45	2	30	88	41	5	46	11	4
14	24	1	31	1	46	2	48	15	5
15	34	2	33	81	48	4	52	15	5
16	63	2	35	53	52	3	55	17	5
17	38	2	37	81	55	4	59	18	6
18	80	3	40	64	59	4	63	19	6
19	42	2	42	1	63	2	65	21	6
20	56	2	44	67	65	4	69	21	7
21	89	4	48	1	69	2	71	21	6
22	18	1	49	47	71	3	74	22	7

续表

顾客编号	顾客到达随机数	到达间隔	到达时刻	服务时间随机数	开始服务时间	服务时间	完成服务时间	排队时间	排队长度/辆
23	51	2	51	75	74	4	78	23	8
24	71	3	54	57	78	3	81	24	8
25	16	1	55	87	81	5	86	26	8
26	92	4	59	47	86	3	89	27	8
					总服务时间89		平均等待时间	12.96	
					平均服务时间89/26≈3.42			89/89	效率100%

通过表 6-5 计算得出：系统总运行（服务）时间为 89min，顾客的平均等待时间是 12.96min，平均服务时间为 3.42min，排队长度是 8 辆车，最长的等待时间是 27min，加油机工作效率（总服务时间÷总运行时间）为 100%（教学时教师可以在表 6-5 中加入一列加油机的空闲时间）。

6.2.3 计算机仿真：应用 FlexSim 仿真模型

当有一台加油机时，建立 FlexSim 仿真模型如下。

（1）根据模型要求，建立图 6-5 所示的仿真布局图。

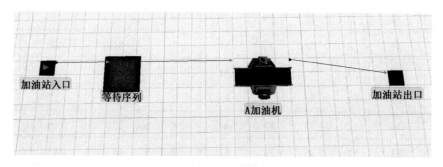

图 6-5 计算机仿真布局图

（2）设置参数。

根据表 6-5 中顾客到达时刻及服务时间，或者根据表 6-3 和表 6-5 生成对应的随机数，对该模型的参数设置如下。

① 加油站入口（发生器）的参数设置。

打开"加油站入口（发生器）"的参数设置界面，在"发生器"选项卡中将"到达方式"改为"到达时间表"，Arrivals 的值设置为 26，Labels 的值设置为 1，把表中最后一列的名字改为 Type，然后对表中 ArrivalTime 等各列分别进行设置。加油站入口（发生器）的参数设置即顾客到达方式的设置，如图 6-6 所示。

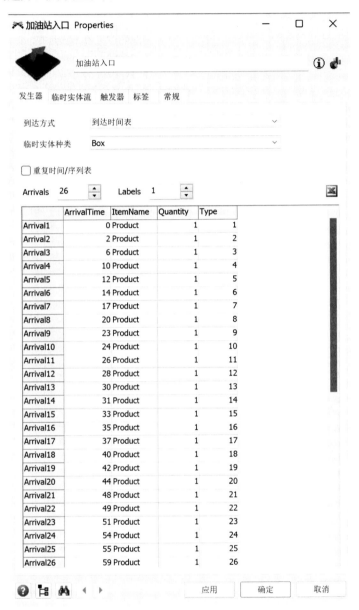

图 6-6　加油站入口参数设置

② 设置 A 加油机时，在"处理器"菜单下的"加工时间"列表框中选择"根据不同的 case 执行相应的值"选项，并在"加工时间"处选择"根据不同 Case 设置时间"选项，如图 6-7 所示。

③ 增加 26 个 Case，并根据表 6-5 中的服务时间列设置相应的 Case 值，如图 6-8 所示。

图 6-7 "A 加油机"设置

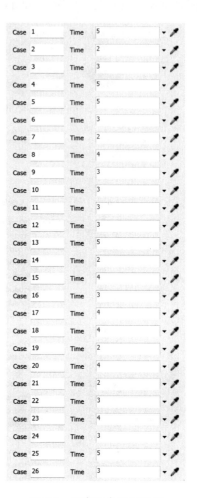

图 6-8 顾客服务时间设置

（3）运行仿真。

运行完成后，仿真自动停止，时刻为 89min，如图 6-9 所示。

图 6-9

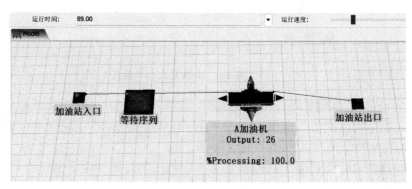

图 6-9 仿真运行结束

(4)统计数据。

① 顾客的平均等待时间:等待序列(暂存区)的统计结果如图 6-10 所示,停留时间(车辆等待时间)的平均值为 12.96min。

② A 加油机的效率:A 加油机的效率如图 6-11 所示,从图中可见,A 加油机的效率是 100%。

图 6-10 顾客的等待队列统计结果

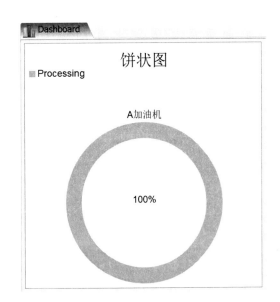

图 6-11 A 加油机的效率

A 加油机的平均服务时间如图 6-12 所示,从图中可见,A 加油机的平均服务时间是 3.42min。

图 6-12 A 加油机的平均服务时间

(5) 运行结果分析。

通过对两种仿真方法的对比分析，结果如表 6-6 所示。

表 6-6 两种仿真方法的对比分析

	顾客的平均等待时间/min	服务台效率（%）	平均服务时间/min
手工仿真	12.96	100	3.42
FlexSim 仿真	12.96	100	3.42

通过对手工仿真与 FlexSim 仿真的结果比较，发现两者的仿真结果一致，FlexSim 仿真具有可行性。

6.2.4 系统优化

通过对手工仿真和 FlexSim 仿真的分析可知，该加油站即使 A 加油机的工作效率 100%，平均等待时间仍然太长，因而需要购买一台同样的加油机来改善目前的排队太长、顾客体验不好的现状。买回 B 加油机之后，加油站规定加油规则为：

加油站有两台加油机，A 加油机距离入口近，B 加油机距离出口较近，若 A、B 加油机都空闲，则 A 加油机优先被占用；若 A、B 加油机都处于忙碌状态，则汽车排队等待。仿真的目的是分析系统中车辆平均排队时间和加油机的利用率。

(1) 确定输入数据的特征。

① 汽车随机到达，到达间隔时间分布仍如表 6-3 所示。

② 汽车在 A、B 加油机的服务时间分布如表 6-7 所示。

表 6-7 A、B 加油机的服务时间分布

A 加油机服务时间				B 加油机服务时间			
服务时间/min	概率	累计概率	随机数	服务时间/min	概率	累计概率	随机数
2	0.30	0.30	01～30	3	0.35	0.35	01～35
3	0.28	0.58	31～58	4	0.25	0.60	36～50
4	0.26	0.83	69～83	5	0.20	0.80	61～80
5	0.17	1.00	84～100	6	0.20	1.00	81～100

（2）构造手工仿真表及重复运行结果如表 6-8 所示。

表 6-8 汽车加油站仿真表（两台加油机，优先 A 加油机）　　单位：min

顾客编号	到达随机数	到达间隔	到达时刻	服务随机数	A 开始服务时间	A 服务时间	A 完成服务时间	B 开始服务时间	B 服务时间	B 完成服务时间	排队时间
1	—	—	0	95	0	5	5	—	—	—	0
2	26	2	2	21	—	—	—	2	3	5	0
3	98	4	6	51	6	3	9	—	—	—	0
4	90	4	10	92	10	5	15	—	—	—	0
5	26	2	12	89	—	—	—	12	6	18	0
6	42	2	14	38	15	3	18	—	—	—	1
7	74	3	17	13	18	2	20	—	—	—	1
8	80	3	20	61	20	4	24	—	—	—	0
9	68	3	23	50	—	—	—	23	4	27	0
10	22	1	24	49	24	3	27	—	—	—	0
11	48	2	26	39	27	3	30	—	—	—	1
12	34	2	28	53	—	—	—	28	4	32	0
13	45	2	30	88	30	5	35	—	—	—	0
14	24	1	31	1	—	—	—	32	3	35	1
15	34	2	33	81	35	4	39	—	—	—	2
16	63	2	35	53	—	—	—	35	4	39	0
17	38	2	37	81	39	4	43	—	—	—	2
18	80	3	40	64	—	—	—	40	5	45	0
19	42	2	42	1	43	2	45	—	—	—	1
20	56	2	44	67	45	4	49	—	—	—	1
21	89	4	48	1	—	—	—	48	3	51	0
22	18	1	49	47	49	3	52	—	—	—	0
23	51	2	51	75	—	—	—	51	5	56	0

续表

顾客编号	到达随机数	到达间隔	到达时刻	服务随机数	两台加油机（优先A加油机）							排队时间
					A			B			
					开始服务时间	服务时间	完成服务时间	开始服务时间	服务时间	完成服务时间	
24	71	3	54	57	54	3	57	—	—	—	0
25	16	1	55	87	—	—	—	56	6	62	1
26	92	4	59	47	59	3	62	—	—	—	0
合计						56			43		11
			A加油机效率 90%			B加油机效率 69%			平均等待时间		0.42

手工仿真结果计算：

① 全部加油车辆的平均排队时间 $\dfrac{11}{26}=0.42$（min）；

② A加油机的效率 $\dfrac{56}{62}\times 100\%=90\%$；

③ B加油机的效率 $\dfrac{43}{62}\times 100\%=69\%$。

（3）FlexSim仿真。

1）根据模型要求，建立图6-13所示的仿真布局图。

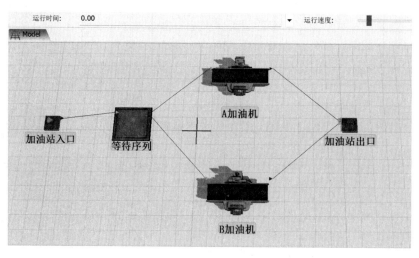

图6-13 两台加油机仿真布局图

2）设置参数。

根据表 6-3 中顾客到达时刻，将该模型参数设置如下。

① 加油站入口（发生器）的参数设置。

打开"加油站入口（发生器）"的参数设置界面，在"发生器"选项卡中将"到达方式"改为"到达时间表"，Arrivals 的值设置为 26，Labels 的值设置为 1，把表中最后一列的名字改为 Type，然后对表中 ArrivalTime 等各列分别进行设置。入口/发生器的参数设置即顾客到达方式的设置，如图 6-6 所示，设置结果和单台加油机设置相同。

② 设置 A 加油机和 B 加油机时，以 A 加油机为例，在"处理器"选项卡的"加工时间"处选择"根据不同 Case 设置时间"选项，如图 6-14 所示。

图 6-14　A 加油机设置

③ 增加 26 个 case，并根据表 6-5 中的服务时间列设置相应的 case 值，如图 6-15 所示，此时 A 加油机的服务时间设置和单台加油机设置相同。

B 加油机服务时间设置：根据表 6-7 和 6-8 中的服务随机数和服务时间并利用随机数生成一组 B 加油机服务全部 26 个顾客时的服务时间，把 26 个服务时间输入 B 加油机服务时间中的 26 个 case 值后，如图 6-16 所示。

图 6-15　A 加油机服务时间设置

图 6-16　B 加油机服务时间设置

3）运行仿真

运行完成后，仿真自动停止，时刻为 62min，如图 6-17 所示。

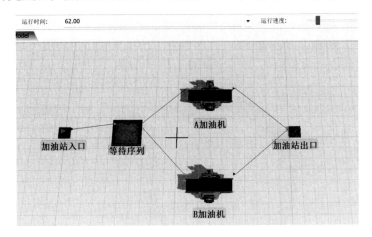

图 6-17　仿真运行结束

图 6-17

4）统计数据

① 顾客的平均等待时间：等待队列（暂存区）的统计结果如图 6-18 所示，停留时间（顾客等待时间）的平均值为 0.31min，比手工仿真的平均等待时间 0.42min 要少，这是因为 FlexSim 仿真时，如果两台加油机都为空闲，计算机会把加油车择优分配给 A 加油机或者 B 加油机，而不是像加油站那样直接分配给 A 加油机。

② A 加油机的效率：A 加油机的统计结果如图 6-19 所示，从图中可见，A 加油机的效率是 82%，比手工仿真的结果要低，原因是计算机在 A 加油机刚结束上一项工作且 B 加油机处于空闲状态时优先使用 B 加油机，使得 A 加油机效率降低，有了休息时间和故障维护时间。

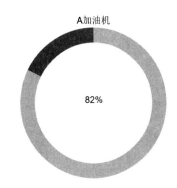

图 6-18　顾客的等待队列统计结果

图 6-19　A 加油机的效率

③ B 加油机的效率：B 加油机的统计结果如图 6-20 所示，从图中可见，B 加油机的效

率是79%，比手工仿真的结果要高，原因是计算机在A加油机刚结束上一项工作且B加油机处于空闲状态时优先使用B加油机，使得B加油机效率提高。

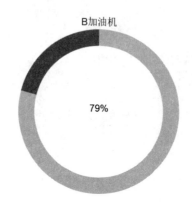

图6-20 B加油机的效率

从以上优化过程可见，购进一台同样的加油机后，整个加油站的排队平均时间降到了0.31min，排队队长最多2辆车，加油机的效率得到了改善，两台加油机都还有一定的裕量（85%左右最优，机器有了休息时间和故障维护时间）。

（3）如果读者按照FlexSim仿真时A、B加油机的工作情况重新修改手工仿真表，最后的计算结果二者一致，其手工仿真表见表6-9，结果对比见表6-10。

表6-9 汽车加油站仿真表（择优分配）　　　　　　　单位：min

两台加油机（择优分配）												
顾客编号	到达随机数	到达间隔	到达时钟时间	服务随机数	A			B			排队时间	排队长度/辆
					开始服务时间	服务时间	完成服务时间	开始服务时间	服务时间	完成服务时间		
1	—	—	0	95	0	5	5	—	—	—	0	0
2	26	2	2	21	—	—	—	2	3	5	0	0
3	98	4	6	51	6	3	9	—	—	—	0	0
4	90	4	10	92	10	5	15	—	—	—	0	0
5	26	2	12	89	—	—	—	12	6	18	0	0
6	42	2	14	38	15	3	18	—	—	—	1	1
7	74	3	17	13	—	—	—	18	3	21	1	1

续表

两台加油机（择优分配）

顾客编号	到达随机数	到达间隔	到达时钟时间	服务随机数	A 开始服务时间	A 服务时间	A 完成服务时间	B 开始服务时间	B 服务时间	B 完成服务时间	排队时间	排队长度/辆
8	80	3	20	61	20	4	24	—	—	—	0	0
9	68	3	23	50	—	—	—	23	4	27	0	0
10	22	1	24	49	24	3	27	—	—	—	0	0
11	48	2	26	39	—	—	—	27	4	31	1	1
12	34	2	28	53	28	3	31	—	—	—	0	0
13	45	2	30	88	—	—	—	31	6	37	1	1
14	24	1	31	1	31	2	33	—	—	—	0	0
15	34	2	33	81	33	4	37	—	—	—	0	0
16	63	2	35	53	—	—	—	37	4	41	2	1
17	38	2	37	81	37	4	41	—	—	—	0	0
18	80	3	40	64	—	—	—	41	5	46	1	1
19	42	2	42	1	42	2	44	—	—	—	0	0
20	56	2	44	67	44	4	48	—	—	—	0	0
21	89	4	48	1	—	—	—	48	3	51	0	0
22	18	1	49	47	49	3	52	—	—	—	0	0
23	51	2	51	75	—	—	—	51	5	56	0	0
24	71	3	54	57	54	3	57	—	—	—	0	0
25	16	1	55	87	—	—	—	56	6	62	1	1
26	92	4	59	47	59	3	62	—	—	—	0	0
合计					51			49			8	
					A 加油机效率 $\frac{51}{62} \times 100\% = 82\%$			B 加油机效率 $\frac{49}{62} \times 100\% = 79\%$			平均等待时间 0.31	

表 6-10 两台加油机（择优分配）的两种仿真方法结果对比

	顾客的平均等待时间/min	A 加油机效率（%）	A 加油机效率（%）
手工仿真	0.31	82	79
FlexSim 仿真	0.31	82	79

6.3 实训练习

某校园快递点，顾客到达间隔时间服从 1~8min 的均匀分布，顾客到达间隔时间分布如表 6-11 所示。

表 6-11 顾客到达间隔时间分布

到达间隔时间/min	概率	累计概率	随机数字分配
1	0.125	0.125	001~125
2	0.125	0.250	125~250
3	0.125	0.375	251~375
4	0.125	0.500	376~500
5	0.125	0.625	501~625
6	0.125	0.750	626~750
7	0.125	0.875	751~875
8	0.125	1.000	876~1000

通过一组随机数的生成得出的顾客到达间隔时间的确定如表 6-12 所示。

表 6-12 到达间隔时间的确定

顾客	随机数字	到达间隔时间/min	顾客	随机数字	到达间隔时间/min
1	—	—	6	309	3
2	913	8	7	922	8
3	727	6	8	753	7
4	015	1	9	235	2
5	948	8	10	302	3

该校园快递点的服务时间为 1~6min，其概率为 0.10，0.20，0.30，0.25，0.10，0.05，如表 6-13 所示。

表 6-13 服务时间分布

服务时间/min	概率	累计概率	随机数字分配
1	0.10	0.10	01~10
2	0.20	0.30	11~30
3	0.30	0.60	31~60
4	0.25	0.85	61~85
5	0.10	0.95	86~95
6	0.05	1.00	96~100

通过一组随机数的生成得出的校园快递点的服务时间如表 6-14 所示。

表 6-14 服务时间的确定

顾客	随机数字	到达间隔时间/min	顾客	随机数字	到达间隔时间/min
1	84	4	6	79	4
2	10	1	7	91	5
3	74	4	8	67	4
4	53	3	9	89	5
5	17	2	10	38	3

根据上述信息，试用手工仿真和 FlexSim 仿真分别计算顾客的平均等待时间和校园快递点的服务效率，并比较两种方法的仿真结果是否一致。

第 7 章 生产物流系统建模与仿真案例实训

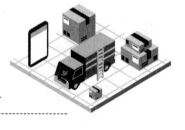

【教学目标】

- 了解生产物流系统的概念和功能结构。
- 学习 3 种加工组织方法,比较它们的优缺点。
- 掌握生产工序时间的设置。
- 学习如何进行批量处理。

生产物流是指从企业的原材料采购、车间生产、半成品与成品的周转直至成品发送的全过程的物流活动。生产物流系统是一个复杂的综合性系统,如何提高其效益是至关重要的。通过对企业生产物流系统的仿真研究,有助于找出生产系统潜在的作业"瓶颈"和关键路径,优化企业生产运行方案,找出物流制约环节,为改善实际生产提供决策依据,并最终实现提高设备利用率、降低成本以及提高企业竞争力的目标。

7.1 实训知识准备

7.1.1 生产物流概述

生产物流是与生产工艺相关的活动。生产伴随原材料、零部件的储存,然后根据部门的需求进行下料,发送到生产部门,再对在制品进行加工与暂存。整个过程都离不开实体物品的流转,只是展示的形态根据生产要求有所区别。企业根据工艺对生产实行可控化的管理,而生产物流的缺陷在于一旦开始生产活动,也就基本确定了设施布置,要想改进就要对工艺流程重新进行详尽的规划。

生产物流领域的发展日益完善,生产制造企业的机械化与自动化水平已广泛普及。然而，对于生产制造环节的要求越发严苛，人们不再满足于仅通过一系列管理软件来实现智能化转型。因此，在采购、生产、销售、仓库等环节应用条码以及智能优化方式对于制造行业来说，在生产管理以及物流流转方面都有重要的意义。

目前生产制造管理面临越来越严峻的挑战，对于企业而言，局部改善虽有必要，但整体优化同样不可忽视。在很多情况下，各部门之间得失互现，若仅关注某一方面的改进，往往会牺牲其他方面，如降低采购成本可能导致仓储成本上升，生产过程中的各类成本相互关联，这种传统思维方式需加以改变，因此需协同考虑，避免效益背反。为了作出正确的决策，企业应在考量供应过程、生产计划、设施布局、分销、管理等环节时，加强合作，采取更为综合的方法。

7.1.2 生产物流系统概述

生产制造业内部都有生产物流系统。生产物流系统包括采购、生产、仓库、财务、销售等子系统，彼此之间保持紧密关联，共同运作以实现整体运行效益。对于现代生产物流而言，所有的活动都要以物品流转作为各子系统之间的纽带，同时也是整个生产活动延续的基础。以服装企业为例，服装企业要根据生产的服装采购原材料以及零部件，然后进行储存，到生产部门完成一系列加工制造操作，在检验部门验收服装质量后进行装配包装操作，成品要进行简单的存储，通过销售订单，成品最终运送到客户手中。

原来，生产物流存在只优化产品的加工过程，未考虑产品内部整体流程优化的问题。整个流水线上的产品在不同工序传递过程中会出现各种物流状态，如搬运装卸效率低，导致生产线停滞不前、原材料供应不足等各种活动不合理以及成本浪费。在成熟的物流系统研究中，市场周期不仅包括流通加工时间，还包括必要的物流活动时间。合理的生产设施布局能够合理地分配物流活动时间与流通加工时间。而销售物流是将产品从物流中心运输到终端客户手中，同时包含了整个物流过程中的运输与配送。生产企业物流系统构成如图 7-1 所示。

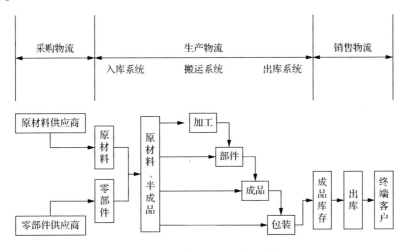

图 7-1　生产企业物流系统构成

7.1.3 生产运作管理的组织形式

生产运作管理是对生产物流系统的设计、运行和维护过程的管理，包括对生产运作活动的计划、组织和控制。生产运作管理的重点主要是对生产系统的内部计划和控制。生产运作管理一般被称为狭义的生产管理学，主要是进行生产进度管理和在制品管理。

生产运作管理的组织形式有以下 3 种%。

（1）成组生产。

成组生产是把许多各不相同，但又具有部分相似的事物集中起来统一处理，以达到减少重复劳动，节省人力和时间，提高工作效率的目的。成组生产的基本思想是用大量的生产技术和专业化的方法，生产多品种、中小批量的产品。通过采用零部件分组的方法，减少了每个工位加工零部件的种类，扩大了零部件生产批量，提高了生产专业化程度。

（2）准时化生产。

准时化生产的最终目标是降低物流成本以获取利润。因此，准时化生产通过消除浪费来达到这一目标。浪费在准时化生产起源地——丰田汽车公司被定义为：只使成本增加的生产诸因素，即不会带来任何附加价值的诸因素。其中，主要是生产过剩引起的浪费、人员配置上的浪费以及不合格产品所引起的浪费。为了解决这些浪费，就相应地提出了适时适量生产、弹性配置作业人数以及保证质量的要求。

① 适时适量生产。对于企业来说，各种产品的产量必须能够灵活地适应市场需求的变化，否则由于生产过剩会引起人员、设备、库存费用等一系列浪费。因此，利用看板管理实施适时适量生产，只在市场需要的时候生产市场需要的产品。

② 弹性配置作业人数。在劳动费用越来越高的今天，降低劳动费用是降低成本的一个重要方面。达到这一目的的方法是"少人化"，即根据生产量的变动，弹性地增加各生产线的作业人数，以及尽量用较少的人力完成较多的工作。

③ 保证质量。质量与成本之间是一种负相关关系，即要提高质量就要花费一定的人力、物力来加以保证。但在准时化生产中，通过运用自动化方法，可以将质量管理贯穿于每一工序之中来实现提高质量与降低成本的一致性。

（3）计算机集成制造。

1973 年，美国的约瑟夫·哈林顿博士首次提出计算机集成制造系统（computer integrated manufacturing system，CIMS）理念。它的内涵是借助计算机，将企业中各种与制造有关的技术集成起来，进而提高企业适应市场竞争的能力。近年来，不同的开发者和计算机公司有不同的侧重，因而提出计算机集成制造系统的模式各有不同的内涵和外延。CIMS 是以系统工程整体优化的观点，利用计算机、制造技术、通信技术、管理技术、自动控制和网络技术等多种技术，将制造企业从市场预测、接受订货、产品设计制造、生产管理、销售直到售后服务的全过程中的信息进行统一处理，并对所属的各个子系统的功能进行集成，实现企业的总体优化。CIMS 的核心在于集成，即通过集成提高制造企业的市场竞争力。不仅是综合集成企业内各生产环节的有关技术，更重要的是将企业内的人/机构、技术和经营管理三要素进行有效集成。通过集成和协调企业的各种功能，最大限度地加快物流、信息流和技术流等的发展,使企业能快速满足市场的需要,从而提高企业的经济效益,增强企业竞争能力。

7.1.4 零件在加工过程中的移动方式

1. 顺序移动

顺序移动是指每批零件在上一道工序加工完毕后,整批地运输到下一道工序进行加工的移动方式。

(1) 顺序移动方式的优点如下。

① 组织与计划工作简单。

② 零件集中加工,集中运输,减少了设备调整时间和运输工作量。

③ 设备连续加工不停顿,提高了加工效率。

(2) 顺序移动方式的缺点如下。

① 大多数产品有等待加工和等待运输的现象,生产周期长。

② 资金周转慢,经济效益较差。

(3) 在运用顺序移动方式时应该满足的条件如下:批量不大,单件加工时间较短,生产单位按工艺专业化组成,距离较远。

生产物流系统建模与
仿真模型-顺序移动

生产物流系统建模与
仿真模型-顺序移动
模型文件

2. 平行移动

平行移动是指一批零件中的每个零件在前一道工序完工后,立即运输到下一道工序继续加工的移动方式。

(1) 平行移动方式的优点:加工周期短,在制品占用量少。

(2) 平行移动方式的缺点:运输次数多,当前后工序时间不对等时,存在设备中断和制品等待的情况。

生产物流系统建模与
仿真模型-平行移动

生产物流系统建模与
仿真模型-平行移动
模型文件

3. 平行顺序移动

平行顺序移动是平行移动方式和顺序移动方式两种方式的结合使用。它是指一批零件在一道工序上尚未全部加工完毕,就将已加工好的一部分零件运输到下一道工序继续加工,以恰好能使下一道工序连续地全部加工完该批零件的移动方式。

(1) 平行顺序移动方式的优点如下。

① 在劳动过程中,中断时间比顺序移动方式的少,零件生产周期较短。

② 在一定程度上消除了工人与设备的空闲时间,使工人和设备的空闲时间集中起来,便于用来做其他工作。

生产物流系统建模与
仿真模型-平行顺序移动

生产物流系统建模与
仿真模型-平行顺序移动
模型文件

(2) 平行顺序移动方式的缺点:组织管理比较复杂。

(3) 平行顺序移动方式的适用范围如下。

① 当前一道工序的单件作业时间小于或等于后一道工序的单件作业时间时，则前一道工序完工的每个零件应立即运输到后一道工序继续加工，即按平行移动方式单件运输。

② 当前一道工序的单件作业时间大于后一道工序的单件作业时间时，则前一道工序完工的零件，并不立即运输到后一道工序继续加工，而是等待到足以保证后一道工序能连续加工的那一刻，才将完工的零件全部运输到后一道工序，这样可以避免后一道工序出现间断性的设备停歇时间，并把分散的停歇时间集中起来加以利用。

4. 3种零件移动方式的比较分析

3种零件移动方式在生产周期、运输次数、设备利用和组织管理方面的比较分析见表7-1。

表7-1　3种零件移动方式的比较分析

比较项目	顺序移动方式	平行移动方式	平行顺序移动方式
生产周期	长	短	中
运输次数	少	多	中
设备利用	好	差	好
组织管理	简单	中	复杂

5. 选择移动方式应考虑的因素

在实际生产中，选择何种移动方式应考虑的因素见表7-2。

表7-2　选择移动方式应考虑的因素

移动方式	质量（尺寸）	加工时间	生产类型	专业化形式
顺序移动方式	小	短	小	工艺专业化
平行移动方式	大	长	大	对象专业化
平行顺序移动方式	小	长	大	对象专业化

注：为了减少运输量，采用工艺专业化布置生产设施时，工件宜采用平行移动方式，每次将一批零件运输到下一道工序。

7.2　生产物流系统仿真实训

7.2.1　问题描述与模型参数

某企业生产车间要加工相同的8个零件，需经过A、B、C、D、E、F、G、H 8道工序。每道工序加工的时间分别为12min、5min、15min、7min、9min、11min、22min、5min。

（1）按照顺序移动方式，8个相同的零件在A道工序加工完成后，再整批运输到B道工序进行加工，依此类推，直到运输到H道工序进行加工。顺序移动工序图如图7-2所示。

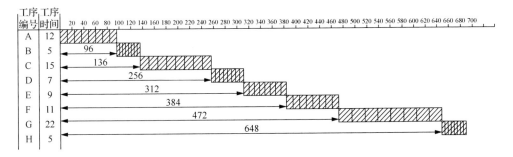

图7-2 顺序移动工序图

由顺序移动工序图可得：
① 总加工时间=688（min）；
② 设备的总等待时间=0（min）；
③ 设备的总闲置时间=96+136+256+312+384+472+648=2304（min）。

（2）按照平行移动方式，第1个零件在A道工序完成后，立即运输到B道工序继续加工；同时第2个零件开始在A道工序加工，依此类推，直到第8个零件完成最后一道工序。平行移动工序图如图7-3所示。

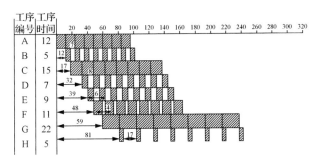

图7-3 平行移动工序图

由平行移动工序图可得：
① 总加工时间=240（min）；
② 设备的总等待时间=7×7+8×7+6×7+4×7+17×7=294（min）；
③ 设备的总闲置时间=12+17+32+39+48+59+81=288（min）。

（3）按照平行顺序移动方式，在整批零件尚未全部完成前一道工序的加工时，就先将其中部分已经完成的零件运输到下一道工序进行加工。运输到下一道工序的提前时间，以能维持下一道工序对该零件的连续加工为准。平行顺序移动工序图如图7-4所示。

由平行顺序移动工序图可得：
① 总加工时间=347（min）；
② 设备的总等待时间=0（min）；
③ 设备的总闲置时间=61+66+137+144+153+164+305+345=1030（min）。

利用FlexSim软件对该零件加工问题进行仿真，生产线整体概念图如图7-5所示。

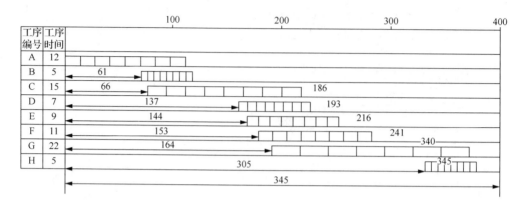

图 7-4 平行顺序移动工序图

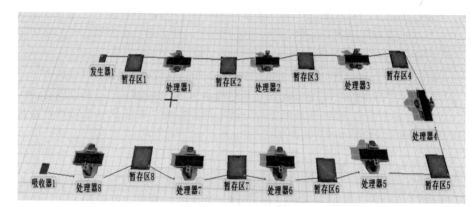

图 7-5

图 7-5 生产线整体概念图

3 种零件移动方式的参数设定有所不同,其中共同部分为发生器:按到达序列的方式到达,数量为 8;零件颜色为默认颜色灰色(可随意设置颜色)。处理器的加工时间依次设置为 12min、5min、15min、7min、9min、11min、22min、5min。

顺序移动方式:暂存区的目标批量全部为 8,物品垂直堆放。

平行移动方式:暂存区不设置目标批量数,就可以基本上满足平行移动的方式。

平行顺序移动方式:对于上一道工序加工时间比下一道工序加工时间短的,可以满足平行移动方式的原则,即暂存区的设置方法与平行移动方式相同;对于上一道工序加工时间比下一道工序加工时间长的,需要按照具体时间的计算设置暂存区触发器中的端口打开与关闭,对于此项的设置会在建模操作步骤中进行详细介绍。

7.2.2 建模操作步骤及参数设定

1. 发生器建模及参数设置

3 种移动方式的发生器参数设置相同,参数设置如下。

双击"发生器 1"图标,打开参数设置界面,单击"发生器"选项卡,在"到达方式"下拉列表中选择"到达序列"选项,零件按"到达序列"的方式到达,然后在下面的表格中,将 Quantity(数量)设置为 8,因为只生产一种产品,所以不用设置产品类型。因为本例我们只生产一种产品，所以颜色也可以自由设置，单击"触发器"选项卡，添加 On Creation（创建触发），此时下方出现 On Creation 设置行，单击设置行右方的绿色加号按钮，即"添加/编辑此触发器的逻辑"按钮，在下拉列表显示外观的选项中选择设置实体颜色，便可以在弹出的界面的"颜色"下拉列表中随意设置颜色，本例选择灰色，单击"确定"按钮完成设置，如图 7-6 和图 7-7 所示。

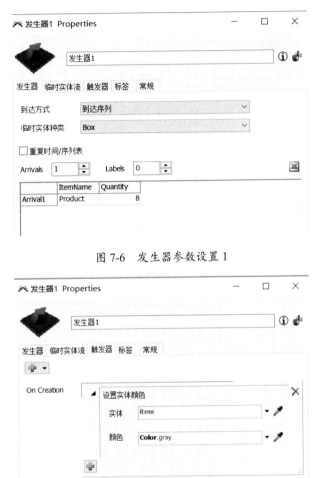

图 7-6　发生器参数设置 1

图 7-7　发生器参数设置 2

2. 暂存区建模及参数设置

（1）顺序移动方式。

采用顺序移动方式时，暂存区要设置进行处理器处理的临时实体的数量，所有暂存区设置相同。下面以暂存区 1 为例讲解设置步骤。

① 双击"暂存区 1"图标，打开参数设置界面，单击"暂存区"选项卡，选中"成批操作"复选框，将"目标批量"设置为 8，在"实体堆放"的下拉列表中选择"垂直堆放"选项，如图 7-8 所示。

② 单击"触发器"选项卡，单击绿色加号按钮，创建 On Entry（进入触发），此时下方出现 On Entry 设置行，单击设置行右侧的绿色加号按钮，在下拉列表中实体控制的选项中选择"关闭和打开端口"选项，然后将"条件"设置（直接输入即可）为 content(current)==8（当前容量=8），这一步的实际意义就是当暂存区容量为 8 时，关闭输入端口，单击"确定"按钮完成设置，如图 7-9 所示。

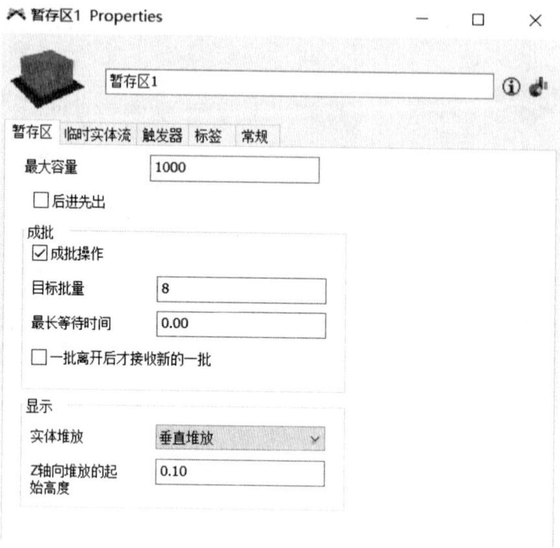

图 7-8 顺序移动方式下的暂存区 1 参数设置 1

图 7-9 顺序移动方式下的暂存区 1 参数设置 2

（2）平行移动方式。

采用平行移动方式时，所有暂存区的参数设置相同，暂存区不需设置批量数量。以暂存区 1 为例进行设置：双击"暂存区 1"图标，打开参数设置界面，单击"暂存区"选项卡，在"实体堆放"的下拉列表中选择"垂直堆放"选项，单击"确定"按钮，如图 7-10 所示。

图 7-10 平行移动方式下的暂存区 1 参数设置

（3）平行顺序移动方式。

从图 7-4 中可知，当使用平行顺序移动方式时，第 C、E、F、G 道工序等待时间与上一道工序等待时间之差和上一道工序处理一件实体的时间正好相等，所以对暂存区 3、暂存区 5、暂存区 6、暂存区 7 进行平行移动暂存区的参数设置，以便满足移动需求。以暂存区 3 为例进行如图 7-11 所示的设置。

图 7-11 平行顺序移动方式下的暂存区 3 参数设置

对于暂存区 2、暂存区 4、暂存区 8 来说，下一道工序等待时间与上一道工序等待时间之差大于上一道工序处理一件实体的时间，也就是当上一个处理器处理好一个实体并运输到暂存区后，暂存区并不能立即把实体运输到下一个处理器上。对于这种情况，我们先将暂存区 1 与暂存区 2、暂存区 4、暂存区 8 进行 S 连接，建立联系；然后在暂存区 2、暂存区 4、暂存区 8 触发器中设置重置后关闭输出端口与收到信息后打开输出端口；最后在暂存区 1 触发器中设置在输出实体并延迟某段时间后分别发送信息到暂存区 2、暂存区 4、暂存区 8，延迟时间分别是暂存区 2、暂存区 4、暂存区 8 连接的下一道工序所需的等待时间。

暂存区 2、暂存区 4、暂存区 8 的参数设置方式一样，下面以暂存区 2 为例讲解具体设置步骤。

双击"暂存区 2"图标，打开参数设置界面，单击"触发器"选项卡，添加一个 On Reset（重置触发），下方出现 On Reset 设置行，单击设置行右侧的绿色加号按钮，在下拉列表中选择"关闭和打开端口"选项，然后在"操作"下拉列表中选择 closeoutput 选项。再添加一个 On Message（信息触发），下方出现 On Message 设置行，单击设置行右侧的绿色加号按钮，在下拉列表中选择"关闭和打开端口"选项，在"操作"下拉列表中选择 openoutput 选项，单击"确定"按钮完成设置，如图 7-12 和图 7-13 所示。

图 7-12 平行顺序移动方式下的暂存区 2 参数设置 1

图 7-13 平行顺序移动方式下的暂存区 2 参数设置 2

需要根据不同处理器设置在输出实体并延迟某段时间后的数值，以暂存区 2 发送消息为例讲解具体设置步骤。

双击"暂存区1"图标，打开参数设置界面，单击"触发器"选项卡，添加 On Exit（输出触发），下方出现 On Exit 设置行，单击设置行右侧的绿色加号按钮，在下拉列表中选择实体控制的选项中的"发送消息"选项，在弹出的界面的"至"下拉列表中选择 Connected Objects 选项，并在选项中选择暂存区2，设置"延迟时间"为3660（本实训操作选取的基本时间单位为s，在实际操作时根据自己建立模型的基本时间单位进行换算即可），单击"确定"按钮完成设置，如图 7-14 所示。

图 7-14　平行顺序移动方式下的暂存区1参数设置

3. 处理器建模及参数设置

3 种移动方式中，对处理器的设置也是相同的。把处理器的加工时间依次设置为 12min、5min、15min、7min、9min、11min、22min、5min。下面以处理器 1 为例进行说明，具体设置如下：双击"处理器 1"图标，打开参数设置界面，单击"处理器"选项卡，将"加工时间"设置为 720（本实训操作选取的基本时间单位为s，在实际操作时根据自己建立模型的基本时间单位进行换算即可），如图 7-15 所示。

其他处理器的参数设置方法同上，将"处理器"选项卡中的"加工时间"依次修改为 5min、15min、7min、9min、11min、22min、5min 即可。

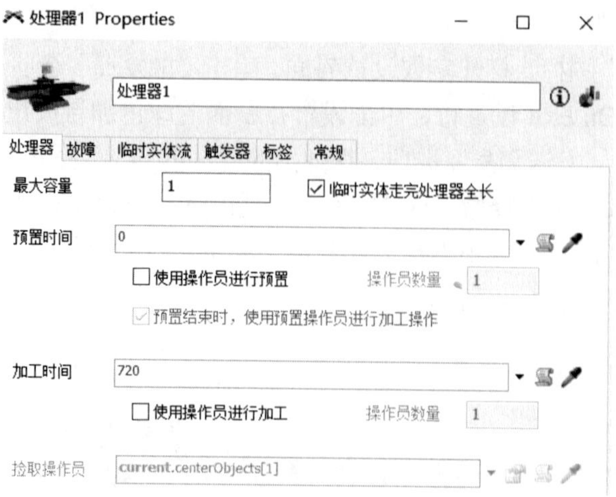

图 7-15 处理器参数设置

7.2.3 运行结果分析与改进

1. 仿真数据统计

（1）顺序移动方式。

顺序移动方式运行结束后，生成相应的仿真结果，将所有实体的运行结果全部输出成表。生成的顺序移动方式标准报告表见表 7-3。

表 7-3 顺序移动方式的标准报告表

仿真时间：41280s

对象	吞吐量		停留时间			当前			
	输入	输出	最小停留时间/s	最大停留时间/s	平均停留时间/s	Now	Min	Max	Avg
发生器 1	0	8	0	0	0	0	0	7	0.000
暂存区 1	8	8	0	5040	2520	0	0	8	0.488
处理器 1	8	8	720	720	720	0	0	1	0.140
暂存区 2	8	8	2100	5040	3570	0	0	8	0.692
暂存区 3	8	8	2100	6300	4200	0	0	8	0.814
暂存区 4	8	8	2940	6300	4620	0	0	8	0.895
暂存区 5	8	8	2940	3780	3360	0	0	8	0.651
暂存区 6	8	8	3780	4620	4200	0	0	8	0.814
暂存区 7	8	8	4620	9240	6930	0	0	8	1.343
暂存区 8	8	8	2100	9240	5670	0	0	8	1.099

续表

仿真时间：41280s

对象	吞吐量		停留时间			当前			
	输入	输出	最小停留时间/s	最大停留时间/s	平均停留时间/s	Now	Min	Max	Avg
处理器2	8	8	300	300	300	0	0	1	0.058
处理器3	8	8	900	900	900	0	0	1	0.174
处理器4	8	8	420	420	420	0	0	1	0.081
处理器5	8	8	540	540	540	0	0	1	0.105
处理器6	8	8	660	660	660	0	0	1	0.128
处理器7	8	8	1320	1320	1320	0	0	1	0.256
处理器8	8	8	300	300	300	0	0	1	0.058
吸收器1	8	0	0	0	0	1	0	1	0.051

将所有实体的工作强度输出成表，生成的顺序移动方式状态报告表见表7-4。

表7-4 顺序移动方式的状态报告表

对象	idle	processing	empty	collecting	releasing
发生器1	0.00%	0.00%	0.00%	0.00%	0.00%
暂存区1	0.00%	0.00%	87.79%	12.21%	0.00%
处理器1	86.05%	13.95%	0.00%	0.00%	0.00%
暂存区2	0.00%	0.00%	82.70%	17.30%	0.00%
暂存区3	0.00%	0.00%	79.65%	20.35%	0.00%
暂存区4	0.00%	0.00%	77.62%	22.38%	0.00%
暂存区5	0.00%	0.00%	83.72%	16.28%	0.00%
暂存区6	0.00%	0.00%	79.65%	20.35%	0.00%
暂存区7	0.00%	0.00%	66.42%	33.58%	0.00%
暂存区8	0.00%	0.00%	72.53%	27.47%	0.00%
处理器2	94.19%	5.81%	0.00%	0.00%	0.00%
处理器3	82.56%	17.44%	0.00%	0.00%	0.00%
处理器4	91.86%	8.14%	0.00%	0.00%	0.00%
处理器5	89.53%	10.47%	0.00%	0.00%	0.00%

续表

对象	idle	processing	empty	collecting	releasing
处理器 6	87.21%	12.79%	0.00%	0.00%	0.00%
处理器 7	74.42%	25.58%	0.00%	0.00%	0.00%
处理器 8	94.19%	5.81%	0.00%	0.00%	0.00%
吸收器 1	0.00%	0.00%	0.00%	100.00%	0.00%

从表 7-3、表 7-4 中分析顺序移动方式的优缺点。

缺点：设备生产周期较长；大多数产品有等待运输的现象，设备空闲时间长。

优点：组织与计划工作简单，机床的布置和连接较为简单；零件集中加工和运输，减少了加工过程中的运输次数。

（2）平行移动方式。

平行移动方式运行结束后，生成相应的仿真结果，将所有实体的运行结果全部输出成表。生成的平行移动方式标准报告表见表 7-5 所示。

表 7-5 平行移动方式的标准报告表

仿真时间：14400s

对象	吞吐量		停留时间			当前			
	输入	输出	最小停留时间/s	最大停留时间/s	平均停留时间/s	Now	Min	Max	Avg
发生器 1	0	8	0	0	0	0	0	7	0.000
暂存区 1	8	8	0	5040	2520	0	0	7	1.400
处理器 1	8	8	720	720	720	0	0	1	0.400
暂存区 2	8	8	0	0	0	0	0	1	0.000
暂存区 3	8	8	0	1260	630	0	0	2	0.350
暂存区 4	8	8	0	0	0	0	0	1	0.000
暂存区 5	8	8	0	0	0	0	0	1	0.000
暂存区 6	8	8	0	0	0	0	0	1	0.000
暂存区 7	8	8	0	2940	1470	0	0	3	0.817
暂存区 8	8	8	0	0	0	0	0	1	0.000
处理器 2	8	8	300	300	300	0	0	1	0.167
处理器 3	8	8	900	900	900	0	0	1	0.500
处理器 4	8	8	420	420	420	0	0	1	0.233

续表

仿真时间：14400s

对象	吞吐量		停留时间			当前			
	输入	输出	最小停留时间/s	最大停留时间/s	平均停留时间/s	Now	Min	Max	Avg
处理器 5	8	8	540	540	540	0	0	1	0.300
处理器 6	8	8	660	660	660	0	0	1	0.367
处理器 7	8	8	1320	1320	1320	0	0	1	0.733
处理器 8	8	8	300	300	300	0	0	1	0.167
吸收器 1	8	0	0	0	0	1	0	1	0.642

将所有实体的工作强度输出成表，生成的平行移动方式状态报告表见表 7-6。

表 7-6 平行移动方式的状态报告表

对象	idle	processing	empty	collecting	releasing
发生器 1	0.00%	0.00%	0.00%	0.00%	0.00%
暂存区 1	0.00%	0.00%	65.00%	0.00%	35.00%
处理器 1	60.00%	40.00%	0.00%	0.00%	0.00%
暂存区 2	0.00%	0.00%	100.00%	0.00%	0.00%
暂存区 3	0.00%	0.00%	68.75%	0.00%	31.25%
暂存区 4	0.00%	0.00%	100.00%	0.00%	0.00%
暂存区 5	0.00%	0.00%	100.00%	0.00%	0.00%
暂存区 6	0.00%	0.00%	100.00%	0.00%	0.00%
暂存区 7	0.00%	0.00%	45.83%	0.00%	54.17%
暂存区 8	0.00%	0.00%	100.00%	0.00%	0.00%
处理器 2	83.33%	16.67%	0.00%	0.00%	0.00%
处理器 3	50.00%	50.00%	0.00%	0.00%	0.00%
处理器 4	76.67%	23.33%	0.00%	0.00%	0.00%
处理器 5	70.00%	30.00%	0.00%	0.00%	0.00%
处理器 6	63.33%	36.67%	0.00%	0.00%	0.00%
处理器 7	26.67%	73.33%	0.00%	0.00%	0.00%
处理器 8	83.33%	16.67%	0.00%	0.00%	0.00%
吸收器 1	0.00%	0.00%	0.00%	100.00%	0.00%

从表 7-5、表 7-6 中分析平行移动方式的优缺点。

缺点：前后工序时间不对等，容易出现设备等待或零件等待的情况；加工过程中产品输送次数较多。

优点：加工的在制品占用量少；设备空闲时间减少，缩短加工周期。

（3）平行顺序移动方式。

平行顺序移动方式运行结束后，生成相应的仿真结果，将所有实体的运行结果全部输出成表。生成的平行顺序移动方式标准报告表见表 7-7。

表 7-7 平行顺序移动方式的标准报告表

仿真时间：20700s

对象	吞吐量		停留时间			当前			
	输入	输出	最小停留时间/s	最大停留时间/s	平均停留时间/s	Now	Min	Max	Avg
发生器 1	0	8	0	0	0	0	0	7	0.000
暂存区 1	8	8	0	5040	2520	0	0	7	0.974
处理器 1	8	8	720	720	720	0	0	1	0.278
暂存区 2	8	8	0	2940	1470	0	0	5	0.568
暂存区 3	8	8	0	4200	2100	0	0	5	0.812
暂存区 4	8	8	0	3360	1680	0	0	4	0.649
暂存区 5	8	8	0	840	420	0	0	2	0.162
暂存区 6	8	8	0	840	420	0	0	2	0.162
暂存区 7	8	8	0	4620	2310	0	0	4	0.893
暂存区 8	8	8	0	7140	3570	0	0	6	1.380
处理器 2	8	8	300	300	300	0	0	1	0.116
处理器 3	8	8	900	900	900	0	0	1	0.348
处理器 4	8	8	420	420	420	0	0	1	0.162
处理器 5	8	8	540	540	540	0	0	1	0.209
处理器 6	8	8	660	660	660	0	0	1	0.255
处理器 7	8	8	1320	1320	1320	0	0	1	0.510
处理器 8	8	8	300	300	300	0	0	1	0.116
吸收器 1	8	0	0	0	0	1	0	1	0.101

将所有实体的工作强度输出成表，生成的平行顺序移动方式状态报告表见表 7-8。

表 7-8　平行顺序移动方式的状态报告表

对象	idle	processing	empty	collecting	releasing
发生器 1	0.00%	0.00%	0.00%	0.00%	0.00%
暂存区 1	0.00%	0.00%	75.65%	0.00%	24.35%
处理器 1	72.18%	27.82%	0.00%	0.00%	0.00%
暂存区 2	0.00%	0.00%	77.10%	0.00%	22.90%
暂存区 3	0.00%	0.00%	71.02%	0.00%	28.98%
暂存区 4	0.00%	0.00%	71.60%	0.00%	28.40%
暂存区 5	0.00%	0.00%	86.38%	0.00%	13.62%
暂存区 6	0.00%	0.00%	84.93%	0.00%	15.07%
暂存区 7	0.00%	0.00%	58.55%	0.00%	41.45%
暂存区 8	0.00%	0.00%	56.81%	0.00%	43.19%
处理器 2	88.41%	11.59%	0.00%	0.00%	0.00%
处理器 3	65.22%	34.78%	0.00%	0.00%	0.00%
处理器 4	83.77%	16.23%	0.00%	0.00%	0.00%
处理器 5	79.13%	20.87%	0.00%	0.00%	0.00%
处理器 6	74.49%	25.51%	0.00%	0.00%	0.00%
处理器 7	48.99%	51.01%	0.00%	0.00%	0.00%
处理器 8	88.41%	11.59%	0.00%	0.00%	0.00%
吸收器 1	0.00%	0.00%	0.00%	100.00%	0.00%

从表 7-7、表 7-8 中分析平行顺序移动方式的优缺点。

缺点：每个零件都有不同的加工路线，生产安排与组织管理比较复杂；总设备闲置时间相对较长。

优点：加工过程中中断时间比顺序移动方式少，零件加工周期较短。

2. 各方案的分析与选择

通过仿真运行结果统计，可以把 3 种移动方式的仿真结果进行对比，主要从加工时间、设备等待和设备闲置 3 个指标来进行比较，见表 7-9。

表 7-9　3 种移动方式的比较　　　　　　　　　　　　　　　　　　单位：s

	顺序移动方式	平行移动方式	平行顺序移动方式
加工时间	688	240	345
设备等待	0	294	0
设备闲置	2304	288	1078

通过比较可以看出，顺序移动方式的加工时间最长，设备闲置时间也最长，说明该方式未能充分利用设备资源，因而加工时间最长；平行移动方式的加工时间虽然最短，但设备有等待时间，这说明在加工过程中设备有空运作现象，会消耗不必要的资源。平行顺序移动方式的加工时间处于顺序移动方式和平行移动方式之间，略高于平行移动方式的时间，设备闲置时间也处于顺序移动方式和平行移动方式之间，但比顺序移动方式要少一半的时间，并且设备等待时间为零，在加工过程中避免了设备的空运转。综合考虑，平行顺序移动方式是三者中最优的。

下面对 3 种移动方式的每一个实体进行空闲和工作状态的比较，见表 7-10。

表 7-10　3 种移动方式仿真结果的详细比较

对象	顺序移动方式		平行移动方式		平行顺序移动方式	
	空闲	工作	空闲	工作	空闲	工作
发生器 1	0.00%	0.00%	0.00%	0.00%	0.00%	0.00%
暂存区 1	0.00%	0.00%	0.00%	0.00%	0.00%	0.00%
处理器 1	86.05%	13.95%	60.00%	40.00%	72.18%	27.82%
暂存区 2	0.00%	0.00%	0.00%	0.00%	0.00%	0.00%
暂存区 3	0.00%	0.00%	0.00%	0.00%	0.00%	0.00%
暂存区 4	0.00%	0.00%	0.00%	0.00%	0.00%	0.00%
暂存区 5	0.00%	0.00%	0.00%	0.00%	0.00%	0.00%
暂存区 6	0.00%	0.00%	0.00%	0.00%	0.00%	0.00%
暂存区 7	0.00%	0.00%	0.00%	0.00%	0.00%	0.00%
暂存区 8	0.00%	0.00%	0.00%	0.00%	0.00%	0.00%
处理器 2	94.19%	5.81%	83.33%	16.67%	88.41%	11.59%
处理器 3	82.56%	17.44%	50.00%	50.00%	65.22%	34.78%
处理器 4	91.86%	8.14%	76.67%	23.33%	83.77%	16.23%
处理器 5	89.53%	10.47%	70.00%	30.00%	79.13%	20.87%
处理器 6	87.21%	12.79%	63.33%	36.67%	74.49%	25.51%

续表

对象	顺序移动方式		平行移动方式		平行顺序移动方式	
	空闲	工作	空闲	工作	空闲	工作
处理器7	74.42%	25.58%	26.67%	73.33%	48.99%	51.01%
处理器8	94.19%	5.81%	83.33%	16.67%	88.41%	11.59%
吸收器1	0.00%	0.00%	0.00%	0.00%	0.00%	0.00%

通过表 7-10 可知，采用顺序移动方式时，设备空闲时间和工作时间最长，平行顺序移动方式的工作时间与平行移动方式的工作时间比较接近。结合表 7-9，根据行程最短、时间最省、占用和耗费最少、效率最高等指标，得出平行顺序移动方式是最优的生产组织方法。

7.3 实训练习

1. 若在 7.2 生产物流系统仿真实训案例中增加一道 6min 的工序，该如何实现呢？
2. 根据本章所学内容，模拟仿真一个新的生产场景，内容自定。

第 8 章 仓储系统建模与仿真案例实训

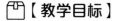

【教学目标】

> 了解仓储的作业流程和存储策略。
> 了解入库、出库流程的定义（A、S连接）。
> 掌握设置货架参数的方法。
> 掌握使用吸收器模拟货车的方法。

仓储是利用仓库及相关设施设备进行物品的入库、储存、出库的活动。"仓"即仓库，为存放、保管、储存物品的建筑物和场地的总称，具有存放和保护物品的功能。"储"即储存、储备，表示收存以备使用，具有收存、保管、交付使用的功能。

仓储是集中反映工厂物资活动状况的综合场所，是连接生产、供应、销售的中转站，对促进生产、提高效率起着重要的辅助作用。传统仓储是指利用仓库对各类物资及其相关设施设备进行物品的入库、储存、出库的活动。现代仓储是指在传统仓储的基础上增加库内加工、分拣、库内包装等环节。仓储是生产制造与商品流通的重要环节，也是物流活动的重要环节。通过学习仓储系统的建模与仿真，可以优化仓库的仓储职能、优化仓储布局等，从而提高仓储作业的效率。

8.1 实训知识准备

8.1.1 仓储概述

仓储作业是指从商品入库到商品出库的整个仓储作业全过程。其主要包括入库流程、在库管理和出库流程等内容。

1. 入库作业

入库作业的整个过程包括商品接运、商品入库验收、办理入库手续等一系列业务活动。

（1）商品接运。

商品接运是指仓库对通过铁路、水路、公路、航空等方式运达的商品进行接收和提取的工作。接运的主要任务是准确、齐备、安全地提取和接收商品，为入库验收做准备。商品接运的方式主要有：车站码头提货、铁路专用线接车、自动提货和库内提货。

（2）商品入库验收。

验收是指仓库与配送中心在商品正式入库前，按照一定的程序对到库商品进行数量和外观质量的检查，以验证它是否符合订货合同规定的一项工作。

商品验收过程包括商品验收准备工作、核对凭证、确定验收比例、实物检验、记录及问题的处理等阶段。

验收准备包括人员、器具、资料、货位、设备等的准备。人员准备包括安排好负责质量验收的技术人员或用料单位的专业技术人员，以及配合数量验收的装卸搬运人员；器具准备包括准备相应的检验工具，并做好事前检查；资料准备是收集和熟悉验收凭证及有关资料；货位准备为确定验收入库时商品的存放货位，准备堆码苫垫所需的材料；设备准备是大批量物品的数量验收，必须要有装卸搬运机械的配合，应做好设备的申请调用。

商品检验包括数量检验、质量检验、包装检验。

① 数量检验。按商品性质和包装情况，数量检验分为 3 种形式，即计件、检斤、检尺求积。

- 计件法：对按件数供货或以件数为计量单位的商品，在做数量验收时清点件数。
- 检斤法：对按重量供货或以重量为计量单位的商品，在做数量验收时称重。
- 检尺求积法：是对以体积为计量单位的商品，如木材、竹材、沙石、金属等，先检尺，然后根据密度求体积所做的数量验收。

凡是经过数量检验的商品，都应该填写磅码单。在做数量验收之前，还应根据商品的来源、包装好坏或有关部门规定，确定对到库商品是采取抽验还是全验方式。

② 质量检验。质量检验包括外观检验、尺寸检验、机械物理性能检验和化学成分检验 4 种形式。仓库一般只进行外观检验和尺寸检验，若进行机械物理性能检验和化学成分检验，则由仓库技术管理职能机构取样，委托专门的检验机构检验。

③ 包装检验。凡是产品合同对包装有具体规定的，要严格按规定验收；对于包装的干潮程度，一般是用眼看、手摸方法进行检查。

（3）办理入库手续。

入库手续主要是指交货单位与库管员之间所办理的交接工作。入库手续包括商品的检查核对，事故的分析、判定，双方认定，在交库单上签字。仓库为交货单位签发接收入库凭证，并将凭证交给会计，进行统计入账和登记；安排仓位，提出保管要求。

① 交接手续。交接手续包括接受物品、接受文件和签署单证。其中，签署单证指的是向供货单位表明货物已经签收，若有短缺，单证则作为货主与供货单位交涉的依据。

② 登账。建立"实物保管明细账"（包括商品名称、规格、数量、件数、累计数或结存数、存货人或提货人、批次、金额等），遵循"一物一页"的原则。

③ 立卡。货物入库或上架后,将商品名称、规格、数量或出入状态等填在物料卡上,称为立卡。

物料卡又称货卡、货牌、料签、料卡等,插放在商品下方的货架支架上或摆放在货垛正面明显位置。物料卡按照其作用,可以分为商品状态卡、商品保管卡。

- 商品状态卡表明商品所处的业务状态和阶段,可以分别被设置为待检、待处理、合格、不合格等状态。
- 商品保管卡又分为标识卡和存储卡。标识卡表明商品名称、规格、供应商、批次等;存储卡主要用于表明商品出入库状态。

2. 商品存储

(1)定位储存。

定位储存是指每一项商品都有固定的储位,商品在储存时不可互相串位。针对不同物理、化学性质的商品须控制不同的保管和储存条件,或防止不同性质的商品互相影响;重要商品须重点保管。这种方式适合多品种、少批量商品的存储。定位储存方式主要用于在库商品管理,其可以提高作业效率,减少搬运次数,但需要较多的储存空间。

(2)随机储存。

随机储存是根据库存商品及储位使用情况,随机安排和使用储位,各种商品的储位是随机产生的,适用于储存空间有限以及商品品种少而体积较大的情况。由于随机储存共同使用储位,提高了储存空间的利用率,也增加了商品出入库管理及盘点工作的难度。例如,周转率高的商品可能被存放在离出入口较远的位置,会增加出入库搬运的工作量;有些发生物理、化学反应的商品相邻存放,可能造成商品的损坏或发生危险。

(3)分类储存。

分类储存是指所有商品按一定的特性加以分类,每一类商品固定其储存位置,同类商品不同品种又按一定的法则来安排储位。商品相关性大,进出货比较集中,便于按周转率高低来安排存取,具有定位储存的各项优点;分类后各储存区域再根据商品的特性选择储存方式,有助于商品的储存管理。分类储存的缺点是储位必须按各类商品的最大在库量设计,因此储存空间平均的使用率仍然低于随机储存。

3. 商品编码

商品编码包括顺序编码和赋义编码。顺序编码又称流水号编码,从 0 或 1 开始;赋义编码则赋予编码一定的含义。商品编码的方法包括阿拉伯数字法、英文字母法和暗示法。例如:

FO4915B1,FO 表示 FOOD,食品类;4915 表示 4×9×15,尺寸大小;B 表示 B 区;商品存储区号 1 表示第一排货架。

BY26WB10,BY 表示自行车(Bicycle);26 表示尺寸型号为 26 号;W 表示白色(White);B 表示幼儿款(Baby);10 表示供应商的代号。

在仓储作业中,商品的编码通常使用货位编码和区段法编码。

(1)货位编码。

在商品保管过程中,根据货位编码可以对库存商品进行科学合理的养护,有利于对商品采取相应的保管措施;在商品出入库过程中,按照货位编码可以迅速、准确、方便地完成操作，提高效率，减少误差，如图 8-1 所示。

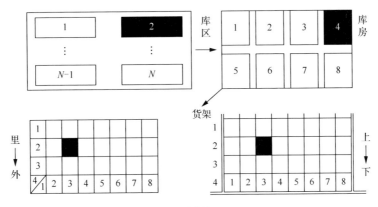

图 8-1　货位编码

通过货位编码，商品能够及时登账和输入计算机，当商品的货位发生变化时，能够及时改变编码。在进行货位编码时，为了提高货位利用率，同一货位可以存放不同规格商品，但需配备区别明显的标志，以免产生误差。

（2）区段法编码。

区段的区域大小根据物流量的大小而定，区段法编码适用于单位化商品、大量商品与保管期短的商品。

区段法编码如图 8-2 所示。

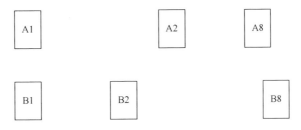

图 8-2　区段法编码

4．商品盘点与检查

在仓储作业中，商品处于不断进库和出库的状态，在作业过程中产生的误差经过一段时间的积累会使库存资料反映的数据与实际数量不相符。为了对库存商品的数量进行有效控制，并查清商品在库的质量状况，必须定期对各储存场所进行清点作业，这一过程称为盘点作业。盘点作业流程如图 8-3 所示。

盘点方法包括账面盘点法和现货盘点法，其中现货盘点法又包括期末盘点法和循环盘点法。

（1）账面盘点法。

账面盘点法是将每一种商品分别设立"存货账卡"，然后将每一种商品的出入库数量及有关信息记录在账面上，逐笔汇总出账面库存结余数，这样随时可以从计算机或账册上查询商品的出入库信息及库存结余量。

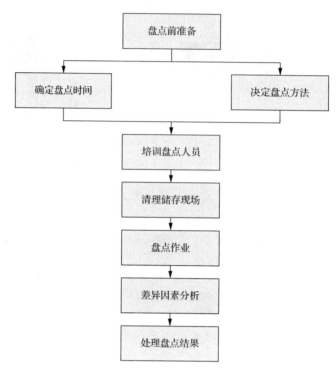

图 8-3　盘点作业流程

（2）现货盘点法。

① 期末盘点法。

期末盘点法是指在会计计算期末统一清点所有商品数量的方法，一个盘点小组通常至少需要三人分别负责清点数量并填写盘存单，复查数量并登记复查结果，第三个人核对前两次盘点数量是否一致，对不一致的结果进行检查。

② 循环盘点法。

循环盘点法是指将物资逐区、逐类、分批、分期、分库连续盘点，或者在某类物资达到最低存量时，即加以盘点。循环盘点法通常对价值高或重要商品检查的次数多，而且监督也严密一些。在盘点结束之后要对盘点的结果进行处理，处理的手段包括：账货差异在允许范围内，由仓库负责人审核、批准核销，超出范围的查明原因，一般有磅差、保管损耗、计量差错等；对废次品、不良品减价的部分，视为盘亏；针对库存周转率低、所占金额大的商品应设法降低库存。盘点完成后，对各种结果应及时处理；账外商品应与库存商品及时区分。

5. 商品出库

商品出库是商品储存阶段的终止，也是仓库作业的最后一个环节，它由仓储部门与运输部门，以及商品使用单位直接发生关系。商品出库必须依据由库管或货主开具商品调拨通知单。任何情况下，仓库都不得擅自动用、变相动用或外借库存商品。

商品在进行出库作业的同时要做到"三不三核五检查"，三不，即未接单据不翻账、未经审核不备货、未经复核不出库；三核，即核实凭证、核对账卡、核对实物；五检查，即对单据和实物要进行品名检查、规格检查、包装检查、件数检查、重量检查。出库作业流程如图 8-4 所示。

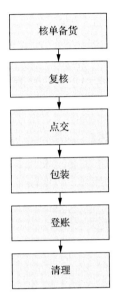

图 8-4 出库作业流程

8.1.2 仓储设施简介

1. 仓库的分类

（1）按使用范围分类。

① 营业仓库。面向社会提供仓储服务而修建的仓库为营业仓库。例如，我国原商业系统、物资系统、外贸系统以及供销合作社系统中的储运公司或物流企业拥有的仓库都属于这一类。这类仓库以出租库房和仓储设备，提供装卸、包装、送货等服务为经营目的，物流功能比较齐全，服务范围也比较广。

② 农业仓库。面向农业，专门用于保管和储存粮食、棉花、蔬菜、水果、土畜产品的仓库为农业仓库。

（2）按仓库管理体制和隶属关系分类。

① 自用仓库。生产企业、批发商、商店、军队自建的仓库，多属自用仓库。这类仓库一般用来保管或储存自己生产用的原材料、燃料、工具、备用品、待出售的各种商品或军队的战备物资、武器弹药等。生产资料和粮食等国家储备物资也使用自用仓库。

② 公用仓库。由国家或某一部门修建、为社会公众提供服务的仓库为公用仓库，如火车站的货场、港口码头仓库、公路货运站仓库等。公用仓库的特点是公共、公益性强，面向各行各业、千家万户。其功能比较单一，仓库结构相对简单。

（3）按功能分类。

① 流通型仓库。用于商品的保管、分类、中转、配送的仓库为流通型仓库，如物流中心、配送中心等。这种类型的仓库以商品的流通中转和配送为主要功能，机械化程度比较高、周转快、保管时间短、功能齐全。

② 储存型仓库。这类仓库以物资的长期保管或储备为目的，物资在库时间长，周转速度慢。除战略储备外，还会存储一些高档家具、字画等贵重物品；为企事业单位存放重要档案、机密文件等。

（4）按保管的商品分类。

① 综合仓库。储存各种物资、通用商品，为社会广大用户服务的仓库。这类仓库可解决积压物资、季节时差商品及投机性经营商品的储存。

② 原料、产品仓库。生产企业用来储存备用或待用的原材料、燃料，以及待销售的成品、半成品的仓库。

③ 专用仓库。专门储存粮食、棉花、木材、煤炭、军用物资、海产品、水果、皮毛制品等物资的仓库一般为专用仓库。顾名思义，专用仓库要求使用特殊的设施和保管手段，储存的物资在防潮、防火、防腐、防串味、防变质等方面要求严格。

④ 危险品仓库。专门储存油料、炸药、烟花爆竹、化学药品、天然气等易燃、易爆物资的仓库。为了防止意外，一般都将危险品仓库设在远离人群的偏僻地带。

⑤ 冷藏仓库。储存肉类、海产品等需要保鲜物品的仓库。

⑥ 恒温仓库。储存罐头、食品、水果、蔬菜、鲜花等物品的仓库为恒温仓库。在寒冷、酷热的地区和季节，类似上述的物品需要在恒温状态下保管。

⑦ 储备仓库。用于粮食、棉花、武器弹药等战略物资的储备，以防自然灾害和突发事件。这类仓库一般由国家设置，物资在这类仓库中储存的时间较长，并且为保证储存物资的质量需定期更新储存的物资。

⑧ 保税仓库。保税仓库是指存放保税物资的仓库。为了满足国际贸易的需要，设置在一国国土之上，但在海关关境以外的仓库。国外货物可以免税进出这些仓库而无须办理海关申报手续。经批准后，可在保税仓库内对货物进行加工、储存、包装和整理等业务。对于在划定的一定区域内的货物保税，则称之为保税区。

2. 常见的仓储设备

（1）轻型货架。

轻型货架（图8-5）是相对托盘型货架而言的，一般采用人力（不用叉车等）直接将货物（不采用托盘单元）存取于货架内，因此货物的高度、深度较小，货架每层的载重量较轻。

一般该货架的立柱采用薄钢板（$\delta=1\sim2.5mm$）冷弯冲孔而成，其截面呈三角形，故又称带孔角钢货架。货架构件间的连接有螺栓和插接两种。其特点是结构简单、自重轻、装配方便，广泛应用于工厂、企业、商店、办公室、厨房等。

根据货架两侧、后侧有无挡板及挡板材质的不同，轻型货架可分为开放型，带侧、后挡板型，带侧、后挡板和隔板型，带侧、后挡板和抽屉型；根据其承载能力，轻型货架可分为轻型（L，120kg/层），中型（M，200~500kg/层），重型（L，1000kg/层）。

（2）托盘型货架。

托盘型货架（图8-6）是相对轻型货架而言的，一般采用叉车等装卸设备作业，是以托盘单元的方式来保管货物的货架，又称工业货架。托盘型货架是机械化、自动化货架仓库的主要组成部分。这种货架都是装配式结构，即立柱、主柱片、横梁等之间采用螺栓或插接组成,又称装配式货架,具有刚性好、自重轻,层高可自由调节,适合规模化生产、成本低、运输和安装便利,并易于实现模块化设计等优点,目前已是工业企业各类货架仓库的主流。

蓝色部分代表主架　　　红色部分代表副架

图 8-5　轻型货架

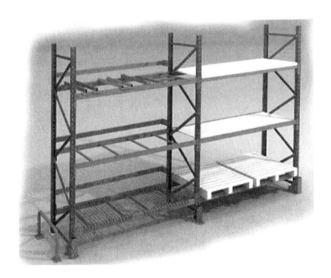

图 8-6　托盘型货架

(3)抽屉式货架。

抽屉式货架(图 8-7)主要用于存放各种模具等物品,顶部可配置手拉葫芦移动车,便于货物的存取。

抽屉底部设有滚轮轨道,抽屉板承载后仍能自如地拉动。中量型抽屉式货架承载<750kg/层,重量型抽屉式货架承载≥750kg/层。抽屉式货架整体采用拼装结构,运输方便,组装简单、快捷。中量型抽屉式货架用于存放中小型模具,顶部选配手拉葫芦移动车,便于模具的起吊和存取,抽屉板下只设有滚轮轨道,即使重载后依然能用很小的力轻松地拉动,通常每层承载量小于 800kg。重量型抽屉式货架用于存放特重型模具或货物。

图 8-7

图 8-7　抽屉式货架

（4）叉车。

叉车又称铲车、叉式举货车，是物流领域最常用的具有装卸、搬运双重功能的机具。其特点是机械化程度高、机动灵活性好；能提高仓库容积的利用率；有利于开展托盘成组运输和集装箱运输；可以"一机多用"。下面介绍手动液压搬运车、平衡重式叉车和前移式叉车。

① 手动液压搬运车。

手动液压搬运车（图 8-8）是一种小巧方便、使用灵活、载重量大、结实耐用的货物搬运工具，俗称"地牛"。手动液压搬运车为了方便起降货物，车底盘与轮之间带有液压装置，可以方便地将车推入货箱底座之下，然后用液压装置将底盘升高，托起货物，便可拖动货物移动，到达目的地后，用液压装置将底盘降落，货物也随之落地，可以方便地抽出手动液压搬运车，省去了人力搬运的复杂过程。

图 8-8　手动液压搬运车

② 平衡重式叉车。

平衡重式叉车（图 8-9）车体前方具有货叉和门架，车体尾部有装卸作业车辆，依靠车体与车载保持平衡，这是应用最广泛的一种叉车。平衡重式叉车分为内燃机式和蓄电池式两种。

图 8-9 平衡重式叉车

③ 前移式叉车。

前移式叉车（图 8-10）的门架或货叉可以前后移动，它结合了有支撑臂的电动堆垛机与无支撑臂的平衡式叉车的优点。前移式叉车目前已逐渐成为室内高架存取货物的主要工具。

图 8-10 前移式叉车

8.2 仓储系统仿真实训

仓储系统建模与　仓储系统建模与
仿真模型文件　　　仿真

8.2.1 问题描述与模型参数

物流中心仓储作业需要用到的实体设备均可在 FlexSim 软件的实体库中找到对应的仿真对象，不需导入绘图工具制作的三维实体文件。

某企业有 4 条生产线，分别生产产品 1、产品 2、产品 3、产品 4 四种不同类型的产品，

4条生产线的生产速度分别为：产品1、产品3按照正态分布时间间隔到达（均值为14，标准偏差为5）；产品2、产品4按照正态分布时间间隔到达（均值为20，标准偏差为5）。产品颜色自定，要求4种产品颜色不同。

4种产品被分别送到4条传送带上，在传送带末端分别设置合成器进行产品的装盘，每类产品每个托盘上都是4个。托盘的到达时间间隔服从指数分布，位置参数为0，尺度参数为5。

装盘完成后，通过共同的传送带（4种产品共用一条输送通道）运往巷道式立体货架，要求产品1送往第1个巷道式立体货架，产品2、产品3、产品4分别送往第2、第3、第4个巷道式立体货架。货物送达传送带末端由堆垛机放到两排货架上，要求货物从第一行、第一列开始放置，最小停留时间服从指数分布（位置参数是为0，尺度参数为2000）。

从货架取出的货物由传送带送到客户的货车上，要求产品1送往第1辆货车，产品2、产品3、产品4依次送往第2、第3、第4辆货车。仿真总布局参考模型如图8-11所示。

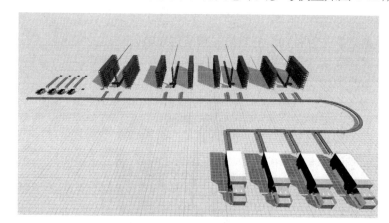

图8-11

图8-11 仿真总布局参考模型

8.2.2 建模步骤及参数设定

1. 图纸绘制及导入

（1）图纸绘制。

选择Visio软件绘制图纸，先对模型进行大致的布局，在建模时可以更便捷、准确地安放各实体，对于Visio软件中没有的实体图形，可以选择形状相近的图形代替，或者选用相近的图形另加标注。绘制图纸的步骤如下。

① 发生器绘制：在左侧实体库中单击"绘图工具形状"按钮，选择"矩形"后，拖动选择适合的尺寸，然后双击矩形框，输入文字"发生器1"，设置字体（同样方法设置发生器2、发生器3、发生器4、发生器5）。

② 传送带绘制：在左侧实体库中单击"车间平面图—存储和分配"按钮，选择"轨道传送带"后，拖动选择适合的尺寸，按照布局图中的传送带走向复制相应数量的传送带并排列。弯曲的传送带可以由两条弧线代替，在左侧实体库中单击"绘图工具形状"按钮，选择"弧线"，一条弧线连接上下方传送带的外点，另一条弧线连接上下方传送带的内点。

③ 合成器绘制：在左侧实体库中单击"绘图工具形状"按钮，选择"矩形"，拖动选

择适合的尺寸，然后双击矩形框，输入文字"合成器 1"，设置字体（同样方法设置合成器 2、合成器 3、合成器 4）。

④ 堆垛机绘制：在左侧实体库中单击"车间平面图—存储和分配"按钮，选择"提货机"，拖动选择适合的尺寸，按照布局图中的传送带走向复制相应数量的传送带并排列。

⑤ 货架绘制：在左侧实体库中单击"绘图工具形状"按钮，选择"矩形"，拖动选择适合的尺寸，然后双击矩形框，输入文字"货架 1"，设置字体（同样方法设置货架 2、货架 3、货架 4、货架 5、货架 6、货架 7、货架 8）。

⑥ 吸收器绘制：吸收器在模型中为货车，绘制相应的形状。在左侧实体库中单击"机动车"选择，选择"货车"，调整大小并复制相应数量，排列整齐。

⑦ 图纸可以保存为两种形式，一种是保存为 Visio 文件，另一种是保存为 AutoCAD 文件，扩展名为.dwg，这种类型的文件可以导入 FlexSim 软件。

绘制完的模型图纸如图 8-12 所示，可根据实际情况自行调整各个位置和尺寸。

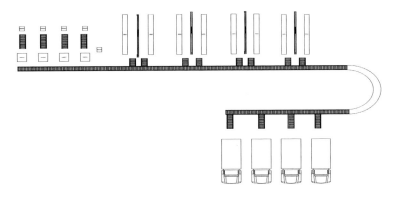

图 8-12　模型图纸绘制

（2）图纸的导入。

在 FlexSim 软件中新建模型，单击页面左侧实体库旁的工具箱图标，单击绿色加号按钮（添加一个工具到模型中），在下拉菜单"可视化"的次级菜单中选择"模型背景"命令，如图 8-13 所示。

图 8-13　"模型背景"命令

在弹出的窗格中选择 AutoCAD 图形（扩展名为.dxf 或.dwg），单击"下一步"按钮，在绘制背景中打开文件所在位置，选择保存好的模型布局图纸文件，再次单击"下一步"按钮，设置图纸位置及比例，数值为 X:-31，Y:-22，Z:0，SX：0.01，SY：0.01，SZ：0.01，如图 8-14 所示，数值可根据需要进行调整。

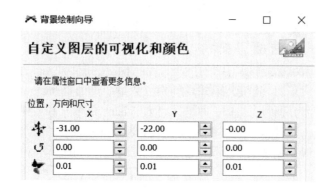

图 8-14　比例设置

单击"下一步"按钮后可以设置方向和颜色，一般设置为黑色，再次单击"下一步"按钮，在打开的对话框中单击 Finish 按钮。导入的布局图纸如图 8-15 所示。

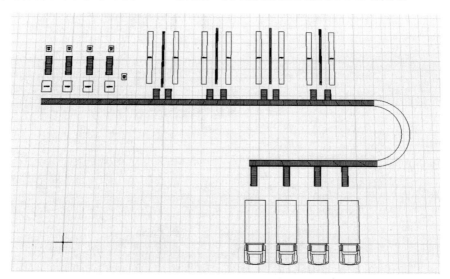

图 8-15　导入的布局图纸

2. 建模步骤

首先按照布局图纸的设计，将实体放置到图纸上对应的地方。4 个发生器分别用来生产 4 种产品，这 4 个发生器和传送带进行 A 连接，传送带与合成器之间也采用 A 连接。放置合成器是为了将 4 种产品放置在一个托盘上，从图纸来看，合成器右方的发生器可以提供托盘，这里要注意的是，要先将提供托盘的发生器与 4 个合成器的输入端口 1 进行 A 连接，分别与 4 条传送带进行 A 连接，因为需要先生成托盘才能继续在托盘上放置产品。然后将合成器处理好的 4 种产品通过下方的传送带传送到货架前，这里同样采用 A 连接，传送带之间统一采用 A 连接。4 种产品送往 4 个巷道式立体货架，其布置方法一样，放置两个货架、一台堆垛机和两条传送带（一条传送带负责输入，一条传送带负责输出），负责输入的传送带与两个货架进行 A 连接，与堆垛机进行 S 连接。堆垛机与两个货架进行 S 连接，两个货架与输出的传送带进行 A 连接，最后通过输出的传送带将产品运输到主传送带上。经过 4 个巷道式立体货架，4 种产品由主传送带送入 4 辆货车（吸收器）中，传送带和货车（吸收器）之间也是 A 连接。（本例中托盘发生器也可以使用 4 个独立发生器，分别产生类型 1～类型 4 的托盘，在实际仓储实践中，入库时扫描的是托盘条码；图模型中的主传送带也可以用软件中的分拣传送带，使用更加方便快捷。）

建好模型后，根据问题描述与系统参数对实体进行参数设置，并运行仿真，查看运行中模型是否出现运作问题，出现如堆货等现象。检查后若发现是参数设置的错误，应立即修改并且重置后再次运行，查看问题是否解决。若不是参数设置的错误或运行中没有出现问题，则在运行到指定时间后，查看统计结果，分析是哪一环节造成了模型的运作问题或哪一部分还可以提高运作效率，并根据实际情况加以合理改进，再次运行并导出模型统计结果，查看改进是否合理有效。

建模布局图如图 8-16 所示，图中放置了一些新的实体，读者可以自行绘制导入，也可以根据本书给出的仿真素材导入。

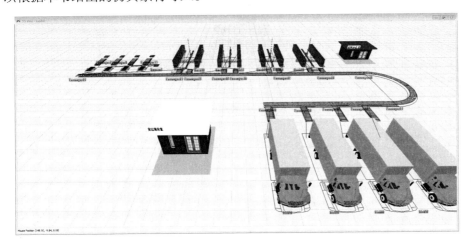

图 8-16　建模布局图

3. 发生器参数设置

一共需要 5 个发生器，前 4 个生产产品 1、产品 2、产品 3、产品 4，第 5 个生产托盘。

（1）发生器 1 参数设置。

产品到达时间间隔的参数设置如下。双击"发生器 1"图标，打开参数设置界面，单击"发生器"选项卡，在"到达方式"下拉列表中选择"到达时间间隔"选项。单击下方 Inter-Arrival time（到达时间间隔）右侧第一个按钮（编辑此选项的参数），因为产品 1 到达时间间隔服从正态分布，因此在"分布函数"下拉列表中选择 normal，"均值"设置为 14，"标准差"设置为 5，如图 8-17 所示。

产品类型设置如下。在"发生器 1"的参数设置界面中，单击"触发器"选项卡，添加 On Creation（创建触发），此时下方出现 On Creation 设置行，单击设置行右侧的绿色加号按钮，然后选择"数据设置"下拉列表中的"设置临时实体类型和颜色"选项，由于一个发生器只产生一种产品，将"临时实体类型"设置为 1 即可，如图 8-18 所示。

发生器 3 在发生器 1 的基础上将"临时实体类型"改为 3。

图 8-17　发生器 1 参数设置 1

图 8-18　发生器 1 参数设置 2

（2）发生器 2 参数设置。

产品到达时间间隔的参数设置如下。双击"发生器 2"图标，打开参数设置界面，单击"发生器"选项卡，在"到达方式"下拉列表中选择"到达时间间隔"选项。单击下方"到达时间间隔"右侧第一个按钮（编辑此选项的参数），因为产品 2 到达时间间隔服从正态分布,因此在"分布函数"下拉选项中选择 normal,"均值"设置为 20,"标准差"设置为 5,如图 8-19 所示。

图 8-19 发生器 2 参数设置 1

产品类型设置如下。在"发生器 2"的参数设置界面中,单击"触发器"选项卡,添加 On Creation(创建触发),此时下方出现 On Creation 设置行,单击设置行右侧的绿色加号按钮,然后选择"数据设置"下拉列表中的"设置临时实体类型和颜色"选项,由于一个发生器只产生一种产品,将"临时实体类型"设置为 2 即可,如图 8-20 所示。

发生器 4 在发生器 2 的基础上将"临时实体类型"改为 4。

图 8-20 发生器 2 参数设置 2

(3)发生器 5 参数设置。

产品到达时间间隔的参数设置如下。双击"发生器 5"图标,打开参数设置界面,单击"发生器"选项卡,在"临时实体种类"下拉列表中选择"Pallet"(托盘)选项,单击下方到达时间间隔右侧第一个按钮(编辑此选项的参数),因为托盘到达时间间隔服从指数分布,因此在"分布函数"下拉列表中选择 exponential,"渐位线"设置为 0,"比例"设置为 5,如图 8-21 所示。

图 8-21 发生器 5 参数设置 1

产品类型设置如下。因为产品后续要分流上货架,产品装盘以后识别的是托盘,因此需要为托盘也设置类型。在"发生器 5"的参数设置界面中,单击"触发器"选项卡,添加 On Creation(创建触发),此时下方出现 On Creation 设置行,单击设置行右侧的绿色加号按钮,然后选择"数据设置"下拉列表中的"设置临时实体的类型"选项,由于有 4 种产品,将"类型"设置为 duniform(1,4)即可,意为随机输出类型 1~类型 4 的托盘,如图 8-22 所示。

图 8-22 发生器 5 参数设置 2

由于托盘类型是 1~4 随机输出的,为了使类型 1 的托盘只输送给合成器 1,类型 2 的托盘只输送给合成器 2……还需进行一步操作。在"发生器 5"的参数设置界面中，单击"临时实体流"选项卡，在"发送至端口"下拉列表中选择"根据不同 case 选择输出端口"选项，在弹出的界面中单击 4 次绿色加号按钮（添加 Case），分别将 4 个 Case 后的 Port 处相应地改为 1、2、3、4，如图 8-23 所示。

图 8-23　发生器 5 参数设置 3

注意，设置前要先看输出端口的顺序是否和发生器顺序一致，在"发生器"参数设置界面的"常规"选项卡下方的端口处可以查看发生器的输入/输出端口的数量和顺序。

4. 合成器参数设置

要求每类产品每个托盘上都是 4 个，4 个合成器设置相同，以合成器 1 为例讲解参数设置方法。双击"合成器 1"图标，打开参数设置界面，单击"合成器"选项卡，在"合成模式"下拉列表中选择"打包"选项，将"组成清单"下方的 Target Quantity（目标数量）设置为 4，如图 8-24 所示。

图 8-24　合成器 1 参数设置

5. 产品出库/入库参数设置

4 种产品出库/入库参数设置相同，以产品 1 出库/入库为例，布置图如图 8-25 所示。

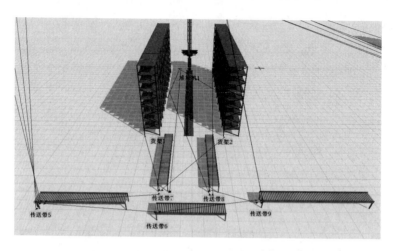

图 8-25　产品 1 出库/入库布置图

整体作业模式为传送带 5 将 4 种产品运输到第 1 个巷道式立体货架前，传送带 7 接收产品 1，传送带 6 接收产品 2、产品 3、产品 4。堆垛机 1 把传送带 7 上的产品 1 运送到货架 1、货架 2 上，再从货架 1、货架 2 上取出产品 1 运输到传送带 8 上，最后传送带 8、传送带 6 都把产品运输到传送带 9 上，由传送带 9 运输到第 2 个巷道式立体货架。注意，堆垛机与货架和传送带连接时使用 S 连接。各实体的具体参数设置如下。

（1）传送带 5 参数设置。

双击"传送带 5"图标，打开参数设置界面，单击"临时实体流"选项卡，在"发送至端口"的下拉列表中选择"根据不同 case 选择输出端口"选项，在弹出的界面中单击绿色加号按钮（添加 Case），在 Case1 后的 Port 处输入 1，Case Default 后的 Port 处输入 2，如图 8-26 所示。设置时要注意传送带 5 的输出端口连接顺序，可以在"常规"选项卡下方的端口处查看。

图 8-26　传送带 5 参数设置

（2）传送带 7 参数设置。

双击"传送带 7"图标，打开参数设置界面，单击"临时实体流"选项卡，选中"使用运输工具"复选框，如图 8-27 所示。

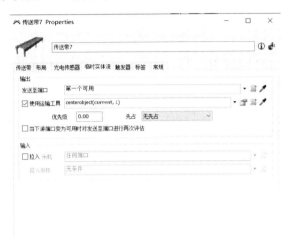

图 8-27　传送带 7 参数设置

（3）货架 1、货架 2 参数设置。

货架 1、货架 2 参数设置相同，以货架 1 为例讲解参数设置方法。双击"货架 1"图标，打开参数设置界面，单击"货架"选项卡，在"逻辑"选项组的"放置到列"下拉列表中选择"第一个可用列"，在"放置到层"下拉列表中选择"第一个可用层"，在"最小停留时间"的"分布函数"下拉列表中选择 exponential，在弹出的界面中设置"渐位线"为 0，"比例"为 2000，如图 8-28 所示。

图 8-28　货架 1 参数设置

6. 出货区传送带参数设置

出货区需要通过传送带将 4 种产品分别运输到对应的货车（吸收器）上，除了出库/入库区设置的临时实体流中根据不同 case 选择输出端口的方法，还可以选择拉入式方法，以传送带 25 为例（传送带 25 输送产品 1 进入货车 1）讲解参数设置方法。

双击"传送带 25"图标，打开参数设置界面，单击"临时实体流"选项卡，选择"输入"选项组中的"拉入"选项，在"拉入条件"的下拉列表中选择"特定临时实体类型"，在弹出的界面中将"类型"设置为 1，如图 8-29 所示。

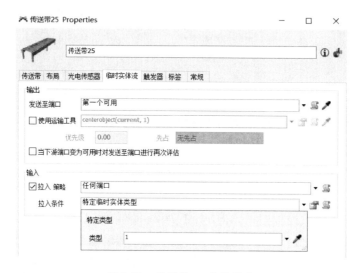

图 8-29　传送带 25 参数设置

其余 3 条为货车输送产品的传送带，分别将类型设置为另外 3 种对应的产品类型即可。

8.2.3　运行结果分析与改进

运行仿真模型，观察仿真过程，并根据输出结果对系统加以分析，可以发现系统在运行过程中存在一些需要改进的地方。首先看原始模型的运行结果统计图，运行时间设置为 8h。

原始模型合成器效率饼图如图 8-30 所示，原始模型堆垛机效率饼图如图 8-31 所示，原始模型货架当前货物数量 VS 时间图如图 8-32 所示。

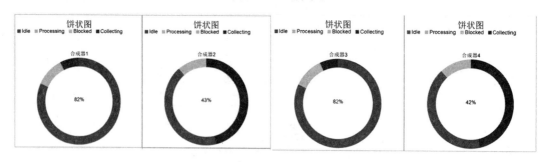

图 8-30　原始模型合成器效率饼图

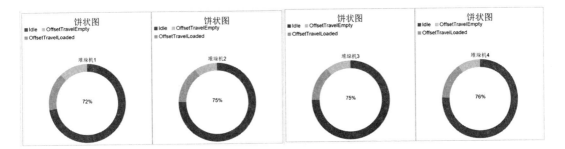

图 8-31 原始模型堆垛机效率饼图

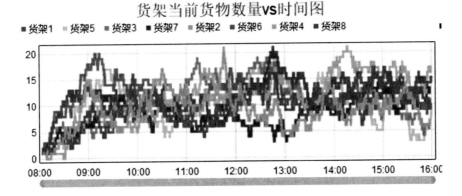

图 8-32 原始模型货架当前货物数量 VS 时间图

货物出库情况如图 8-33 所示。

Object	Throughput
卡车1	298.00
卡车2	306.00
卡车3	296.00
卡车4	315.00

图 8-33 原始模型货物出库情况

从图 8-30 中可以看出，合成器 1、合成器 3 的空闲时间占据了大约 82%，而合成器 2、合成器 4 的效率相对来说比较高，这是因为托盘发生器随机产生 4 种托盘，有可能连续产出某一种托盘，从而影响其他合成器的组装。在运行一段时间后发现堆垛机产生了闲置的情况，从图 8-31 来看，空闲时间为 75%左右，说明货物入库时间间隔太大。从图 8-32 中可以看出，数量保持较为平稳，没有爆仓的风险。面对这些问题对该作业流程进行改进，并对改进后的流程进行对比分析，改进步骤如下（改进方法不唯一，根据实际情况调整）：增设 3 台托盘发生器分别为 4 种产品生产托盘；改变产品入库的到达时间间隔，缩短入库时间。

改进后的运行结果如图 8-34~图 8-37 所示。

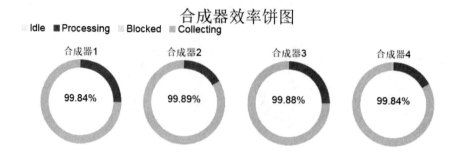

图 8-34　改进后合成器效率饼图

图 8-35　改进后堆垛机效率饼图

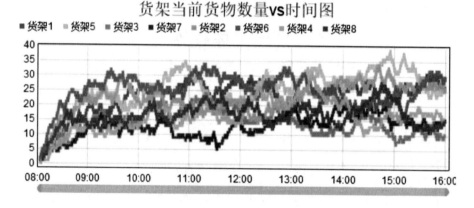

图 8-36　改进后货架当前货物数量 VS 时间图

货物出库情况

Object	Throughput
卡车1	454.00
卡车2	658.00
卡车3	446.00
卡车4	669.00

图 8-37　改进后货物出库情况

从改进后的结果图中可以看出，堆垛机和合成器的空闲时间相对于改进前减少很多，大大提高了设备的利用率，改善了货物的出库情况，并且货架中的货物数量依旧保持平稳，整体利用率尚可，最大峰值没有超过货架容量，没有爆仓。但是要注意在调整货物入库时间间隔时，不能一味地缩短时间提高效率，要观察货物入库时是否发生堆积现象并随时调整以达到最优效率。

仓储作业系统是物流系统的重要组成部分，利用系统仿真的方法对仓储作业系统进行建模、分析和优化，是为了提高仓储作业效率，希望对于实际的规划、建设与升级、改造起到一定的理论支持和借鉴作用。

8.3 实训练习

1. 根据模型运行结果，自行对模型进行优化整改，对比优化前的数据与优化后的数据，并形成详细的分析报告。

2. 一台发生器生产两种不同类型和颜色的产品，生产速度为 10s。两种产品被分别送到合成器 1、合成器 2 进行装盘，由两位操作人员进行搬运，每类产品每托盘上都是 8 个。托盘的到达时间间隔服从指数分布，位置参数为 0，尺度参数为 10。装盘完成后，送往共同的传送带（两种产品共用一条输送通道）运往巷道式立体货架，要求产品 1 和产品 2 分别通过堆垛机送往货架 1 和货架 2。要求货物从第一行、第一列开始放置，最小停留时间服从指数分布（位置参数为 0，尺度参数为 1000）。从货架取出的货物由传送带送到吸收器。根据描述建立系统模型。

3. 分析问题 2 建立模型，并思考如何优化设备的运行效率。

4. 把 8.2 实训的主传送带用 AGV 替代，试规划 AGV 的环形运行网络路径。

第 9 章 库存控制系统建模仿真案例实训

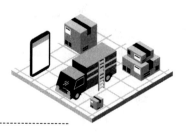

【教学目标】

- ➢ 掌握根据库存数量控制产品出入库参数设置的方法。
- ➢ 掌握分析统计数据、计算配送中心的即时库存成本和利润的方法。
- ➢ 了解根据既定目标,对现有模型进行改善的方法。

库存控制系统是物流系统中重要的子系统,是物流研究中的一个重要领域,其意义是在保证企业正常运营的前提下,通过有效的管理和控制库存,降低库存成本,提高企业效益。库存控制系统是以控制库存为目的的相关方法、手段、技术、管理及操作过程的集合,这个系统贯穿于从物资的选择、规划、订货、进货、入库、储存及至最后出库的过程,最后实现了按目标控制库存。通过学习库存控制系统建模仿真,可以使企业科学地管理物料,防止短缺;可以提高企业资金的利用效果;有利于开展仓库管理工作。

9.1 实训知识准备

9.1.1 库存控制系统概述

库存控制系统的研究目的是通过建立库存系统模型来确定库存策略,从而满足企业的服务水平和控制企业的库存费用。对库存控制系统的研究主要有建立仿真模型和建立优化模型两类方法。

库存控制系统仿真就是利用仿真方法对库存系统进行建模,通过仿真运行结果中的费用指标来对库存策略和库存结构进行评价。

根据现代物流理论的观点，库存控制系统应具有以下功能。

（1）库存跟踪与管理。库存控制系统可以实时跟踪库存的流动，包括库存水平、位置、状态等信息。它能够帮助企业准确地了解当前的库存情况，并采取相应的管理措施。

（2）采购和供应链管理。库存控制系统可以根据需求自动进行采购订单的生成和处理，并优化供应链的管理，确保及时供应所需物料，同时避免库存过剩或缺货的情况。

（3）库存优化。通过对历史销售数据和预测需求的分析，库存控制系统可以帮助企业优化库存水平，避免过度库存或库存不足的情况，从而降低库存成本和风险。

（4）库存盘点与调整。库存控制系统可以定期进行库存盘点，并与实际库存进行比对，及时发现并纠正库存差异，确保库存数据的准确性。

（5）供应商管理。库存控制系统可以记录和管理供应商的信息，包括供应商资质、价格、交货时间等，帮助企业选择合适的供应商并建立稳定的供应关系。

（6）数据分析与报告。库存控制系统可以对库存数据进行分析，生成各种报表和图表，帮助企业了解库存状况、预测需求趋势、优化采购策略、辅助决策制定等。

9.1.2 库存系统的分类

根据需求与订货的规律，可以将库存系统分为确定型库存系统和随机型库存系统两大类。

（1）确定型库存系统。

在确定型库存系统中，需求量与需求发生时间、订货量与订货发生时间、从订货到货物入库的时间都是确定的。如果采用安全库存订货策略，库存量随时间的变化如图 9-1 所示，其中 T 为订货周期，Q 为入库量，R 为安全库存量。

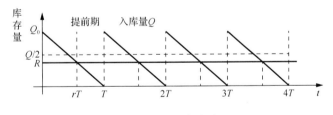

图 9-1 确定型库存系统

（2）随机型库存系统。

在随机型库存系统中，需求量与需求发生时间、订货量与订货发生时间、从订货到货物入库的时间都可能是随机的，库存量随时间的变化如图 9-2 所示。

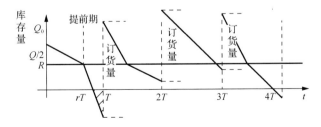

图 9-2 随机型库存系统

9.2 库存控制系统建模仿真案例实训

9.2.1 系统参数与问题描述

库存控制系统建模与仿真模型

配送中心从 4 个供应商进货（原材料），向 4 个生产商发货，仿真的目的是研究该配送中心的即时库存成本和利润。系统参数如下。

（1）供应商（4 个）：当 4 个供应商各自供应的产品（原材料）在配送中心的库存小于 10 件时开始供货，库存大于 65 件时停止供货。供应商 1 以 5h 一件的效率向配送中心运送产品；供应商 2 提供一件产品的时间服从均值为 3、标准差为 3 的正态分布；供应商 3 提供一件产品的时间服从 3~5h 的均匀分布；供应商 4 提供一件产品的时间服从位置参数为 0、尺度参数为 3 的指数分布。

（2）配送中心发货：当 4 个生产商各自的库存量大于 20 件时，配送中心停止发货。当生产商 1 的库存量小于 5 件时，配送中心向该生产商发货；当生产商 2 的库存量小于 2 件时，配送中心向该生产商发货；当生产商 3 的库存量小于 3 件时，配送中心向该生产商发货；当生产商 4 的库存量小于 4 件时，配送中心向该生产商发货。（要求配送中心的货架从第一行第一列开始发货。）

配送中心成本和收入：进货成本 3 元/件，供货价格 6 元/件；每件产品在配送中心存货 100h 费用为 0.5 元。

（3）生产商（4 个）：4 个生产商均连续生产。生产商 1 每生产一件产品需要 10h；生产商 2 每生产一件产品需要 6h；生产商 3 每生产一件产品的时间服从 3~9h 的均匀分布；生产商 4 每生产一件产品的时间服从 2~8h 的均匀分布。

建立该系统的仿真模型并运行一年，查看该配送中心的运行统计数据，解决以下两个问题。

（1）根据运行统计数据计算该配送中心的总利润。

（2）为了研究库存对配送中心利润的影响，可以改变配送中心每个货架对供应商的订货条件来多次地运行模型并进行数据分析，通过对比得出使得配送中心利润最大的设置。

9.2.2 建模过程及数据分析

1. 模型布局及连接

根据案例要求，从实体库里拖出 4 个发生器、8 个处理器、4 个货架、4 个暂存区和 1 个吸收器放到正投影视图中，并根据问题描述进行布局，布局完成后进行连线，固定实体之间的连接用 A 连接，移动实体与固定实体之间的连接用 S 连接，本模型都是 A 连接。为了便于大家理解，模型中的实体名称已经进行了相应修改，设置方式是双击实体，然后修改实体名称即可。该配送中心的库存控制仿真模型布局及连线图如图 9-3 所示。

第 9 章 库存控制系统建模仿真案例实训

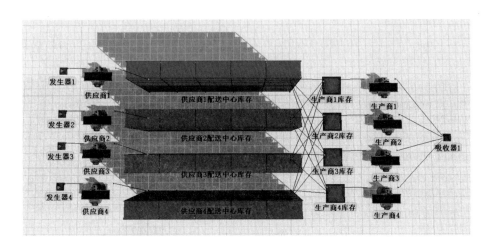

图 9-3

图 9-3　配送中心的库存控制仿真模型布局及连线图

2. 参数设置

（1）发生器的设置。

为了保证供应商的产品及时供给配送中心，把 4 个发生器的产品到达时间间隔设置为 1（一定要比 4 个供应商的供货时间短），如图 9-4 所示，产品颜色设置为不同颜色，如图 9-5 所示。

图 9-4　发生器的产品到达时间间隔设置

图 9-5　发生器的产品颜色设置

（2）供应商的参数设置。

供应商提供产品（原材料）时间参数的设置如下。双击"供应商 1"图标，打开参数设置界面，单击"处理器"选项卡，设置"加工时间"为 5，如图 9-6 所示。供应商 2、供应商 3 和供应商 4 在"加工时间"下拉列表中选择"统计分布"，然后分别选择"分布函数" normal、uniform 和 exponential，根据要求设置相应参数即可，如图 9-7 至图 9-9 所示。

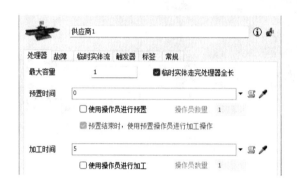 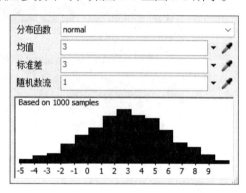

图 9-6　供应商 1 的供货时间设置　　　　图 9-7　供应商 2 的供货时间设置

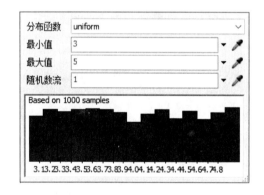 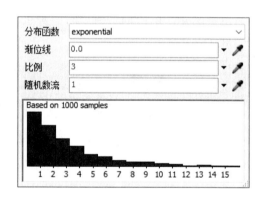

图 9-8　供应商 3 的供货时间设置　　　　图 9-9　供应商 4 的供货时间设置

（3）供应商配送中心库存参数的设置。

供应商配送中心库存参数的设置如下。双击"供应商 1 配送中心库存"图标，打开参数设置界面，单击"触发器"选项卡，添加 On Entry（进入触发），再选择"实体控制"菜单中的"关闭和打开端口"命令，如图 9-10 所示。在"操作"下拉列表中选择 closeinput（关闭输入端口）选项，"实体"保持默认设置，设置"条件"为 content(current)>=65（当前容量≥65），如图 9-11 所示。

在 On Exit（离开触发）"实体控制"菜单中选择"关闭和打开端口"命令，在"操作"下拉列表中选择 openinput（打开输入端口）选项，"实体"保持默认设置，设置"条件"为 content(current)<=10（当前容量≤10），如图 9-12 所示。

第 9 章
库存控制系统建模仿真案例实训

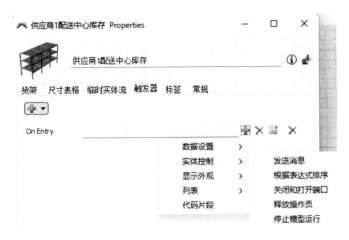

图 9-10　选择"关闭和打开端口"命令

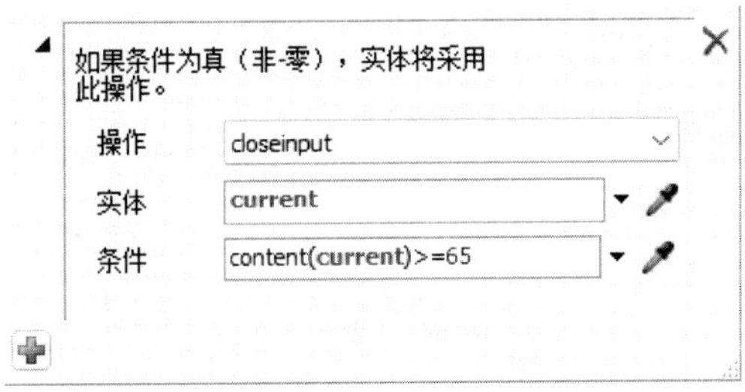

图 9-11　供应商 1 库存最大量设置

图 9-12　供应商 1 库存最小量设置

供应商 2、供应商 3 和供货商 4 的配送中心库存参数按相同方式设置。

（4）配送中心发货参数的设置。

配送中心发货参数的设置如下。双击"生产商 1 库存"图标，打开参数设置界面，单击"触发器"选项卡，单击绿色加号按钮，创建 On Entry（进入触发），再选择"实体控制"菜单中的"关闭和打开端口"命令，如图 9-10 所示。在"操作"下拉列表中选择 closeinput（关闭输入端口）选项，"实体"保持默认设置，设置"条件"为 content(current)>=20（当前容量≥20），如图 9-13 所示。

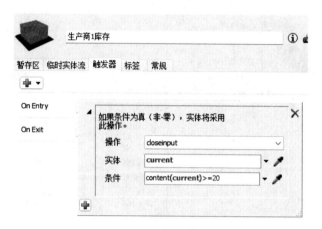

图 9-13　配送中心发货至生产商 1 库存控制设置（1）

在 On Exit（离开触发）"实体控制"菜单中选择"关闭和打开端口"命令，在"操作"下拉列表中选择 openinput（打开输入端口）选项，"实体"保持默认设置，设置"条件"为 content(current)<=5（当前容量≤5），如图 9-14 所示。

图 9-14　配送中心发货至生产商 1 库存控制设置（2）

生产商 2 库存和生产商 3 库存的产品控制参数按相同方式设置。
在实际生产时，生产商需要从配送中心以同等比例购进 4 种产品，设置方法如图 9-15 所示。

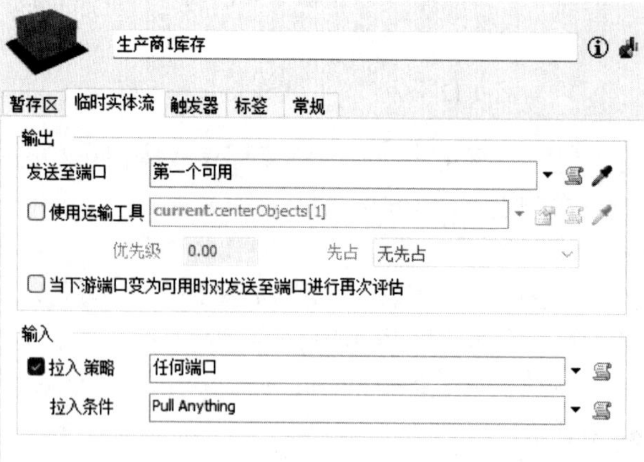

图 9-15　生产商以同等比例进货设置

在"临时实体流"选项卡中选中"拉入"复选框,并在"策略"下拉列表中选择"任何端口"选项,然后在编辑代码窗口返回函数处编写代码 duniform(1,4),如图 9-16 所示。

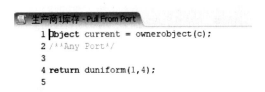

图 9-16　编辑代码窗口

(5)生产商生产产品时间参数的设置。

生产商生产产品时间参数的设置如下。分别双击生产商图标,打开参数设置界面,单击"处理器"选项卡,设置"加工时间"为 10,生产商 2 设置"加工时间"为 6,生产商 3、生产商 4 在"加工时间"下拉列表中选择"统计分布",然后选择"分布函数"为 uniform,分别设置"加工时间"为 uniform(3,9,1)和 uniform(2,8,1),如图 9-17 所示。

图 9-17　生产商生产产品时间参数的设置

3. 运行仿真

将运行的"停止时间"值设置为 8760.00。在该仿真模型中,1 个单位时间代表 1 个小时,要对模型运行一年(365 天)的数据进行收集,即让模型运行 24 小时 × 365 天 = 8760 小时。仿真模型的总体运行图如图 9-18 所示。

库存控制系统建模与仿真模型文件

图 9-18

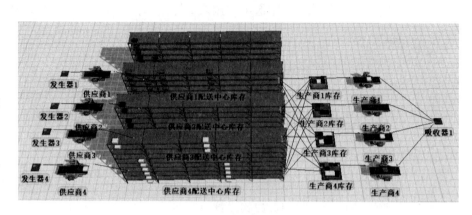

图 9-18 仿真模型的总体运行图

4. 查看运行统计数据

运行一年（365 天），该配送中心产品 1～产品 4 的吞吐量及平均库存的运行统计数据如图 9-19 所示。

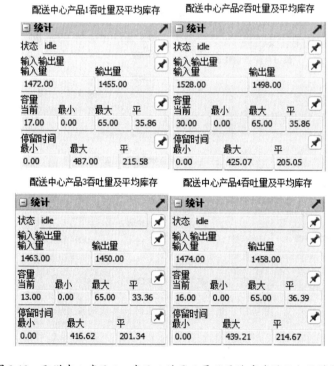

图 9-19 配送中心产品 1～产品 4 的吞吐量及平均库存的运行统计数据

5. 配送中心利润计算

根据图 9-19 的运行统计数据计算该配送中心一年（365 天）的总利润。产品 1～产品 4 的收益计算方法如下。

① 进货总成本：输入量（input）×3。

② 供货总收益：输出量（output）×6。
③ 存货总成本：平均容量（average）×8760/100×0.5。

利润=供货总收益-进货总成本-存货总成本

产品1~产品4的利润计算方法如下。
① 产品1：1455×6-1472×3-35.86×8760/100×0.5≈2743.33（元）。
② 产品2：1498×6-1528×3-35.86×8760/100×0.5≈2833.33（元）。
③ 产品3：1450×6-1463×3-33.36×8760/100×0.5≈2849.83（元）。
④ 产品4：1458×6-1474×3-36.39×8760/100×0.5≈2732.12（元）。

配送中心的总利润为：2743.33+2833.33+2849.83+2732.12=11158.61（元）。

为了方便讲述仿真模型的原理，我们使用了以上数据，实际的配送中心一年的利润远远高于这个数据，但计算方法是一样的。

6. 库存对利润的影响分析

这里只分析改变最大库存对利润的影响，读者也可以综合分析最大库存和最小库存综合变化对利润的影响。

（1）考虑增加最大库存量。如果最大库存量为85件，运行结果见表9-1。

表9-1 最大库存量为85件时的运行结果　　　　单位：元

产品	进货总成本	供货收益	存货总成本	利润
1	1482×3	1452×6	46.23×8760/100×0.5	2241.13
2	1578×3	1493×6	46.36×8760/100×0.5	2193.43
3	1491×3	1444×6	44.74×8760/100×0.5	2231.39
4	1492×3	1455×6	45.80×8760/100×0.5	2247.96
合计	总利润：			8913.91

从表9-1可见，当最大库存量为85件时，总利润有所降低，比库存量为65件时总利润降低了2244.7元。因此，我们应该将最大库存量降低，从而提高利润。

（2）降低最大库存量。如果最大库存量为50件，运行结果见表9-2。

表9-2 最大库存量为50件时的运行结果　　　　单位：元

产品	进货总成本	供货收益	存货总成本	利润
1	1494×3	1455×6	28.03×8760/100×0.5	3020.29
2	1516×3	1494×6	27.75×8760/100×0.5	3200.55
3	1491×3	1447×6	27.79×8760/100×0.5	2991.80
4	1476×3	1458×6	28.35×8760/100×0.5	3078.27
合计	总利润：			12290.91

从9-2可见，当最大库存量为50件时，总利润有所提高，比库存量为65件时总利润增加了1132.30元。

（3）进一步降低最大库存量。如果最大库存量为 30 件，运行结果见表 9-3。

表 9-3 最大库存量为 30 件时的运行结果　　　　　　　　　　单位：元

产品	进货总成本	供货收益	存货总成本	利润
1	1464×3	1452×6	18.26×8760/100×0.5	3520.21
2	1516×3	1493×6	17.90×8760/100×0.5	3625.98
3	1457×3	1446×6	17.48×8760/100×0.5	3539.38
4	1482×3	1458×6	18.44×8760/100×0.5	3494.33
合计	总利润：			14179.9

从表 9-3 可见，当最大库存量为 30 件时，总利润比库存量为 65 件时提高 3021.29 元。根据以上几组数据的比较可以得出库存量越低，利润越高的结论。但是，企业必须具体考虑供需情况，不能无限制地降低库存。在实践中，要权衡库存与利润（有兴趣的读者可以继续降低最大库存量为 25 件、20 件、15 件来分析利润）。

9.3　实训练习

为了研究最大库存和最小库存对配送中心利润的影响，可以改变配送中心每个货架对供货商的订货条件，然后进行多次运行和数据分析，通过对比得出如何设置最大库存和最小库存使得配送中心的利润最大。

第 10 章
播种式和摘果式拣选仿真案例实训

【教学目标】

- 熟悉播种式和摘果式的拣选操作方法,掌握其相关概念。
- 掌握根据订单的具体要求选择合适的拣货方法。
- 掌握应用 FlexSim 进行播种式和摘果式拣选仿真案例实训。

订单拣选是依照客户的订货要求或配送中心的送货计划,尽可能迅速、准确地将商品从其储位拣取出来,并按一定的方式进行分类、集中,等待配装送货的作业过程。随着电子商务的飞速发展,个性化、多样化的客户需求也在增加,单笔订单中货品的数量越来越少,涉及货品的种类越来越多,进而拣选的难度也在逐渐增加,极大制约了仓库或配送中心的运行效率。拣选作为劳动密集程度最高、占用成本最多的运作方式之一,如何提高其效率成为各企业优先考虑的问题。近年来,物流业中出现了采用拣选机器人进行拣选的仓库,然而其投资规模大、回报时间长,还不适用于当前国内绝大多数半自动化仓库。因此,采用仿真软件对半自动化仓库的拣选过程进行仿真模拟分析,可以改进现有的拣选作业效益。

本章采用 FlexSim 建立播种式和摘果式两种订单拣选模型并对其进行仿真运行,将所得数据进行深入分析后,找到提升整体运作效率的方法,并证实其可行性,这对其他订单拣选设施的设计安排具有指导意义。

10.1 实训知识准备

10.1.1 订单拣选概述

仓库运作主要是指仓库流程中的到货、仓储、拣货、运输 4 个核心环节的计划与调度问题。需特别指出的是，仓库运作效率受仓库设计阶段相关决策的影响，一旦仓库被建立，改变设计决策是非常昂贵或不可能的。到货与运输分别是货物到达与离开仓库的接口，其主要运作包括车辆在各个到货或卸货平台的分配，卸货或装载活动的调度等。拣选作业流程如图10-1所示。

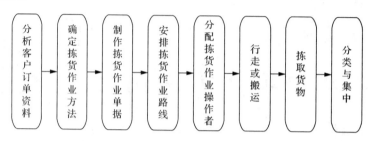

图 10-1 拣选作业流程

订单拣选是指客户订单到达时，为履行客户的订单，需将货物从货位上取出。拣货中不同的组织变量决定了不同的拣货方法，主要包括是否批量拣货、是否同时进行分类、存储区域是否分区等。根据是否批量拣货，将拣货方法分为单订单拣货与批量拣货。单订单拣货是指一张订单由一位拣选人员一次完成拣货的操作方式；批量拣货是指多张订单集合成一批并分拣的操作方式。在拣货过程中，若拣货的同时将货物按订单进行分类，则称边拣货边分类；若拣货完成后再分类，则称拣货后再分类。分区是指将存储区域划分为多个区域，每位拣选人员仅在其拣货区域工作。分区能使拣选人员的移动范围变小、对拣货产品的位置更熟悉、减少拣货中的阻塞等。若存储区域进行了分区，拣货又分为逐渐装配与并行拣货，前者是指同一批订单在不同分区依次拣货，后者则是指在不同分区同时拣货。

10.1.2 订单拣选方式

1. 传票拣选

传票拣选是最原始的拣选方式，直接利用客户的订单或公司的交货单作为拣选指示。拣选人员一边看着订货单的品名，一边寻找货品，他需要来回多次行走才能拣足一张订单。

传票拣选基本上有两种方式。一种是复印订单的方法，在接到订单之后将其复制成拣选传票。这种方式费用较高，但其弹性较大，可适应不同大小的订单形式。另一种是直接由多联式订单中撕下拣选专用的一联。这种方式有时会因订单联数过多而产生复写不清晰的现象，导致错误发生。传票拣选的优缺点见表10-1。

表 10-1 传票拣选的优缺点

优点	无须利用计算机等处理设备处理拣选信息，适用于订购品项数少或少量订单情况
缺点	（1）此类传票容易在拣选过程中受到污损，或因存货不足、缺货等注释直接写在传票上，导致作业过程中发生错误或无法判别确认。 （2）未标识产品的货位，必须靠拣选人员的记忆在存储区域寻找存货位置，更不能引导拣选人员缩短拣选路径。 （3）无法运用拣选策略提升拣选效率

2. 拣选单拣选

拣选单拣选是目前最常用的拣选方式。将原始的客户订单输入计算机后进行拣选信息处理，可以生成拣选单。拣选单的品名是按照货位编号重新编号，使拣选人员来回一趟就可拣足一张订单。拣选单上印有货位编号，拣选人员按货物编号寻找货品，即使不认识货品的新手也能拣选。

拣选单一般根据货位的拣货顺序进行打印，拣选人员按照拣货单的顺序拣货时，将货品放入搬运器具内，同时在拣货单上作记号，然后执行下一货位的拣货作业。拣选单拣选的优缺点也非常明显，见表10-2。

表10-2 拣选单拣选的优缺点

优点	（1）避免拣选单在拣选过程中受到污损，在检验过程中使用原始拣选单查对，可以修正拣选作业中发生的错误。 （2）产品的货位显示在拣选单上，可以按到达先后顺序排列货位编号，可以修正拣选作业中发生的错误。 （3）可充分配合分区、订单分割、订单分批等拣选策略，提升拣选效率
缺点	（1）拣选单处理打印工作耗费人力和时间。 （2）拣选完成后仍需经过货品检验过程，以确保其正确无误

3. 贴标签拣选

拣选人员操作一辆拣货车到作业点旁边，用员工卡刷过ID刷卡器，系统自动分配一张属于一个客户的拣货单，并通过标签打印机打印出一串标签；这串标签中包含多个标签，每个标签代表一件货品，并且是按照货位顺序打印的；拣选人员根据标签上打印的货位顺序从相应的货位上拣取出货品，放置到拣货车上并将这张标签粘贴在货品外箱上，直到拣选人员手上的标签全部粘贴完毕，即代表该张拣货单已经拣货完成。贴标签拣选的优缺点见表10-3。

表10-3 贴标签拣选的优缺点

优点	（1）可以在拣选时清点拣选数量，提高拣选的正确性。 （2）标签可提供自动分类系统识别的信息
缺点	操作环节比较复杂，拣货费用高

4. 电子拣选

电子拣选主要分为电子标签拣货系统、RF辅助拣选系统、IC卡拣选方式、语音拣选系统、自动拣选系统几类，本节主要介绍电子标签拣货系统。

电子标签拣货是指拣货人员根据拣货地点电子标签上的声（内置蜂鸣器）光（发光二极管）装置提示进行拣货作业，一个电子标签对应一个存货品种，电子标签上的LED显示器显示拣货数量。电子标签拣货系统是一组安装在货架储位上的电子设备，通过计算机与软件的控制，借由声光信号与数字显示作为辅助工具，引领拣货人员正确、快速、简便地完成拣货作业。

电子标签拣货能弹性地控制拣货流程，并对现场的拣货状况进行实时监控，降低拣货错误率（拣货的正确率达到 99.99%），加快拣货速度（使用电子标签拣货后的拣货速度比使用前提高 30%~40%），大大减轻了拣货人员的作业负荷，为企业节省了人力资源。

电子标签拣货一般适合于配送数量大、订单多、货物体积小、重量轻、拣货准确性要求高的配送服务，如超市、便利连锁店的拆零拣货，也适用于烟草、百货、药品、电子元件、汽车零配件等行业的物流配送。

电子标签拣货总体上可归纳为两种：单订单拣选，俗称摘果式拣选；批量（商品类别汇总）拣选，俗称播种式拣选。

（1）摘果式拣选系统的定义及优缺点。

摘果式拣选是针对每一张订单进行拣选，拣货人员或设备巡回于各个货物储位，将所需的货物取出，形似摘果。其特点是拣货人员每次只处理一张订单或一个客户，适用于拆零拣选的品种数量小、订单客户数量大的作业场景。

应用电子标签进行摘果式拣选，一般要求每一品种货物（货位）对应一个电子标签，计算机控制系统可根据货物位置和订单数据发出出货指示，并使货位上的电子标签亮灯，拣货人员根据电子标签所显示的数量及时、准确地完成拣货作业。摘果式拣选系统的工作原理如图 10-2 所示，其优缺点见表 10-4。

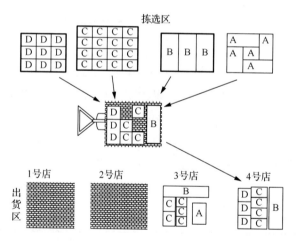

图 10-2 摘果式拣选系统的工作原理

表 10-4 摘果式拣选系统的优缺点

优点	①对拣货人员来说，其操作简单，不易出现差错。 ②对企业来说，员工责任明确，方便评估。 ③对分拣流程来说，无须延迟，方便后续的（如检验、流通加工、捆包等）作业。 ④对整个物流系统来说，可以根据订单随时进行作业，因此适合紧急出库和追加订货的需要
缺点	①大规模的作业区域，会增加行走路径的长度。 ②出库频率高的货品，因频繁作业，会增加行走路径的长度。 ③货品品种较多，也会增加行走路径的长度

（2）播种式拣选系统的定义及优缺点。

播种式拣选是把多张订单（多个客户的要货需求）集合成批，先把其中每种商品的数量分别汇总，再逐个品种对所有客户进行分货，形似播种。其适用于订单品种和数量都比较多的大规模拆零拣选的作业场景。

应用电子标签的播种式拣选系统，其每个电子标签货位代表一张订单（即一个客户），操作人员先通过条码扫描把要拣选货物的信息输入系统，需要拣选货物的货位所在的电子标签就会亮，同时显示该位置所需分货的数量。载有单一品种货物的拣货人员或设备，巡回于各个客户的分货位置，按电子标签显示数量进行分货。播种式拣选系统的工作原理如图10-3所示，其优缺点见表10-5。

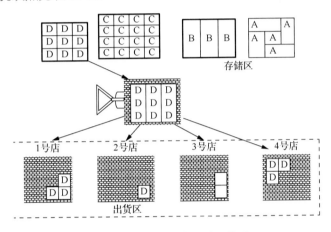

图 10-3 播种式拣选系统的工作原理

表 10-5 播种式拣选系统的优缺点

优点	订单数量巨大时，显著减少行走距离，提高作业效率
缺点	①面对庞大的订单，延长了后续作业开始的时间，比较费时。 ②如果完全人工作业，则要求员工具备一定的商品知识

（3）摘果式拣选系统与播种式拣选系统比较。

① 适用范围比较。

当拆零拣选的品种较多时（如大于 1000 个），摘果式拣选系统的货架和输送线长度、占地面积远大于播种式拣选系统，其造价和操作人员数量也较多。因此，对于拆零拣选品种数较多的情况，应优先选用播种式拣选系统。

当拆零拣选的品种数小于 300 个，而订单客户数量巨大（超过 1000 个）时，非常适合使用摘果式拣选系统。如果采用播种式拣选系统，会增加货架、流水线长度和占地面积；而摘果式拣选系统的拆零拣选货架长度不大，可以使用。

② 工作效率与差错率。

在实际工作中，多数配送中心的订单品种通常差异较大，此时播种式拣选系统因行走距离较短等因素，工作效率优于摘果式拣选系统。因此，从提高工作效率的角度考虑，应优先采用播种式拣选系统进行拆零拣选。播种式拣选系统在拣选过程中可以很方便地兼顾复核，而摘果式拣选系统则很难做到。摘果式拣选系统要降低差错率，就必须增加复核工序，也就相应增加了工作量。同等条件下，播种式拣选系统差错率低于摘果式拣选系统。

③ 订单响应时间与作业的连续性。

订单响应时间较短是摘果式拣选系统的优点。早期播种式拣选系统订单的响应时间较长，严重制约了播种式拣选系统的推广。在摘果式拣选系统中，补货往往需要中断拣选作业，使得拣选作业通常在一天之内要暂停几次，从而影响了作业的连续性，降低了工作效率；而播种式拣选系统则完全不存在这个问题。

④ 操作流程的管理控制。

摘果式拣选系统直接脱胎于最原始的货架取货方式，操作简单、技术成熟，分别处理每张订单，流程的控制和管理比较容易。播种式拣选系统需要同时处理许多订单，订单之间存在各种差别（品种重合度、包装体积、数量、物理状态等），因此拣选流程的整体操作难度大于摘果式拣选系统。摘果式拣选系统的工作失误通常只影响一张订单，播种式拣选系统的工作失误影响的是一批订单。因此，使用播种式拣选系统对流程管理的要求更高，对管理信息系统、人员操作、规章制度都提出了更高的要求。摘果式拣选系统和播种式拣选系统平面布局如图 10-4 和图 10-5 所示。

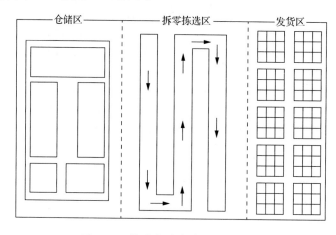

图 10-4　摘果式拣选系统平面布局

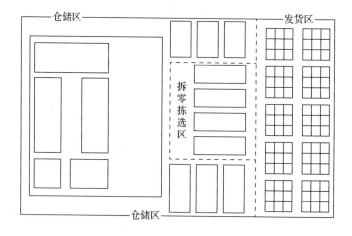

图 10-5　播种式拣选系统平面布局

为克服单订单拣货和批量拣货方式的缺点,配送中心也可以采取将单订单拣货和批量拣货组合起来的复合拣货方式。复合拣货即根据订单的品种、数量及出库频率,确定哪些订单适用于单订单拣货,哪些订单适用于批量拣货。

10.1.3 "人到货"和"货到人"拣选

按照作业形态,可将拣选类型分为"人到货"拣选和"货到人"拣选两种。

1. "人到货"拣选方法

(1)"人到货"拣选方法的概念。

这是一种传统的拣选方法。顾名思义,人是动态的,货物是静态的,人按照最优的路径主动地拣取货物。在应用这种方法的情况下,货架、货物都是静止不动的,拣选人员根据订单,带着拣选容器(图10-6)或流动的拣选箱(图10-7),前往拣货区拣货,然后把货物送到静止的集货点。

图 10-6 "人到货"拣选(1)

图 10-7 "人到货"拣选(2)

（2）"人到货"拣选方法的特点。

① 采取按单拣选，一单一拣，类似仓库的出货方式，现行方式可以不做太大改变就可以实施。配货工艺准确度高，不容易发生货差等。

② 工艺机动灵活。

a. 由于一单一拣，各客户的拣选相互没有牵制，可按客户要求调整配货先后次序。

b. 对于紧急订单，可以集中力量快速拣选，有利于配送中心开展即时配送，增强对客户的服务能力。

c. 拣选完一个订单，货物可不再落地暂存，而是直接放到配送车辆上，有利于简化工序，提高效率。

d. 对机械化没有严格要求，无论配送中心设备多少、水平高低都可以采取这种工艺。

e. 客户数量不受工艺限制，可在大范围内波动。

（3）"人到货"拣选方法的适用范围。

这种方法适用于客户不稳定、需求波动较大、不能建立相对稳定客户分货货位的情况，以及客户需求差异很大，需求种类繁多，既有共同需求，又有许多特殊需求，在需求统计和共同取货比较困难的情况。在配送过程中，需要调整拣选配货顺序，满足客户配送不同时间（如紧急）的需求，使用"人到货"拣选方法的结果比较理想。

2. "货到人"拣选方法

（1）"货到人"拣选方法的概念。

"货到人"拣选是指人不动，货物被自动输送到人员面前供拣选人员拣选，然后将拣选的货物集中在集货点的托盘上，再由搬运车辆送走，如图10-8所示。随着电子商务的快速发展，要求拣货过程快而准，目前主要使用拣货机器人把货架运到拣选人员旁边，实现快进快出，如图10-9所示。

（2）"货到人"拣选方法的特点。

"货到人"拣选方法的特点为：在收到若干个客户配送请求后，先对客户共同需求做出统计，形成共同批量。同时安排好各客户的分货货位，然后陆续集中取出货物进行反复的分货操作，直至最后一种共同需要的货物分放完毕。因集中客户需求后才开始分货，工艺计划性强，故配送时可合理调配使用车辆和规划配送路线。"货到人"的拣选方法工艺难度高、计划性强，容易发生分货错误。

图10-8 "货到人"拣选方法

图 10-9 拣货机器人实现"货到人"拣选

(3)"货到人"拣选方法的适用范围。

"货到人"拣选方法适用于客户需求共同性很强,差异性小,客户需求数量有差异但是种类相同,客户数量稳定、数量较多而且在配送的过程中对配送时间无严格限制的情况。

(4)"货到人"拣选方法的目的。

使用"货到人"这一拣选方法是为了追求效率、降低成本。在这种情况下,为了满足客户的需求,形成了专业性强的配送中心。

10.2 播种式拣选系统和摘果式拣选系统仿真案例实训

10.2.1 订单拣选作业过程描述

本节使用 FlexSim 建立摘果式拣选模型与播种式拣选模型。以下简述两种拣选方式的作业流程。

(1)摘果式拣选作业流程。

① 补货:从仓储区向拆零拣选区送货,并且逐个货位上架。

② 沿线拣选:周转箱沿着拣选流水线移动,拣选人员从货架上取货,放入周转箱。

③ 复核装箱:拣选结束后,对已经装入周转箱的货物进行核对(品种、数量等),有时还需要换箱装货。

④ 集货待运:把已经复核、装箱完毕的货箱送到发货区,等待运出。

(2)播种式拣选作业流程。

① 汇总拣货:从仓储区将该批次所需货物全部拣出,送到拆零拣选区,逐个放到拣选线。

② 沿线分货:待分拨货箱沿着流水线移动,拣选人员从流水线上的箱中取货,放入货架箱内,复核、装箱。

③ 集货待运:把已经复核、装箱完毕的货箱送到发货区,等待运出。

10.2.2 问题描述与系统参数

现有 4 种不同类型的货物，分别存放在 4 个拣选货架中，假设该配送中心接受 3 位客户的订单后，订单如表 10-6 所示（为了讲解物流拣选建模过程，数据比较简单），拣选人员从 4 个货架中拣选货物并放进周转箱中，拣选完毕后通过传送带运送到发货区，分类存放在每位客户指定的暂存区。

表 10-6 客户订单表

客户	产品 1	产品 2	产品 3	产品 4
客户 1	8	9	10	9
客户 2	9	10	8	9
客户 3	10	9	9	10

要求如下。

（1）分别用摘果式拣选和播种式拣选实现客户订单的拣货。

（2）每个拣选货架上的货品初始数量为 48 个，当小于或等于 25 个货品时开始补货，当大于或等于 48 个货品时停止补货。

（3）对拣选人员数量进行优化，使得人员效率合理。

（4）在完成上述同样订单情况下，哪种方案更好？

我们以某国家级物流系统与技术示范中心的电子标签拣选系统为原型，如图 10-10 所示，分别用摘果式拣选和播种式拣选实现表 10-6 客户订单的拣货。

图 10-10 某国家级物流系统与技术示范中心的电子标签拣选系统

10.2.3 建模步骤

整个电子标签拣选作业系统仿真模型分为产品存储区、订单派发与分拣作业区、出库输送机模型、出库暂存区。建模步骤将按照 4 个区域分别说明，摘果式拣选系统整体布局图如图 10-11 所示。

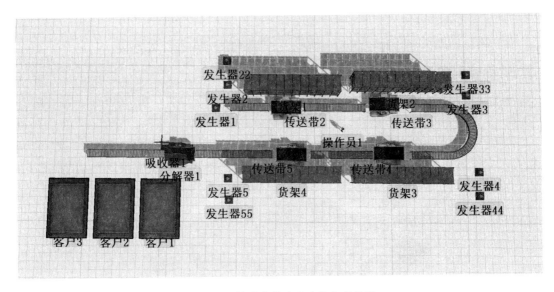

图 10-11 摘果式拣选系统整体布局图

1. 构建模型布局

（1）建立产品存储区。

需要依次将 8 个发生器、4 个货架从对象实体库中拖动至仿真视图窗口的适当位置。

（2）建立订单派发与拣货作业区。

需要依次将 1 个发生器、4 个合成器、1 位操作员从对象实体库中拖动至仿真视图窗口的适当位置。

（3）建立拣选输送机（传送带）模型。

需要依次将多条传送带、1 个分解器、1 个吸收器从对象实体库中拖动至仿真视图窗口的适当位置。

（4）建立出库暂存区。

需要依次将 3 个暂存区、1 台叉车（实际运作中用来搬运每个客户的订单产品，仿真软件中不做搬运设置）从对象实体库中拖动至仿真视图窗口的适当位置。

2. 定义物流流程

（1）建立产品存储区。

发生器与货架为静态同类物体，按产品传送方向进行 A 连接。

（2）建立订单派发与拣选作业区。

托盘发生器与传送带 1 进行 A 连接，传送带 1 与合成器为静态同类物体，按产品传送方向进行 A 连接；货架与合成器也是 A 连接；货架与操作员为不同类物体，进行 S 连接。特别要注意的是，每个合成器负责一种货物的拣选，操作员负责搬运。

（3）建立拣选输送机（传送带）模型。

传送带与合成器、传送带与传送带为静态同类物体，按产品传送方向进行 A 连接；传送带与分解器为静态同类物体，按产品传送方向进行 A 连接；分解器先与吸收器进行 A 连接，然后与传送带进行 A 连接。

（4）建立出库暂存区。

传送带与出库暂存区为静态同类物体，按产品传送方向进行 A 连接。

3. 编辑对象参数

（1）建立产品存储区。

① 发生器的设置。

初始产品发生器的设置。设置图 10-11 中发生器 2～发生器 5 中产品"到达方式"为"到达序列"，设置 4 个不同的产品名称、类型，产品数量 48 个，如发生器 2 产生的产品 1 的设置如图 10-12 所示。

图 10-12　发生器 2 产生的产品 1 的设置

设置 4 种不同的产品颜色，产品 1 的颜色设置如图 10-13 所示。

图 10-13　产品 1 的颜色设置

补货发生器的设置。设置发生器 22、发生器 33、发生器 44 及发生器 55 与它们相对应的初始产品发生器一样的颜色，具体不再阐述，设置产品"到达时间间隔"为 2，如图 10-14 所示。

第10章
播种式和摘果式拣选仿真案例实训

图 10-14　补货发生器产品到达时间间隔设置

② 货架的设置。

设置货架"尺寸表格"。因为每种产品初始数量为 48 个，把货架设置为 12 列，4 层，然后单击"应用基本设置"按钮，如图 10-15 所示。

图 10-15　货架"尺寸表格"设置

设置货架从第一行、第一列开始放置货物，设置如图 10-16 所示。

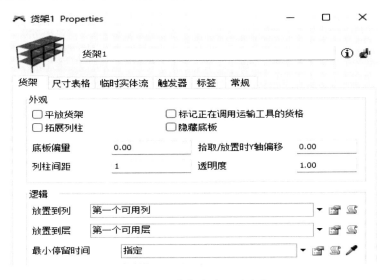

图 10-16　货物存放规则设置

设置开始补货点、停止补货点参数。特别要注意的是，开始补货一定要在 On Exit（离开触发）处设置，因为随着货架中货物的拣选，货物数量逐渐减少，当减少到最小库存量时开始补货。进入货架的货物逐渐增多，当增加到最大库存量时停止补货，停止补货一定要在 On Entry（进入触发）处设置。开始补货参数设置如图 10-17 所示，停止补货参数设置图 10-18 所示。

图 10-17　开始补货参数设置

图 10-18　停止补货参数设置

(2)建立订单派发与拣选作业区。

① 托盘发生器的设置。

设置"到达方式"为"到达时间表","临时实体种类"为 Pallet(托盘)。3 个不同的客户(订单)、各自的托盘数量设置如图 10-19 所示。

图 10-19　托盘发生器的设置

② 全局表的设置。

设置摘果式拣选的全局表有 3 个拣选订单,4 种产品,对应 4 个合成器,每个合成器按照对应的全局表完成一种产品的拣选,因此对应 4 个合成器全局表的设置如图 10-20 所示。

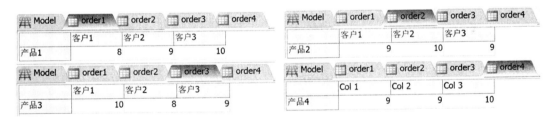

图 10-20　4 个合成器全局表的设置

当客户 1 的拣选箱(托盘)到来后,按照图 10-20 中的 4 个全局表,会在合成器 1 上装入 8 个产品 1,在合成器 2 上装入 9 个产品 2,在合成器 3 上装入 10 个产品 3,在合成器 4 上装入 9 个产品 4,这样就把客户 1 的订单拣选出来了,客户 2 和客户 3 的订单拣选过程一样。

③ 合成器的设置。

合成器按照全局表码盘,每个合成器对应一个全局表,以合成器 1 为例,设置如图 10-21 所示。

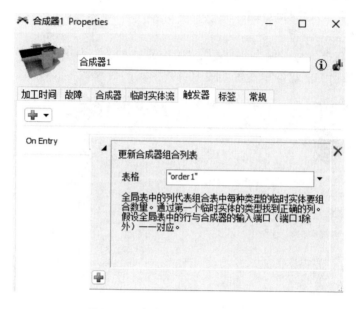

图 10-21　合成器 1 全局表 1 的导入

需要注意合成器与运送托盘的传送带、货架输入端口的连接顺序,一定要先连接运送托盘的传送带,后连接货架,如图 10-22 所示。

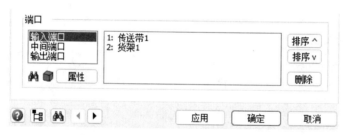

图 10-22　合成器输入端口的连接顺序

货架与合成器之间,需要操作员搬运货物,在货架的"临时实体流"选项卡中选中"使用运输工具"复选框,以货架 1 为例,设置如图 10-23 所示。

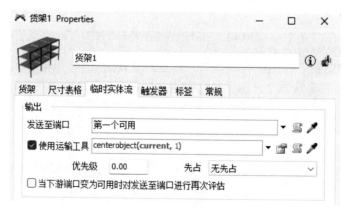

图 10-23　货架运输工具的设置

(3)建立拣选输送机(传送带)模型。

① 传送带的设置。

以传送带 3 为例设置传送带的类型、长度、角度、半径、上升距离,如图 10-24 所示。传送带速度为 5m/s,传送带速度太慢、太快都严重影响操作员的效率。这里读者可以合理地安排传送带速度和长度。本案例加快传送带速度,是为了进一步讲解人员优化问题。

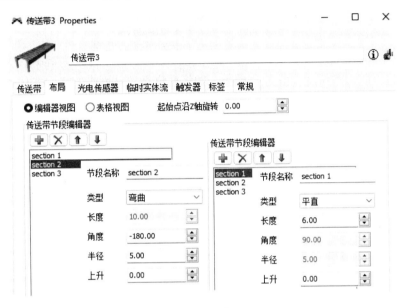

图 10-24 传送带的设置

② 分解器的设置。

需要在分解器旁边设置吸收器。要注意分解器与托盘吸收器、传送带输出端口的连接顺序,一定要先连接吸收器(托盘回收),后连接传送带(货物往后续流程运送),如图 10-25 所示。

图 10-25 分解器输出端口的连接顺序

(4)建立出库暂存区。

摘果式拣选参数设置如下。

① 摘果式拣选模型的每个暂存区代表一个客户,每个暂存区的产品数量(客户需求)由暂存区最大容量控制,这样就可以把不同客户的订单产品分别放到不同的暂存区。例如,暂存区 1(客户 1)的最大容量设置如图 10-26 所示。

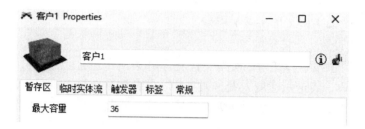

图 10-26 客户 1 的最大容量设置

② 有货车等待。将视觉类实体库中的平面实体的 3D 图形修改为货车形状，如图 10-27 所示。我们也可以给系统加一些办公场所，如将视觉类实体库中的平面实体的 3D 图形修改为装卸办公室，导入货车和办公室后的效果图如图 10-28 所示。本书提供相应的仿真素材，读者可以自行导入。

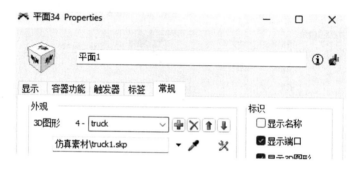

图 10-27 平面实体的 3D 图形修改为货车

图 10-28

图 10-28 加入货车和办公室后的效果图

播种式拣选仅在全局表、托盘发生器、出库暂存区处的设置不一样，其他均一致，播种式拣选布局图如图 10-29 所示。

播种式拣选参数设置如下。

① 全局表设置发生变化。

播种式拣选按品种将数量汇总后进行拣选，有 4 种产品，每个合成器负责一种产品的拣选，全局表 1 表示：当产品 1 的拣选箱（托盘）到达合成器 1 时，装入 27 个产品 1，当产品 2、产品 3 和产品 4 的拣选箱到达合成器 1 时装入 0 个产品 2、0 个产品 3 和 0 个产品 4，其他 3 个全局表的解释类似。4 个合成器对应的全局表设置如图 10-30 所示。

第 10 章
播种式和摘果式拣选仿真案例实训

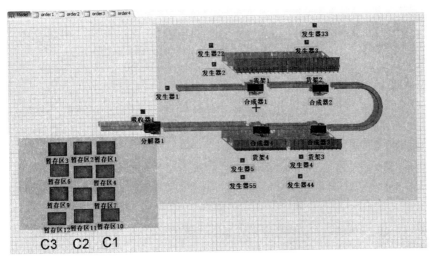

播种式拣选仿真
模型文件

图 10-29

播种式拣选仿真

图 10-29 播种式拣选布局图

图 10-30 4 个合成器对应的全局表设置

② 托盘发生器设置发生变化。

增加 1 个拣选单,托盘发生器设置如图 10-31 所示。

图 10-31 托盘发生器发生变化的设置

③ 出库暂存区。

按产品种类拣选后，在发货区进行 3 位客户的分货，由于同样需要用暂存区最大容量限制进入暂存区的货物数量，因此需要 3 列暂存区代表 3 位客户、4 行暂存区代表 4 种货物。暂存区布局如图 10-32 所示，图中 C1 列代表客户 1 的订单产品，C2 列代表客户 2 的订单产品，C3 列代表客户 3 的订单产品。

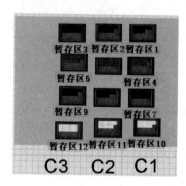

图 10-32　播种式拣选出库暂存区的布局

4. 编译运行仿真

单击"重置"和"运行"按钮进行模型的运行，随时可以调整运行速度，如图 10-33 所示。

图 10-33　编译运行仿真

摘果式拣选和播种式拣选运行结果图分别如图 10-34 和图 10-35 所示。

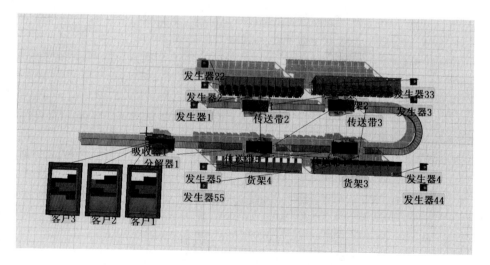

图 10-34

图 10-34　摘果式拣选运行结果图

第 10 章
播种式和摘果式拣选仿真案例实训

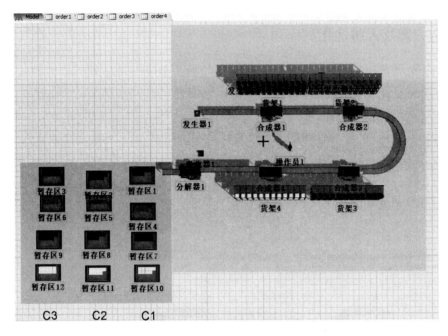

摘果式拣选仿真模型文件

图 10-35

摘果式拣选仿真

图 10-35 播种式拣选运行结果图

5. 分析仿真结果

（1）摘果式拣选结果分析。

采用摘果式拣选本次订单，需要 892s，约 15min；操作员工作效率为 73%，如图 10-36 所示。操作员无足够空闲和休息时间，运作不合理，也容易产生拣选错误。

（2）播种式拣选结果分析。

播种式拣选结果与摘果式拣选结果类似，拣选本次订单，需要 798s，约 13min；操作员工作效率为 78%，如图 10-37 所示。操作员无足够空闲和休息时间，运作不合理，也容易产生拣选错误。

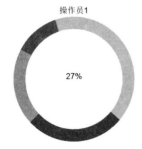

图 10-36 摘果式拣选操作员工作效率

图 10-37 播种式拣选操作员工作效率

10.2.4 拣选方案及人员优化

下面需要根据拣选理论、拣选方法和建模仿真方法找到一个最优的方案。

（1）确定分区拣选还是不分区拣选方案，以完成订单拣选的时间和操作员工作效率为量化的数据。

① 摘果式拣选分区时，4 位操作员的工作效率如图 10-38 所示，平均工作效率约为 20%，订单完成时间是 739s；摘果式拣选不分区时，4 位操作员的工作效率如图 10-39 所示，平均工作效率约为 54%，订单完成时间是 368s。需要注意的是，在摘果式拣选不分区时，需要加入一个分配器来调度 4 位操作员。

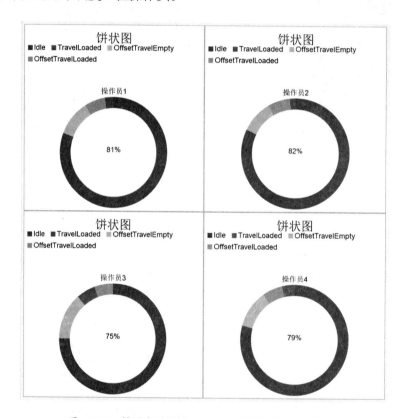

图 10-38　摘果式拣选分区时，4 位操作员的工作效率

经过对比可以发现，摘果式拣选不分区的订单完成时间、操作员平均工作效率均优于分区的，所以选择摘果式拣选不分区方案。

② 播种式拣选分区时，4 位操作员的工作效率如图 10-40 所示，平均工作效率约为 20%，订单完成时间是 795s；播种式拣选不分区时，4 位操作员的工作效率如图 10-41 所示，平均工作效率约为 35%，订单完成时间是 481s。在播种式拣选不分区时，需要加入一个分配器来调度 4 位操作员。

第10章
播种式和摘果式拣选仿真案例实训

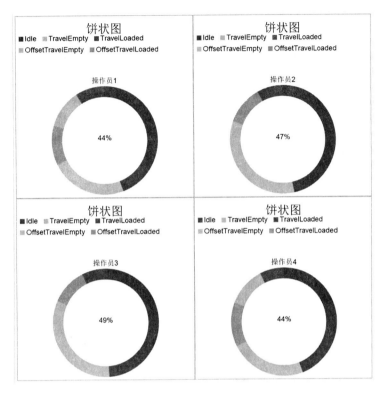

图 10-39　摘果式拣选不分区时，4 位操作员的工作效率

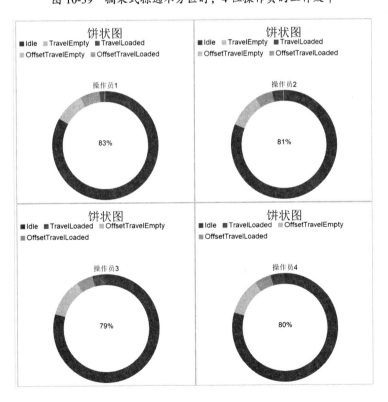

图 10-40　播种式拣选分区时，4 位操作员的工作效率

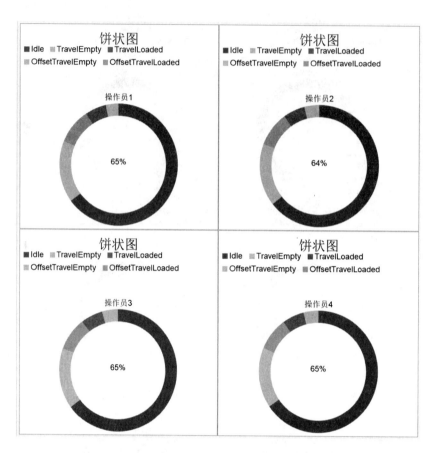

图 10-41　播种式拣选不分区时，4 位操作员的工作效率

经过对比可以发现，播种式拣选不分区的订单完成时间、操作员平均工作效率均优于播种式拣选分区的，所以选择播种式拣选不分区方案。造成上述情况的主要原因是播种式拣选的拣选特性，在进行播种式拣选分区时，拣选一类货物只有一人拣选，其余人员空闲，所以使得播种式拣选分区的操作员平均工作效率和完成订单的时间都劣于播种式拣选不分区的。

综上所述，无论摘果式拣选还是播种式拣选，不分区拣选方案都是最优的。

（2）对操作员数量进行合理优化。

① 摘果式拣选操作员数量优化。先减掉 1 位操作员，在 3 位操作员的情况下进行仿真，订单完成时间为 399s，3 位操作员的工作效率如图 10-42 所示，平均工作效率约为 62%。

再减掉 1 位操作员，在 2 位操作员的情况下进行仿真，订单完成时间为 531s，2 位操作员的工作效率如图 10-43 所示，平均工作效率约为 66%。

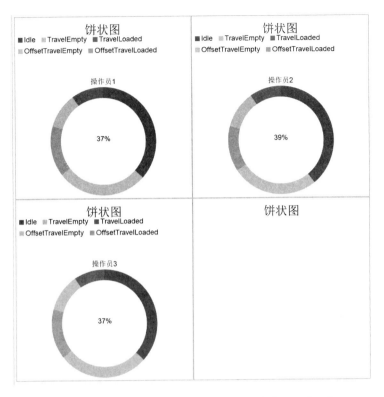

图 10-42　摘果式拣选不分区时，3 位操作员的工作效率

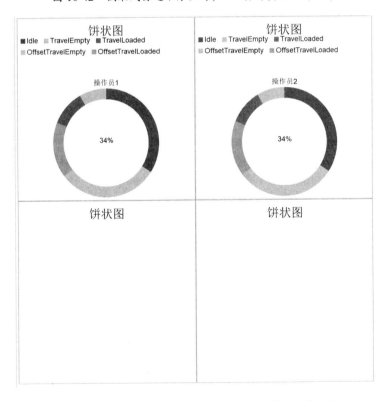

图 10-43　摘果式拣选不分区时，2 位操作员的工作效率

综上所述，在摘果式拣选不分区时，1位操作员拣选时的工作效率为73%，拣选时间是892s；2位操作员拣选时的工作效率为66%，拣选时间为531s；3位操作员拣选时的工作效率为62%，拣选时间为399s；4位操作员拣选时的工作效率为35%，拣选时间是481s。可见，处理本次订单，3位操作员拣选时的平均工作效率为62%，平均工作效率合理且拣选时间相对较短（仿真中人员和设备工作效率85%左右为最优，工作效率高了，操作员无休息时间，设备无故障检修时间；工作效率低了，不能满足客户对订单的时效要求），操作员有休息时间，设备有故障检修时间，还可以兼顾配送中心的其他订单，人员成本也是较合理的，因此摘果式拣选不分区时，3位操作员是最优方案。

② 播种式拣选人员数量优化。先减掉1位操作员，在3位操作员的情况下进行仿真，订单完成时间为495s，3位操作员的工作效率如图10-44所示，平均效率约为45%。

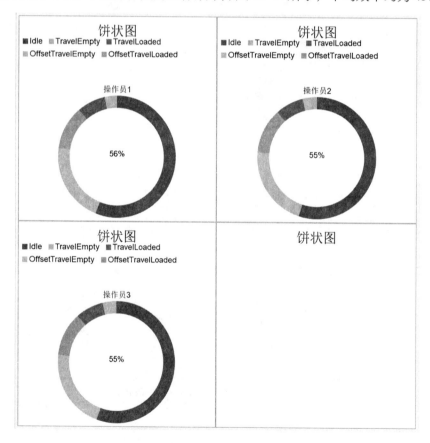

图10-44 播种式拣选不分区时，3位操作员的工作效率

再减掉1位操作员，在2位操作员的情况下进行仿真，订单完成时间为518s，2位操作员的工作效率如图10-45所示，平均效率约为63%。

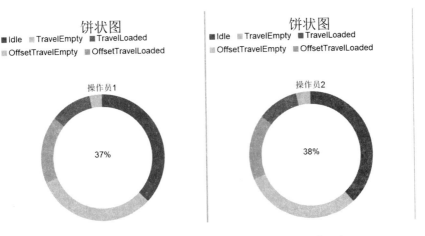

图 10-45 播种式拣选不分区时 2 位操作员的工作效率

综上所述,在播种式拣选不分区时,1 位操作员拣选时的工作效率为 78%,拣选时间是 798s;2 位操作员拣选时的工作效率为 63%,拣选时间为 518s;3 位操作员拣选时的工作效率为 45%,拣选时间为 495s;4 位操作员拣选时的工作效率为 54%,拣选时间是 368s。可见,处理本次订单,3 位时平均工作效率为 45%,平均工作效率合理,操作员有休息时间,设备有故障检修时间,还可以兼顾配送中心的其他订单,人员成本也是较合理的,因此播种式拣选不分区时,3 位操作员是最优方案。

(3)拣选方式的选择。

通过上述对分区方案和人员数量的研究,发现使用不分区方案和操作员 3 位时,完成本次 3 位客户的订单是最优的。在此基础上研究选择摘果式拣选还是播种式拣选。

从上述分析中可知,摘果式拣选不分区时,3 位操作员拣选的工作效率为 62%,拣选时间为 481s;播种式拣选不分区时,3 位操作员拣选的工作效率为 45%,拣选时间为 495s。可见,播种式拣选优于摘果式拣选,因此本次订单拣选选择播种式拣选更好。

10.3 实训练习

有 4 位客户,订购 6 种产品,客户订单表如表 10-7 所示。

表 10-7 客户订单表

客户	产品 1	产品 2	产品 3	产品 4	产品 5	产品 6
客户 1	3	5	7	5	8	6
客户 2	6	4	9	3	7	5
客户 3	6	5	8	6	9	6
客户 4	5	8	7	5	8	4

要求如下。

(1)分别用摘果式拣选和播种式拣选实现上述客户订单的拣货。

（2）每个拣选货架上的产品初始数量为 40 个，当小于或等于 28 个产品时开始补货，当大于或等于 40 个产品时停止补货。参考模型如图 10-46 所示。

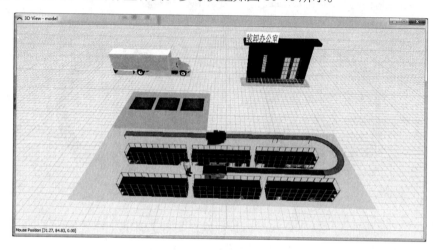

图 10-46　参考模型

第 11 章 AGV仿真案例实训

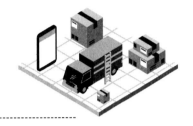

📦【教学目标】

> - 了解 AGV 的相关概念及功能。
> - 掌握 AGV 建模步骤及其相关参数设置。
> - 掌握 AGV 与控制点的设置。
> - 熟悉 AGV 在仓库中的仿真应用。

党的二十大报告指出,要"完善科技创新体系"。在现代物流系统中,先进的自动导引车(automatic guided vehicle,AGV)能够帮助企业解决物流仓储管理工作效率低、库存划分混乱、盘点技术落后等难题。AGV 解决了物流仓储过程中的一些问题,帮助企业实现智能化仓储管理。因此,通过建模仿真的方法配置合理的 AGV 数量,规划 AGV 的行走路线成为企业面临的重要问题。

11.1 实训知识准备

11.1.1 AGV 概述

AGV 是自动化立体仓库中最常见的智能搬运载体,具有自动化程度高、使用灵活、安全可靠、无人操作、运输效率高、节能、系统运行可靠、施工简单及维修方便等诸多优点,不仅广泛应用于烟草行业、工程机械行业等的物资运输场所,还应用于柔性生产系统、柔性搬运系统。AGV 对于提高生产自动化程度和提高生产效率有着重要意义。图 11-1 所示为传统 AGV 内部结构图。

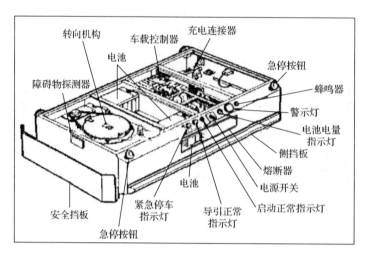

图 11-1　传统 AGV 内部结构图

11.1.2　AGV 导引方式

AGV 的导引技术具有多样化，拓宽了其应用领域。一般而言，AGV 具有如下几种导引方式。

（1）电磁导引。

电磁导引是在 AGV 的行驶路径上埋设金属导线，并加载低频、低压导引电流，使导线周围产生磁场，AGV 上的感应线圈通过对导引磁场强弱的识别和跟踪，实现对 AGV 的导引。其主要优点是引线隐蔽，不易被污染和破损；导引原理简单可靠，便于通信和控制；无声光干扰，制造成本较低。其主要缺点是路径更改的灵活性差，调整变动麻烦，感应线圈对周围的铁磁物质较敏感，导引速度有限。电磁导引方式适用于路径不太复杂，作业点固定不变的场合，如汽车总装中的发动机、后桥、仪表板运送，印刷厂的纸卷运送等。

（2）磁带导引。

磁带导引与电磁导引相近，通过在路面上贴磁带替代在地面下埋设金属导线，通过磁感应信号实现导引。其主要优点是灵活性比电磁导引好，改变或扩充路径较容易，磁带铺设简单易行。其主要缺点是导引方式易受环路周围金属物质的干扰，因磁带外露，容易受到磨损、机械损伤和污染，导引的稳定性受环境影响较大。磁带导引方式适用于路径简单，线路不是很长，环境比较洁净的场合，如电子工业生产线、制药企业和食品企业的物料运送等。图 11-2 所示为磁带导引 AGV。

（3）光学导引。

光学导引是在 AGV 的行驶路径上涂漆或粘贴色带，通过对光学传感器采入的色带图像信号进行简单识别和处理而实现导引。其主要优点是灵活性比较好，地面路线设置十分简单。其主要缺点是对色带的污染和磨损十分敏感，对环境要求较高，导引可靠性受地面条件限制。光学导引方式的适用性类似磁带导引方式。

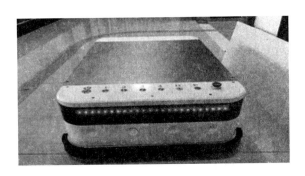

图 11-2 磁带导引 AGV

（4）惯性导引。

惯性导引是在 AGV 上安装陀螺仪，在行驶地面上安装定位块，AGV 可通过对陀螺仪偏差信号的计算及地面定位块信号的采集来确定自身的位置和方向，从而实现导引。其主要优点是技术先进、定位准确性较高、灵活性强、便于组合和兼容，适用领域广。其主要缺点是陀螺仪对振动较敏感，地面条件对 AGV 的可靠性影响很大，后期维护成本较高，且需要校正定位。惯性导引方式适用于地面条件较好的各种场合，对搬运宽大、笨重的物体，如车身、底盘、板材、集装箱等更具优势。

（5）激光导引。

激光导引是在 AGV 行驶路径的周围安装位置精确的激光反射板，AGV 通过发射激光束，并采集由不同角度的反射板反射回来的信号，根据三角几何运算来确定其当前的位置和方向，实现导引。其主要优点是技术先进，AGV 定位精确；地面无须其他定位设施；能够适应复杂的路径条件及工作环境，能快速变更行驶路径和修改运行参数。其主要缺点是车型构造需保证激光扫描器的视场要求，AGV 抗光干扰的纠错能力有一定的局限性，且成本较高。激光导引方式适用于路径复杂、作业点变更频繁、有系统扩充调整要求的场合，如卷烟生产车间、发动机试车线、印钞造币车间等的物料自动运送。

（6）点导引。

AGV 路径由无数个线段组成，AGV 按内置线路行走，通过编码器和各个点的序号进行跟踪，在段与段之间的点上进行校正，从而实现有效导引。点导引简单易用、成本低，适用于路径简单、弯道少、直段多、定位要求不太高的场合，如平库中的托盘排列存储、分段定点装配线等。

（7）图像识别导引。

图像识别导引是建立在 AGV 用摄像头摄取照片的基础上，通过计算机图形识别软件进行图形分析和识别，找出 AGV 车体与已设置路径的相对位置，从而引导 AGV 行走的一种引导方法。目前 AGV 图像识别技术较为通用的方法有两种，一种是动态获取，该方法不要求设置任何物理路径，理论上是最佳的柔性导向；另一种是标线识别，它是在 AGV 运行所经过的地面上画一条明显的导向标线，利用电荷耦合器件（charge coupled device，CCD）系统动态提取标线图像并识别出 AGV 相对于标线的方向和距离偏差，以控制车辆沿着设定的标线运行。

11.1.3 AGV 的工作原理

自动导引车系统（automated guided vehicle system，AGVS）是一种无人控制的自动化系统，主要由自动导引车（AGV）、地面管理系统、导引系统、地址编码系统、通信系统、停车站、充电站和周边设备等基本单元组成。其中，AGV 是自动导引车系统的主要部分之一。

AGV 的控制系统是 AGV 的直接控制中枢，它将电机系统、传感器信号处理、驱动器控制、AGV 的定位算法、电子地图及无线通信等功能整合在一起。其主要功能是通过无线通信系统接收主控机或 AGV 车载控制机或 AGV 操作面板上操作按钮下达的任务，完成 AGV 运动方向和运动速度的控制、AGV 运动过程中障碍物的探测和安全报警及状态指示，同时通过无线通信系统向主控机报告 AGV 自身的状态（如 AGV 的目前位置、当前工作状态、当前速度及方向等）。

11.1.4 AGV 的应用

在自动化立体仓库中，AGV 的主要工作是协助完成货物出入库后运送的流程。根据现场工作人员的指示，由 AGV 将所要运送的货物按照事先规划好的路径运至立体仓库的送货口。这样可以解决由于路径狭窄、危险等不便由人来完成的送货难题。AGV 虽是在规划好的轨道上行走，但难免会遇到未知的障碍物，这时就要根据 AGV 自身的避障功能躲避障碍，以达到成功输送货物的目的。图 11-3 所示为 AGV 进行搬运工作的场景。

图 11-3　AGV 进行搬运工作的场景图

11.2　AGV 建模仿真实训

AGV 仿真模型

1. AGV 建模步骤

（1）实体选用。在使用 FlexSim 建模仿真的过程中，需要一种实体来模拟 AGV 的运动，我们通常选用任务执行器来作为 AGV 运行的实体。实体库中的任务执行器如图 11-4 所示。

图 11-4 实体库中的任务执行器

（2）创建路径网络。在 FlexSim 实体库 AGV 模块中，可以创建直线路径或弯曲路径。创建路径的方法为：单击实体库中的"路径"图标创建实体；移动鼠标至建模区域单击，移动鼠标绘制路径，再次单击绘制结束，即路径终点确定。

当对两条路径进行连接时，可使用连接工具，用鼠标依次单击想要连接的两条路径，即可得到有连接作用的一条平滑曲线路径。AGV 路径的创建图示如图 11-5 所示。

（3）设置路径属性。当单击路径时，可以在右侧的"快捷属性窗口"窗格中对路径属性进行调节，包括设置路径是否为双向路径、路径类型、路径坐标参数。AGV 路径属性参数设置如图 11-6 所示。

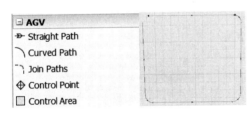

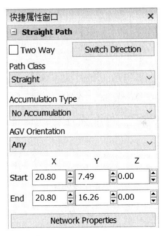

图 11-5　AGV 路径的创建图示　　　图 11-6　AGV 路径属性参数设置

2. 控制点基础

（1）控制点的创建。

控制点是 AGV 仿真运行中非常重要的一环，几乎后期所有的运作逻辑都要通过控制点来实现。

控制点的创建可通过单击控制点实体拖动至 AGV 路径中的指定位置。需要注意的是，控制点必须与路径网络重合才能正常运作。如图 11-7 所示，正确放置控制点时，控制点中间会出现一条竖线。

（2）控制点与固定实体的连接。

为了使 AGV 在路径网络中运行时，可以找到固定实体，每个固定实体需要有一个控制点与其对应连接，控制点与固定实体之间进行 A 连接，连接成功后出现一条蓝色连线，如图 11-8 所示。

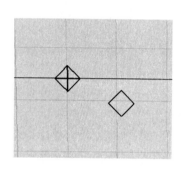

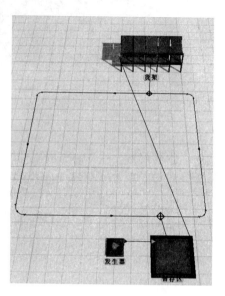

图 11-7　控制点的放置（左正确，右错误）　　　图 11-8　控制点与固定实体的连接

（3）控制点与 AGV 的连接。

AGV 与控制点进行 A 连接，从而使两者之间建立联系，AGV 才能进入路径网络。当释放鼠标左键时，会出现 AGV 与控制点连接类型的选项，如图 11-9 所示，选择第一个 Traveler AGV 选项，AGV 才能在路径网络中正常运作；如果选择 Destination 选项，AGV 将被视为固定实体而无法移动。连接成功后出现一条红色连线，如图 11-10 所示。

图 11-9

图 11-10

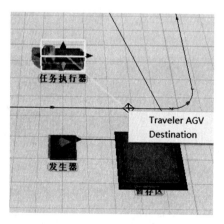

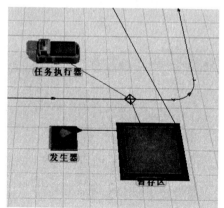

图 11-9　控制点与任务执行器连接时　　　图 11-10　控制点与 AGV 的连接
　　　　两种可选连接类型

单击 AGV 实体，在右侧出现的任务执行器属性窗格中可以调节 AGV 的容量、速度、装卸时间，如图 11-11 所示。

（4）运行 AGV。

AGV 运行图如图 11-12 所示，运行时要注意路径的方向是否一致。

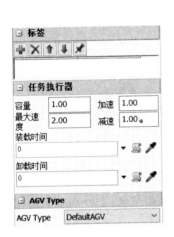

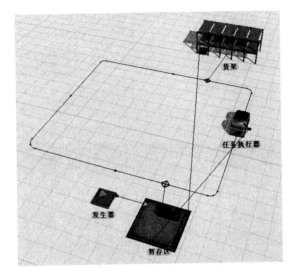

图 11-11 AGV 的任务执行器属性窗格　　图 11-12 AGV 运行图

（5）控制点分配机制。

建立一个应用两个 AGV 搬运货物（图 11-13）的模型。在该模型运行中，系统会弹出报错对话框，如图 11-14 所示，这种报错称为 AGV 模块当中的死锁现象，死锁现象是程序处于等待状态，进程出现阻塞现象。

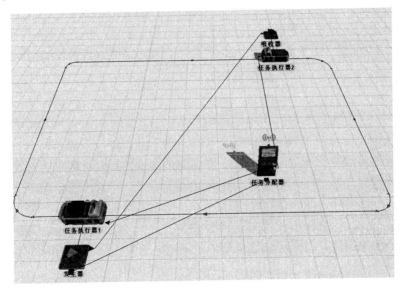

图 11-13 应用两个 AGV 搬运货物的模型

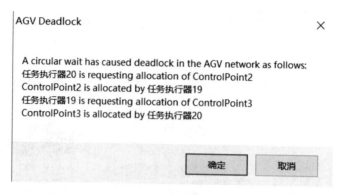

图 11-14 死锁报错

下面将从控制点参数设置的层面分析如何解决模型中存在的死锁现象。

① 控制点属性菜单。单击控制点,在右侧控制点属性界面中(图 11-15)可以设置两个内容:最大分配数量,即一个控制点可以被多少台 AGV 进行占用;取消分配类型,即取消占用状态,是在 AGV 到达下一个控制点时取消占用和 AGV 离开控制点立刻取消占用。

在本模型中,AGV1 到发生器装载货物之后,准备前往吸收器进行送货,这时两台 AGV 分别占用了它们下一步请求占用的控制点,因此发生了死锁现象。

② 解决死锁现象。避免死锁的方式有如下两种:增加控制点的最大分配数量和增加控制点数量。在本案例中,将两个控制点的最大分配数量设置为 2,如图 11-16 所示,即可避免死锁现象。

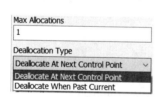

图 11-15 控制点属性界面

图 11-16 设置最大分配数量

3. 问题描述与模型参数

(1)两条生产线生产两种不同类型的产品,两条生产线的生产速度如下:产品 1、产品 2 生产速度服从指数分布,参数为(0,15,0)。产品颜色自定,要求两种产品的颜色不同。

(2)两种产品被送到两个合成器上,分别设置合成器进行产品的装盘,每种产品每个托盘上都是 4 个。托盘的到达时间间隔服从指数分布,参数为(0,10,0)。

(3)装盘完成后,使用 AGV 将产品(两种产品共用一条输送通道)运往巷道式立体货架,要求产品 1 送往第 1、2 个巷道式立体货架,产品 2 送往第 3、4 个巷道式立体货架。货架传送带末端由堆垛机放到两排货架上;要求货物从货架的第一行、第一列开始放置,最小停留时间服从泊松分布(均值为 1000)。

(4)从货架取出的货物由传送带送到客户的货车上,要求产品 1 送到第 1 辆货车上,产品 2 送到第 2 辆货车上。

仿真运行2000s，观察模型。总布局模型如图11-17所示。

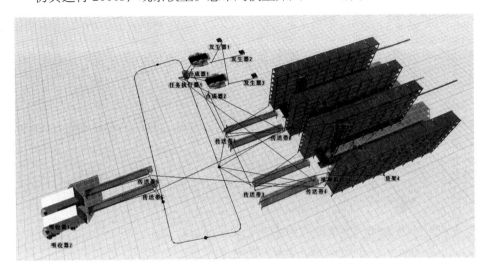

图11-17 总布局模型

图11-17

4. 参数设置

（1）发生器参数设置。

本模型中涉及3个发生器的使用，从实体库中拖出3个发生器，其中发生器1提供托盘；发生器2、发生器3分别模拟产生一种产品。需要注意的是，生产托盘的发生器需要连接合成器的输入端口1，如图11-18所示。

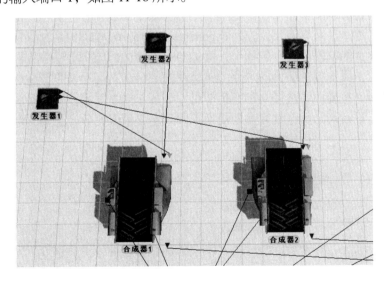

图11-18 发生器连接示意图

以合成器1为例，合成器输入端口排序如图11-19所示。

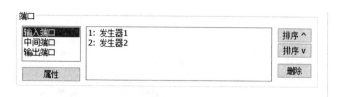

图 11-19　合成器输入端口排序示例

① 发生器 1 参数设置。根据问题描述，托盘的到达时间间隔服从指数分布，参数为（0.0,10.0,0），发生器 1 产生托盘参数设置，如图 11-20 所示。

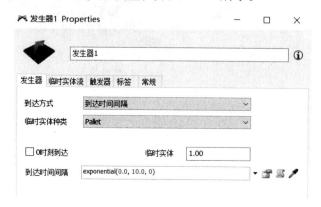

图 11-20　发生器 1 产生托盘参数设置

② 发生器 2、发生器 3 参数设置。

根据问题描述，以发生器 2 为例设置发生器参数，双击"发生器 2"图标，进入参数设置界面，将"到达时间间隔"设置为 exponential(0, 15, 0)，如图 11-21 所示。设置产品颜色，单击发生器 2 的"触发器"选项卡，添加 On Creation（创建触发），单击 On Creation 右侧的绿色加号（添加/编辑此触发器的逻辑）按钮，在"显示外观"子菜单中选择"设置实体颜色"命令，在界面中选择一种颜色即可，如图 11-22 所示，发生器 3 的参数设置与发生器 2 相同。设置产品颜色时，需要更换不同颜色，用以区分产生的不同货物。

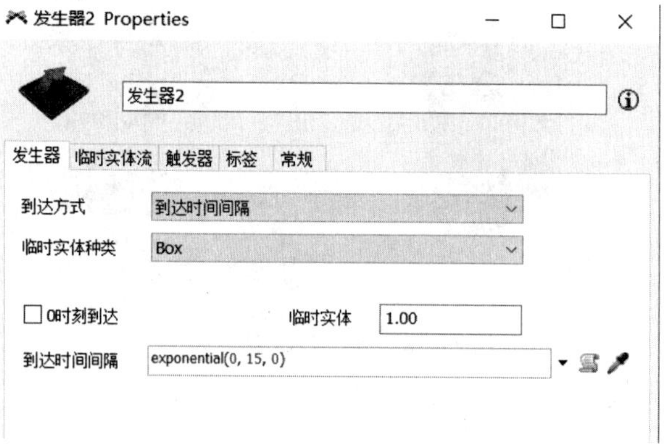

图 11-21　发生器 2 产生产品参数设置

图 11-22 发生器 2 产品颜色参数设置

（2）合成器参数设置。

合成器需要进行产品的装盘，以合成器 1 为例，每类产品每个托盘上都是 4 个，如图 11-23 所示。实体合成器与 AGV 控制点之间进行 S 连接，选中"使用运输工具"复选框，在右侧的下拉选项中单击"使用运输工具名称"按钮，单击"任务执行器"图标，选择"任务执行器 1"作为运输工具，如图 11-24 所示。装盘结束后 AGV 就可以进行搬货操作。

（3）控制点参数设置。

控制点与固定实体之间的连接如图 11-25 至图 11-27 所示。

图 11-23 合成器产品装盘参数设置

图 11-24 合成器使用运输工具设置

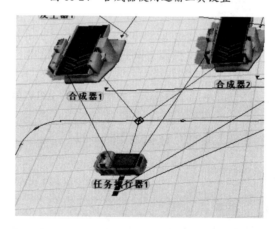

图 11-25 控制点与合成器之间的连接

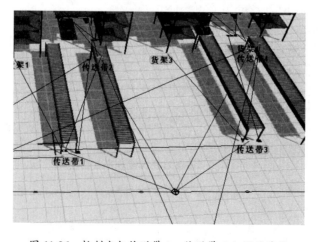

图 11-26 控制点与传送带 1～传送带 4 之间的连接

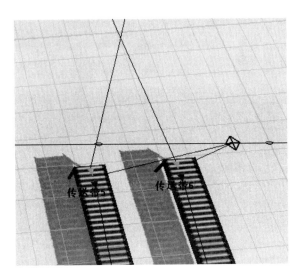

图 11-27 控制点与传送带 5 和传送带 6 之间的连接

控制点连接端口时，要注意连接的顺序，控制点属性及端口连接顺序如图 11-28 所示。

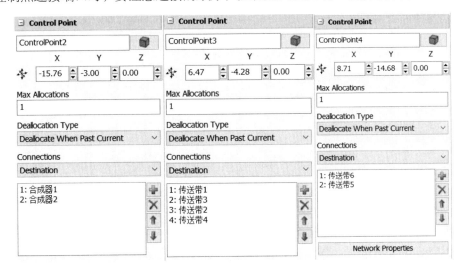

图 11-28 控制点属性及端口连接顺序

（4）AGV 连接设置。

AGV（任务执行器）需要连接合成器、传送带、控制点（与控制点连接时，线段为红色），连接如图 11-29 所示。

（5）传送带参数设置。

传送带 1 与货架 1 和货架 2 进行 A 连接，与堆垛机 1 进行 S 连接；传送带 3 与货架 3 和货架 4 进行 A 连接，与堆垛机 2 进行 S 连接。为使仿真过程中 AGV 可以顺利运行且保证两排货架都有货物存放，在传送带"临时实体流"选项卡中需要选中"使用运输工具"复选框，在右侧的下拉选项中单击"使用运输工具名称"按钮，单击"堆垛机"图标，选择"堆垛机 1"作为运输工具，同时将传送带 1 的输出端口设为随机端口，如图 11-30 所示。同理，传送带 3 选择"堆垛机 2"作为运输工具。

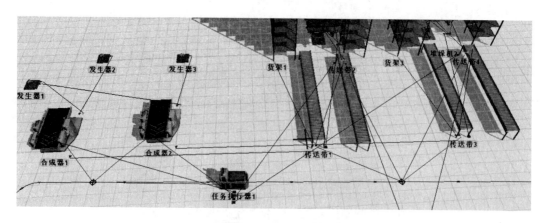

图 11-29　AGV 连接示意图

图 11-30　传送带 1 使用运输工具设置

（6）货架参数设置。

货物从货架的第一行、第一列开始放置,最小停留时间服从泊松分布（均值为 1000）。货架参数设置如图 11-31 所示。

货物在货架上的停留时间服从泊松分布（均值为 1000）,停留后出库时,分别由堆垛机 1 和堆垛机 2 把货物搬运到传送带 2 和传送带 4 上,并分别由传送带 5 和传送带 6 送入对应货车中,因此将货架 1 和货架 2、货架 3 和货架 4 分别与传送带 2、传送带 4 进行 A 连接,传送带 2 和传送带 4 分别与传送带 5 和传送带 6 进行 A 连接,再将传送带 5 和传送带 6 分别与吸收器 1 和吸收器 2 进行 A 连接。

第 11 章
AGV 仿真案例实训

图 11-31　货架参数设置

此外，货架 1 和货架 2、货架 3 和货架 4 分别与对应的堆垛机 1、堆垛机 2 进行 S 连接。以货架 1 为例设置货架的参数，具体操作为：在货架 1 的"临时实体流"选项卡中选中"使用运输工具"复选框，在右侧的下拉选项中单击"使用运输工具名称"按钮，单击"堆垛机"图标，选择"堆垛机 1"作为运输工具，如图 11-32 所示，货架 2 设置同货架 1，货架 3 和货架 4 选择"堆垛机 2"作为运输工具。

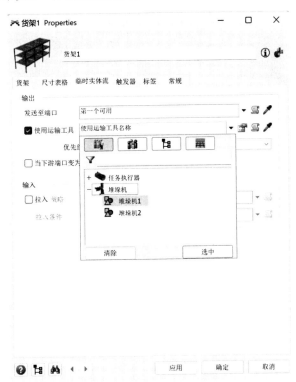

图 11-32　货架 1 使用运输工具设置

（7）吸收器参数设置。

吸收器外观设置如图 11-33 所示。

图 11-33　吸收器外观设置

5. 仿真结果分析

（1）总的运行模型图。

仿真模型运行 2000s，总的运行模型图如图 11-34 所示。

AGV 仿真
模型文件

图 11-34

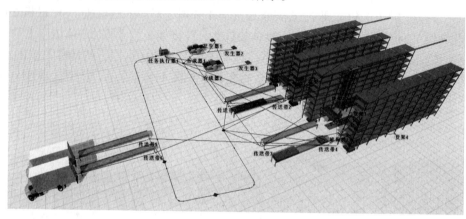

图 11-34　总的运行模型图

（2）AGV 运行结果分析。

运行结束时，AGV 的运行结果分析图如图 11-35 所示。

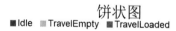

图 11-35　AGV 运行结果分析图

由图 11-35 可以看出，在本模型中 AGV 几乎没有空闲时间，过于繁忙，这样不仅降低了系统运行的效率，造成拥堵，还容易对机器本身造成损害。

11.3 AGV 仿真优化

针对以上模型中出现的问题，本节将针对 AGV 过于繁忙的问题进行优化，在模型中增加一个 AGV，同样运行 2000s，优化后的运行模型图如图 11-36 所示。

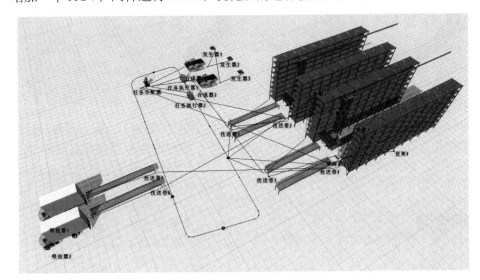

图 11-36 优化后的运行模型图

在模型中增加一个任务分配器连接两台 AGV，任务分配器与 AGV 之间的连接示意图如图 11-37 所示。

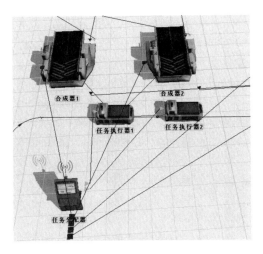

图 11-37 任务分配器与 AGV 之间的连接示意图

优化后的 AGV 运行结果分析图如图 11-38 所示。

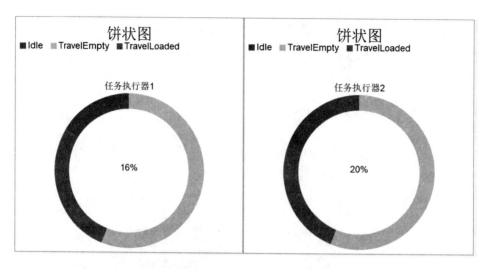

图 11-38 优化后的 AGV 运行结果分析图

由图 11-38 可以看出，增加一个 AGV 后，AGV 的空闲时间增加了，提升了系统运行的效率，且在合理范围之内，该优化方案在仿真模型运行中对解决死锁现象起到一定的作用。

11.4 实训练习

在 11.3 节案例的基础上增加一种货物，同时货架数量增加至 11，吸收器数量增加为 3。使用两台 AGV 建立模型，运行并尝试优化，通过增加控制点避免死锁现象。

第 12 章
现代自动化立体仓库建模仿真案例实训

【教学目标】
- 了解自动化立体仓库的构成、运作流程及各个区域。
- 掌握对自动化立体仓库进行布局的方法。
- 了解自动化立体仓库的运作流程,确定各个实体的连接方式。

党的二十大报告指出,要"构建现代化基础设施体系"。自动化立体仓库是物流供应链上的重要节点,它集存储、包装、装卸搬运、运输以及物流信息处理功能于一体,同时还具备市场需求预测、结算以及培训咨询等附加功能。自动化立体仓库总体规划设计的合理性以及设施设备选型、物流流程的合理优化对自动化立体仓库的运作效率有着极其重要的影响。不合理的规划布局极大地限制了自动化立体仓库的运作效率,增加了企业物流的运作成本。在此背景下,对自动化立体仓库的优化以及仿真案例研究越来越受到社会和企业的重视,得到企业管理者的青睐。本章以前面物流系统几个环节的实训为基础,对现代自动化立体仓库进行综合仿真实训,以期提高学生物流系统综合建模及仿真能力,以及学生的实践能力和创新能力。

12.1 实训知识准备

12.1.1 自动化立体仓库概述

1. 自动化立体仓库的概念

自动化立体仓库(automatic storage and retrieval system,AS/RS)又称自动化高架仓库

或自动存储系统,是一种基于高层货架,采用计算机进行控制管理、自动化存取输送设备以及自动进行存取作业的仓储系统。自动化立体仓库由高层货架、托盘或货箱、巷道堆垛机、输送机、AGV、自动控制及仓库管理系统等组成。目前,全国自动化立体仓库主要集中在烟草、医药保健品、食品、家具制造、机械制造等传统优势行业。自动化立体仓库具有存储量大、存储效率高、自动化和信息化水平高等优点,越来越受到人们的广泛认同。自动化立体仓库作为物流系统的一个核心和枢纽,是物流系统实现物流合理化的关键所在。通常,一种产品要从原材料制成成品,再把成品作为商品送到消费者手中,需经过两个基本物流环节。前者是物流生产过程,如加工流水线、自动生产线;后者是把商品送到消费者手中的物流流通过程。自动化立体仓库系统主要有两大应用领域:一是各种自动化生产线中的在线立体仓库系统;二是各种物资配送中心。货物从一个地方转移到另一个地方,单件运输是不经济的,组织成批的和大量的运输有助于减少成本,而货物的等待过程需要仓库来储存。自动化立体仓库在物流中就充当这样一个货物储存的角色。

2. 自动化立体仓库的发展过程

按仓库自动化的程度,仓库分为五个发展阶段:人工仓储阶段、机械化仓储阶段、自动化仓储阶段、集成自动化仓储阶段和智能自动化仓储阶段。

(1)人工仓储阶段。

在这一阶段,仓储过程各环节的作业(包括物品的输送、存储、管理和控制等)主要靠人工来完成。这一阶段的优点是可以面对面地接触仓储全过程,初期的设施设备投资少。

(2)机械化仓储阶段。

这一阶段的作业特点是作业人员通过操作机械设备来实现物品的装卸搬运和储存等作业活动。例如,通过传送带、工业搬运车辆、堆垛机等来移动和搬运物料,采用各种货架、托盘等来存储物料。机械化程度的提升大大提高了劳动生产率和装卸搬运的工作质量,改善了作业人员的劳动条件。由于采用了货架来储存货物,避免了货品之间的相互挤压,改善了货品的储存保管条件,另外,使储存空间向立体方向发展,大大提高了存储空间的利用率。但这一阶段需要投入大量的资金购买仓储机械设备,还必须投入一定的费用管理和维护这些机械设备,以保证设备的合理使用。

(3)自动化仓储阶段。

在这一阶段,仓储系统采用了自动输送机械、自动导引车、货品自动识别系统、自动分拣系统、巷道式堆垛机等。

随着计算机技术的发展,信息自动化技术逐渐成为自动仓储系统的核心技术,在计算机之间、数据采集点之间、机械设备的控制器之间以及它们与主计算机之间可以及时地进行信息汇总,仓库计算机可以及时地记录订货和到货时间,随时显示库存量,计划人员可以方便地做出供货计划,管理人员可随时掌握货源及需求情况。在这一阶段,信息技术的应用已成为仓储技术的重要内容。

(4)集成自动化仓储阶段。

将仓储过程各环节的作业系统集成为一个有机结合的综合系统,称为仓储管理系统,在仓储管理系统的统一控制指挥下,各子系统密切配合、有机协作,使整个仓储系统的总体效益大大超过了各子系统独立工作的效益总和。在这一阶段,货品的仓储过程几乎不需要人工的参与,完全实现仓储的自动化。

(5)智能自动化仓储阶段。

人工智能技术的发展推动了自动化仓储技术向智能化方向发展。在这一阶段,系统根据实际运行情况,自动地向人们提供大量的有价值的参考信息,如对市场前景做出科学的预测;根据货品的需求情况对仓储资源的有效利用提出合理化的建议;对系统运行的效果提供科学的评价;根据多个客户的地理位置,提供最优化的运输路线等。总之,目前智能化仓储技术阶段还处于初级发展阶段,在这一技术领域还有大量的工作需要人们去做,具有广阔的发展空间。

12.1.2 自动化立体仓库类型

自动化立体仓库是一个复杂的综合自动化系统,作为一种特定的仓库形式,一般有以下几种分类方式。

1. 按照建筑形式分类

(1)整体式自动化立体仓库。

整体式自动化立体仓库是指货架除了储存货物,还作为建筑物(库房)的支撑结构,构成建筑物的一部分,即库房货架一体化结构,一般高度在 12m 以上。这种仓库建筑费用低、仓库结构重量轻、整体性好、抗震好,如图 12-1 所示。

(2)分离式自动化立体仓库。

分离式自动化立体仓库是指存储货物的货架在建筑物(库房)内部独立存在,高度一般在 12m 以下,但也有 15~20m 的。此类型仓库适用于车间仓库、旧仓库改造和中小型自动化仓库,如图 12-2 所示。

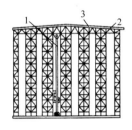
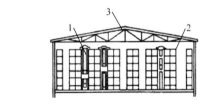

图 12-1 整体式自动化立体仓库　　图 12-2 分离式自动化立体仓库

2. 按货架的构造形式分类

(1)单元货格式自动化仓库,类似单元货架式仓库(货物先放在托盘或者集装箱内,再装入单元货架的货位上),巷道面积占存储区面积 1/3 左右,如图 12-3 所示。

(2)贯通式自动化立体仓库。贯通式自动化立体仓库分为重力货架式自动化立体仓库和穿梭小车式自动化立体仓库两种类型。重力货架式自动化立体仓库结构组成如图 12-4 所示,穿梭小车式自动化立体仓库的货架结构如图 12-5 所示。

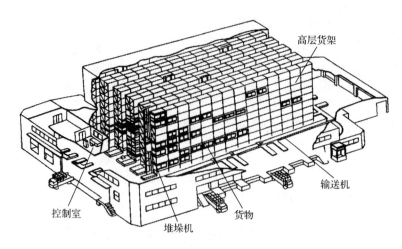

图 12-3 单元货格式自动化仓库

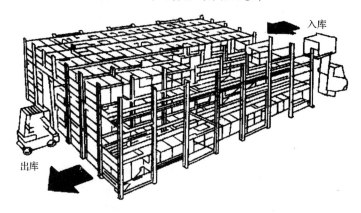

图 12-4 重力货架式自动化立体仓库结构组成

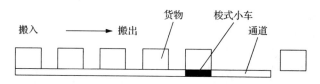

图 12-5 穿梭小车式自动化立体仓库的货架结构

（3）移动货架式自动化立体仓库。移动货架又称动力货架或流动货架，移动货架式自动化立体仓库中移动货架的作业方式如图 12-6 所示。

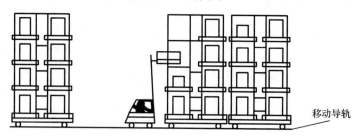

图 12-6 移动货架式自动化立体仓库中移动货架的作业方式

（4）旋转式自动化立体仓库包括水平旋转式货架仓库和垂直旋转式货架仓库，如图 12-7 所示。

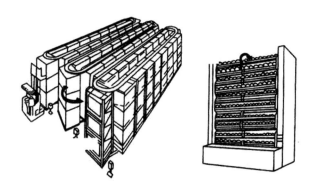

（a）水平旋转式货架仓库　　（b）垂直旋转式货架仓库

图 12-7　旋转式自动化立体仓库

12.1.3　自动化立体仓库的作业流程

自动化立体仓库主要由理货区、入库区、货物存储区、出库区等部分组成。理货区的职能是进行入库货物的验收、分拣、包装、贴标、核查等工作，掌握入库货物的品种、规格、数量、包装状态、到库的时间等。入库区的职能是将托盘货物从理货区运送到入库站台，等待入库。货物存储区的职能是储存货物。出库区的职能是根据出库指令将相应的货物从货物存储区搬运出去。自动化立体仓库的总体结构如图 12-8 所示。

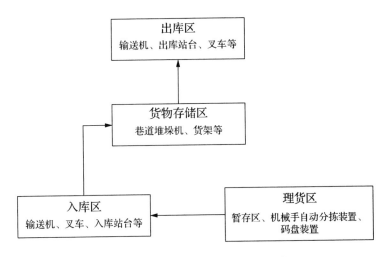

图 12-8　自动化立体仓库的总体结构

货物到达自动化立体仓库后的主要作业流程如图 12-9 所示。

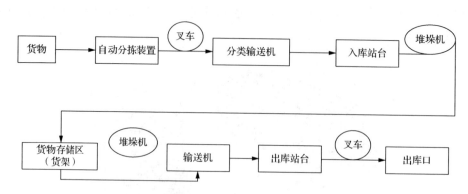

图 12-9　货物到达自动化立体仓库后的主要作业流程

12.1.4　自动化立体仓库的重要性

自动化立体仓库是生产物流的重要组成部分。生产物流是从原材料采购开始，经过基本制造过程的转换活动，最后形成具有一定使用价值的产成品，并将其运至成品库或用户。物料经历着采购运进、入库验收、存放、加工制造、进入成品库以及成品外运等一系列物料实体运送的动态流转过程，其中均包含了存储环节。自动化立体仓库的作用如下。

（1）提高储存效率。自动化立体仓库采用立体化储存方式，可以最大限度地利用储存空间，提高仓库的储存效率。

（2）提高物流运作效率。自动化立体仓库的智能化系统可以对货物进行实时监控和管理，可以实现货物先进先出，从而使货物的运输和分拣等工作更加精细化和高效化。仓库作业实现了机械化和自动化，减轻了工人的劳动强度，缩短了作业时间，提高了储存效率和仓储周转能力。

（3）提高安全性。自动化立体仓库通过智能化系统和设备的使用，可以有效地防止货物的损坏和丢失等问题，减少人为操作错误，提高货物的安全性。同时，在自动化立体仓库中，操作人员的工作也相对安全，可以避免一些人力操作带来的危险和安全隐患。

（4）节省成本。自动化立体仓库通过采用高层货架和立体储存方式，能够有效地利用仓库的垂直空间，减少占地面积，降低土地购置费用；通过自动化设备的使用，可以减少人力成本，降低企业的运营成本。

（5）提高管理水平和企业竞争力。通过自动化管理，可以加快处理各种业务活动的速度，缩短交货时间，提高仓库的管理水平、企业的物流运作效率和储存效率、企业的竞争力和企业的服务质量，从而增强企业在市场上的口碑和信誉度。

（6）环保节能。自动化立体仓库的自动化程度高，能够减少能源消耗和废气排放，达到环保节能的效果。自动化立体仓库可以适应黑暗、有毒、低温等特殊环境，适用于储存对环境有特殊要求的物品。

12.2 自动化立体仓库仿真实训

12.2.1 问题描述

某配送中心采用单元货格式自动化立体仓库,主要由入库分拣区、入库处理区、货物存储区、出库处理区、出库分拣区五大部分组成。配送中心年工作日为 250 天,日工作 8h。配送中心的入库作业流程如图 12-10 所示,出库作业流程如图 12-11 所示。

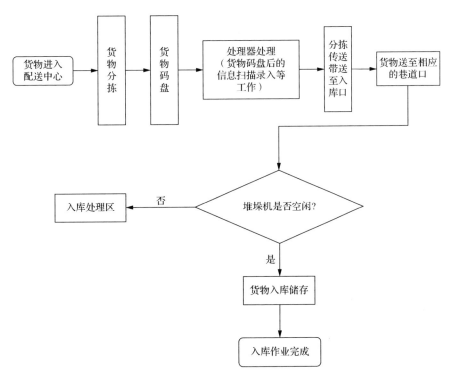

图 12-10 配送中心的入库作业流程

通过仿真该自动化立体仓库,主要满足以下需求。

(1)要求该自动化立体仓库额定入库量 1000 盘/天,出库量每天 950 盘,每天工作 8h,试根据所学内容设置各实体参数,设计一个合理的优化方案,符合自动化立体仓库的出入库要求,且设备利用率合理。

(2)在问题(1)优化好的方案中,设计托盘循环利用系统,并探讨多少个托盘符合自动化立体仓库的出入库要求。

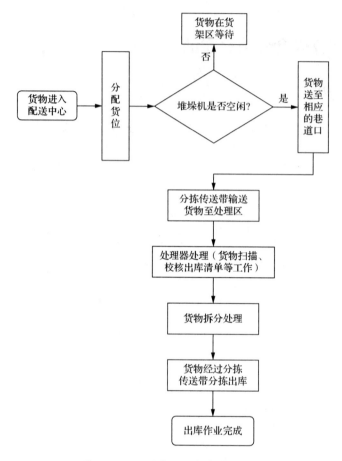

图 12-11 配送中心的出库作业流程

12.2.2 模型参数

根据所需建立的模型，各分区以及分区内实体行为特性的要求，设计不同实体的参数。首先从入库分拣区开始，对各个区位的实体进行模型参数设置。

（1）入库分拣区。自动化立体仓库货物到达的初始速度服从指数分布，位置参数为0，尺度参数为50，随机数流为1，8种产品的数量服从均匀分布；每位操作员负责8条入库分拣传送带中的2条。

（2）入库处理区。入库处理区主要用来对码盘后的货物进行记录，校核清单。托盘发生器的发生速度为2s；每4个产品在合成器上进行码盘处理，然后由4台叉车负责搬运到处理器上；处理器预制时间为5s，处理时间为9s，都由操作员进行作业。合成后的产品本书称为货物。

（3）货物存储区。货物经过传送带后分类，从入库传送带进入入库处理区，然后分类装入货架，其中类型1、类型2的货物存储于第一组货架，类型3、类型4的货物存储于第二组货架，类型5、类型6的货物存储于第三组货架，类型7、类型8的货物存储于第四组货架。出入库缓冲区传送带长度为6m，最大容量为6。每排货架的最大容量为10000，货物从第一行第一列开始放置，货架货物最小停留时间服从泊松分布，均值为5000。

第 12 章
现代自动化立体仓库建模仿真案例实训

263

（4）出库处理区。出库处理区有两条出库传送带，两位操作员各自操作一个处理器进行出库扫码登记，登记时间为 10s；然后货物经过分解器与托盘分离，托盘由吸收器吸收，货物由传送带传送出库。

（5）出库分拣区。将货物分类分拣后，不同类型货物由不同传送带输送至每辆货车，4 辆货车分别配载 8 种货物。总体布局图如图 12-12 所示。

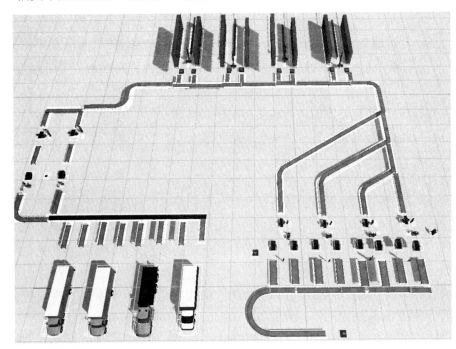

现代自动化立体
仓库建模与仿真

图 12-12

图 12-12　总体布局图

12.2.3　建模步骤及参数设定

1. 图纸绘制及导入

（1）图纸绘制

选择 Visio 软件绘制图纸，对模型进行大致的布局，在建模时可以更便捷、准确地安放各实体，对于 Visio 软件中没有的实体图形，可以选择形状相近的图形代替即可，或者选用相近的图形另加标注。绘制步骤如下。

① 在 Visio 软件中，单击"类别"列表中"地图和平面布置图"中的"工厂布局"图标，在"工厂布局"模板窗口中单击"创建"图标。

② 绘制发生器：在左侧实体库中单击"绘图工具形状"中的"矩形"图标，将矩形调整到适合的大小，然后双击矩形框，输入文字"发生器"，设置字体（同样方法绘制托盘发生器）。

③ 绘制传送带：单击"车间平面图-存储和分配"中的"轨道传送带"图标，再将轨道传送带调整到适合的大小，按照布局图中的传送带走向复制相应数量的传送带并排列。弯曲的传送带可以由两条弧线代替，在左侧实体库中单击"绘图工具形状"的"弧线"图标，一条连接上下传送带的外点，另一条连接上下方传送带的内点。

④ 绘制操作员：在左侧实体库中单击"绘图工具形状"中的"矩形"图标，将矩形调整到适合的大小，然后双击矩形框，输入文字"操作员"，设置合适的字体（同样方法绘制其他操作员）。

⑤ 绘制合成器：在左侧实体库中单击"绘图工具形状"中的"矩形"图标，将矩形调整到适合的大小，然后双击矩形框，输入文字"合成器"，设置合适的字体（同样方法绘制其他合成器）。

⑥ 绘制处理器：在左侧实体库中单击"绘图工具形状"中的"矩形"图标，将矩形调整到适合的大小，然后双击矩形框，输入文字"处理器"，设置合适的字体（同样方法绘制其他处理器）。

⑦ 绘制叉车：在左侧实体库中单击"车间平面图-存储和分配"中的"电动铲车"图标，将电动铲车调整到适合的大小，然后双击矩形框，输入文字"叉车"，设置合适的字体（同样方法绘制其他叉车）。

⑧ 绘制任务分配器：在左侧实体库中单击"绘图工具形状"中的"矩形"图标，将矩形调整到适合的大小，然后双击矩形框，输入文字"任务分配器"，设置合适的字体。

⑨ 绘制暂存区：在左侧实体库中单击"绘图工具形状"中的"矩形"图标，将矩形调整到适合的大小，然后双击矩形框，输入文字"暂存区"，设置合适的字体（同样方法绘制其他暂存区）。

⑩ 绘制堆垛机：单击"车间平面图-存储和分配"中的"提货机"图标，将提货机调整到适合的大小，再按照布局图中的传送带走向复制相应数量的提货机并排列。

⑪ 绘制货架：在左侧实体库中单击"绘图工具形状"中的"矩形"图标，将矩形调整到适合的大小，然后双击矩形框，输入文字"货架"，设置合适的字体（同样方法绘制其他货架）。

⑫ 绘制分解器：在左侧实体库中单击"绘图工具形状"中的"矩形"图标，将矩形调整到适合的大小，然后双击矩形框，输入文字"分解器"，设置合适的字体（同样方法绘制其他分解器）。

⑬ 绘制吸收器：吸收器在模型中为卡车，绘制相应的形状。在左侧实体库中单击"机动车-Visio2013"图标，找到卡车并调整大小，复制图中数量的卡车并排列整齐。托盘吸收器外形没有变化，设计为矩形即可。

⑭ 图纸可以保存为两种形式：一种是保存为 Visio 文件，另一种是保存为 AutoCAD 文件，扩展名为.dwg，这种类型的文件可以导入 FlexSim。

绘制完成的图纸如图 12-13 所示，可根据实际情况自行调整。

（2）图纸的导入。

在 FlexSim 中新建模型，单击页面左侧实体库旁的"工具箱"图标，单击绿色加号按钮（添加一个工具到模型中），在弹出的下拉菜单的"可视化"子菜单中选择"模型背景"命令，如图 12-14 所示。

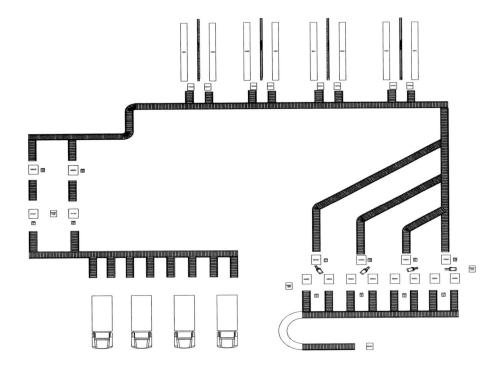

图 12-13 绘制完成的图纸

图 12-14 选择"模型背景"命令

在"工具箱"界面中选择 AutoCAD 图形（扩展名为.dxf 或.dwg），单击"下一步"按钮，在绘制背景中选择保存好的模型布局图纸文件，再次单击"下一步"按钮，在图 12-15 所示的界面中设置图纸位置及比例，数值为 X:-31、Y:-22、Z:0、SX:0.01、SY:0.01、SZ:0.01，数值可根据需要调整。

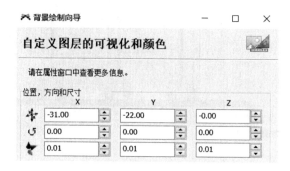

图 12-15 图纸位置及比例设置

单击"下一步"按钮,在打开的界面中设置方向和颜色,一般设置为黑色,再次单击"下一步"按钮,在打开的界面中单击 Finish 按钮。导入完成后的图纸如图 12-16 所示。

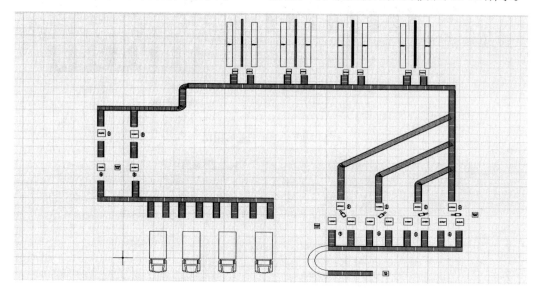

图 12-16 导入完成后的图纸

2. 建模步骤

(1)按照布局图纸的设计,将实体放置到图纸上对应的地方。

(2)将入库发生器和主传送带进行 A 连接,主传送带再分别与 8 条分拣传送带进行 A 连接,并将 8 种货物分别运到 8 个合成器。每两条分拣传送带配置一位操作员搬运货物,操作员与分拣传送带进行 S 连接,合成器与分拣传送带进行 A 连接。放置合成器是为了将 4 个货物放置在一个托盘上,从图纸来看,合成器左方的发生器可以提供托盘。这里要注意的是,要先将 8 个合成器与提供托盘的发生器进行 A 连接,再分别与 8 条分拣传送带进行 A 连接,因为需要先生成托盘才能继续在托盘上放置货物。

(3)将合成器合成好的 8 种货物通过 4 台叉车运输到 4 个处理器上进行下一步加工,4 台叉车由任务分配器统一控制,叉车与任务分配器进行 A 连接,合成器与任务分配器进行 S 连接。每个处理器配置一位操作员,操作员和处理器进行 S 连接。处理好后,8 种货物由主传送带送往 4 个巷道式立体货架，每个巷道式立体货架包含两条普通货架，8 种货物分别存储在 8 个货架上。其布置方法一样，放置两个暂存区、两个货架、一台堆垛机和两条传送带（一条负责输入，一条负责输出），负责输入的暂存区与两个货架进行 A 连接，与堆垛机进行 S 连接。堆垛机与两个货架进行 S 连接，两个货架与输出的暂存区进行 A 连接，通过输出的传送带将产品输出到主传送带上。

（4）经过货物存储区后，8 种货物由主传送带送到出库处理区由处理器进行登记，并由分解器和机械臂将货物从托盘中卸下，托盘由吸收器回收，货物由主传送带运输到出库分拣区，分别由 8 条传送带传送到 4 辆货车上。这一部分的连接过程是传送带和处理器进行 A 连接输入货物，操作员和处理器进行 S 连接做登记，传送带和分解器进行 A 连接输入货物，机械臂和分解器进行 S 连接拆解货物与托盘，分解器和托盘吸收器进行 A 连接回收托盘，分解器拆解下的货物通过传送带进入出库分拣区。出库分拣区有 8 条传送带，每两条 A 连接一辆货车（吸收器）。

（5）建好模型后，根据问题描述与系统参数对实体进行设置，并运行仿真，查看运行中模型是否出现运作问题，造成如堆货等现象。若是参数设置的问题，应立即修改并且重置后再次运行，查看问题是否解决。若不是参数设置的问题，或运行中没有出现问题，应在运行到指定时间后，查看统计结果，分析是哪一部分造成了模型的运作问题或哪一部分还可以提高运作效率，并根据实际情况加以合理改进。

（6）再次运行导出模型统计结果，查看改进是否合理有效。

建模布局图如图 12-17 所示。

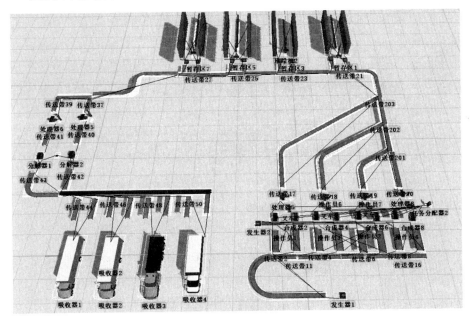

图 12-17　建模布局图

3. 入库分拣区参数设定

入库分拣区的作用是将货物按品种、出入库先后顺序分门别类地进行堆放，具体布局图如 12-18 所示。

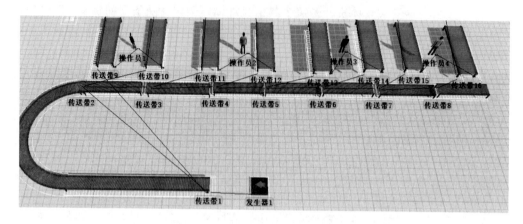

图 12-18　入库分拣区布局图

入库输送连接方式如图 12-19 所示。

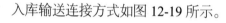

图 12-18

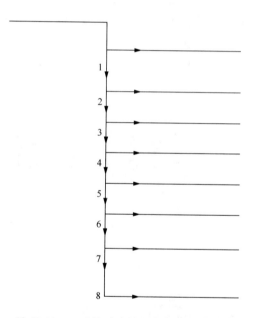

图 12-19　入库输送连接方式

（1）发生器 1 参数设置。

产品到达时间间隔的参数设置如下。双击"发生器 1"图标，打开参数设置界面，单击"发生器"选项卡，在"到达方式"下拉列表中选择"到达时间间隔"。单击下方"到达时间间隔"右侧的下拉按钮，因为产品 1 到达时间间隔服从指数分布，所以选择"分布函数"下拉列表中的 exponential 函数，渐位线设为 0，尺度"比例"设置为 50，"随机数流"设置为 1，即 exponential(0,50.0,1)，如图 12-20 所示。

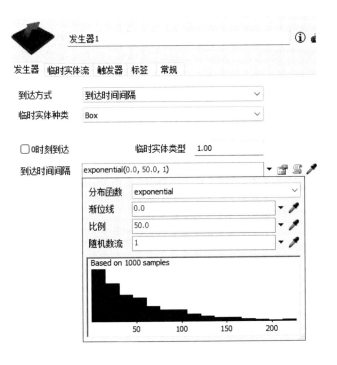

图 12-20　发生器 1 参数设置（1）

产品类型设置如下。在发生器 1 的参数设置界面中，单击"触发器"选项卡，单击绿色加号按钮，添加 On Creation（创建触发），此时下方出现 On Creation 设置行，单击设置行右侧的绿色加号按钮，然后选择"数据设置"菜单中的"设置临时实体类型和颜色"选项，由于发生器只产生 8 种产品，将"临时实体类型"设置为 duniform(1,8)，即均匀分布。参数设置如图 12-21 所示。

图 12-21　发生器 1 参数设置（2）

（2）传送带参数设置。

传送带 1~传送带 8 将根据货物的类型将货物输出到不同端口，传送带 9~传送带 16 分别接受类型为货物 1~货物 8，输出端口参数具体设置以传送带 1 为例。双击"传送带 1"图标，打开参数设置界面，单击"临时实体流"选项卡，在"发送至端口"的下拉列表中选择"根据不同 case 选择输出端口"选项，在弹出的界面中单击绿色加号按钮（添加 Case），在 Case1 后的 Port 处输入 1，Case Default 后的 Port 处输入 2，也即类型 1 的货物从传送带 1 的输出端口 1 分流，其他类型的货物从输出端口 2 输出，这种输出端口的设置一定要在连接时先连接传送带 1，再连接传送带 2，其他传送带连接类似。设置结果如图 12-22 所示。如果不知道连接顺序，则要查看传送带 1 的输出端口连接顺序后再设置，可以在"常规"选项卡下方的端口处查看。

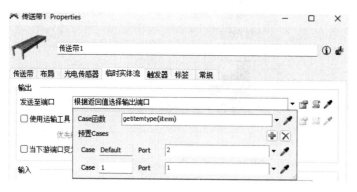

图 12-22　传送带输出端口设置

传送带 2~传送带 8 在传送带 1 的基础上设置，将 Case 后边的数字依次改为需要输出的产品类型即可。例如，传送带 2 改为 Case 2，要注意输出端口连接顺序是否和填写的一样。

传送带 9~传送带 16 每两条传送带需要设置一位操作员搬货，其设置以传送带 9 为例。首先将操作员与传送带 9 进行 S 连接，然后双击"传送带 9"图标，打开参数设置界面，单击"临时实体流"选项卡，选中"使用运输工具"复选框，设置如图 12-23 所示。

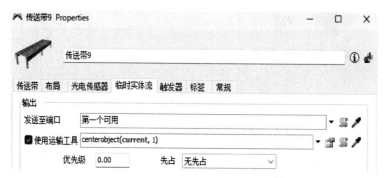

图 12-23　传送带 9 参数设置

4. 入库处理区参数设定

入库处理区主要负责收货、检验、整理等工作，实现库外物资的转运，具体布局图如图 12-24 所示。

第 12 章
现代自动化立体仓库建模仿真案例实训

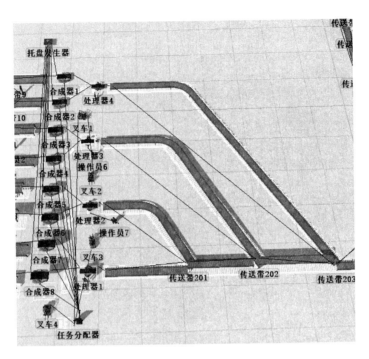

图 12-24　入库处理区布局图

（1）托盘发生器参数设置。

产品到达时间间隔的参数设置如下。双击"托盘发生器"图标，打开参数设置界面，单击"发生器"选项卡，在"临时实体种类"下拉选项中选择 Pallet（托盘）选项，在"到达方式"下拉选项中选择"到达时间间隔"选项，"到达时间间隔"设置为 2，如图 12-25 所示。

图 12-25　托盘发生器参数设置

（2）合成器参数设置。

由于产品入库时扫描的是托盘上的条码，因此在合成器码盘完成后，需要在合成器的参数设置界面中设置托盘类型，以设置"合成器 1"为例，双击"合成器 1"图标，打开参数设置界面，单击"触发器"选项卡，添加创建 On Exit（离开触发），然后进行数据设置，再设置临时实体的类型，设置如图 12-26 所示。

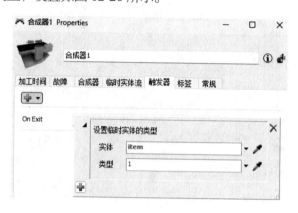

图 12-26　合成器 1 类型参数设置

合成器 1 码盘数量设置如图 12-27 所示。

图 12-27　合成器 1 码盘数量设置

合成器在连接时需要注意的是，一定要先与托盘发生器进行连接，再与货物传送带进行连接，以保证产品正确码盘，在合成器 1 的"常规"选项卡中进行设置，如图 12-28 所示。

图 12-28　合成器 1 输入端口连接顺序

8 个合成器还需要 4 台叉车将打包好的货物搬运到处理器上，其设置如下。首先将 8 个合成器与任务分配器进行 S 连接，再将任务分配器与 4 台叉车进行 A 连接。以设置"合成器 1"为例，双击"合成器 1"图标，打开参数设置界面，单击"临时实体流"选项卡，选中"使用运输工具"复选框，如图 12-29 所示。

第12章
现代自动化立体仓库建模仿真案例实训

图 12-29　合成器 1 使用运输工具设置

（3）处理器参数设置。

要求入库处理器预置时间为 5s，处理时间为 9s，以处理器 1 为例设置如下：双击"处理器 1"图标，打开参数设置界面，单击"处理器"选项卡，"预制时间"设置为 5，"加工时间"设置为 9，要求都使用操作员，所以选中"使用操作员进行预置"复选框，并设置"操作员数量"为 1，如图 12-30 所示。

图 12-30　入库处理器参数设置

5. 货物存储区参数设定

货物存储区是实现货物的储存、保管以及加工等功能，其布局图如图 12-31 所示。

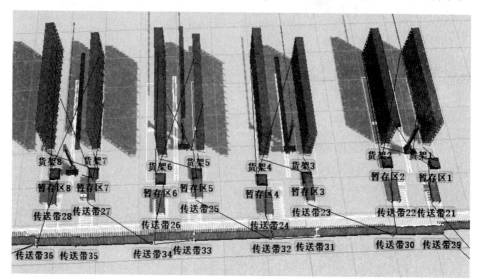

图 12-31

图 12-31 货物存储区布局图

8 个巷道式立体货架模型运作原理相同，以第 1 个巷道式立体货架模型为例，布局图如图 12-32 所示。

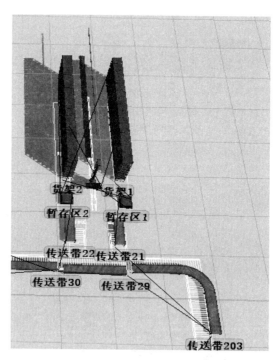

图 12-32

图 12-32 第 1 个巷道式立体货架布局图

存储输送连接方式如图 12-33 所示。

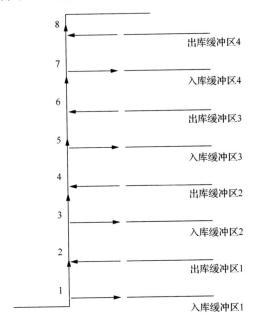

图 12-33　存储输送连接方式

这条巷道式立体货架的作业模式为前序传送带 203 将 8 种货物运输到第 1 个巷道式立体货架前，传送带 21 接收类型 1、类型 2 的货物，传送带 29 接收其他类型的货物。传送带 21 将货物运输到暂存区 1（模拟现实中的入库站台）后由堆垛机 1 把货物 1 运送到货架 1 上，把货物 2 运送到货架 2 上。再从货架 1、货架 2 上取出货物 1、货物 2 送到暂存区 2（模拟现实中的出库站台），由暂存区 2 输送到传送带 22 上。传送带 22、传送带 29 都把货物传送到传送带 30 上，由传送带 30 运输到第 2 个巷道式立体货架。注意，堆垛机与货架和入库暂存区使用 S 连接。

各实体的具体参数设置如下。

（1）传送带 203 设置。

双击"传送带 203"图标，打开参数设置界面，单击"临时实体流"选项卡，在"发送至端口"下拉列表中选择"根据不同 case 选择输出端口"选项，在弹出界面单击绿色加号按钮（添加 Case），在 Case1、Case2 后的 Port 处输入 1，Case Default 后的 Port 处输入 2，设置如图 12-34 所示。要查看传送带 203 的输出端口连接顺序后再设置，连接顺序可以在"常规"选项卡下方的端口处查看。

（2）传送带 21、传送带 22 设置。

传送带 21、传送带 22 参数设置相同，设置长度为 6m，最大容量为 6，以传送带 21 为例。双击"传送带 21"图标，打开参数设置界面，单击"传送带"选项卡，"最大容量"设置为 6，如图 12-35 所示；单击"布局"选项卡，"长度"设置为 6，如图 12-36 所示。

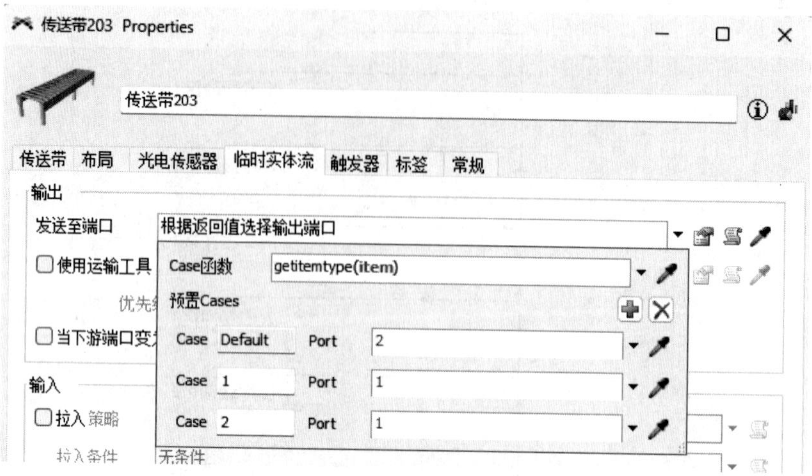

图 12-34 传送带 203 参数设置

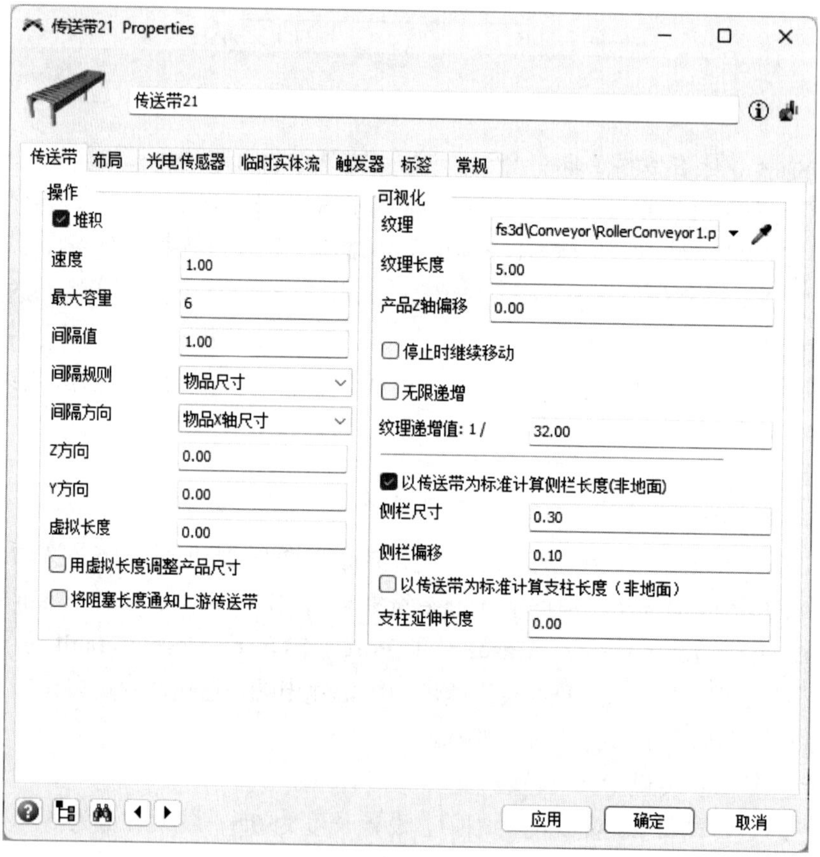

图 12-35 传送带 21 参数设置（1）

第12章
现代自动化立体仓库建模仿真案例实训

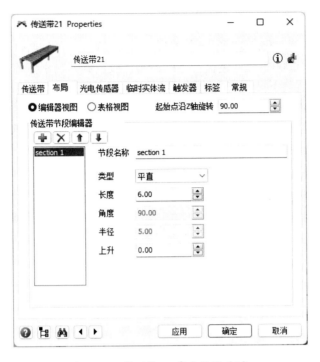

图 12-36　传送带 21 参数设置（2）

（3）暂存区 1 设置。

双击"暂存区 1"图标，打开参数设置界面，单击"临时实体流"选项卡，在"发送至端口"的下拉列表中选择"根据不同 case 选择输出端口"选项，在弹出的界面中单击绿色加号按钮（添加 Case），在 Case1 后的 Port 处输入 1，Case 2 后的 Port 处输入 2，Case Default 后的 Port 处输入 2，要查看输出端口连接顺序后再设置；选中"使用运输工具"复选框，设置如图 12-37 所示。

图 12-37　暂存区 1 参数设置

（4）货架1~货架8参数设置。

以设置货架1为例，双击"货架1"图标，打开参数设置界面，单击"货架"选项卡，"最大容量"设置为10000，在"逻辑"选项组的"放置到列"下拉列表中选择"第一个可用列"，在"放置到层"下拉列表中选择"第一个可用层"，在"最小停留时间"的统计分布列表中选择poisson，在弹出的界面中将"均值"设置为5000，如图12-38所示；单击"临时实体流"选项卡，选中"使用运输工具"复选框，如图12-39所示。货架2~货架8参数设置与货架1参数设置相同。

图12-38　货架1参数设置（1）

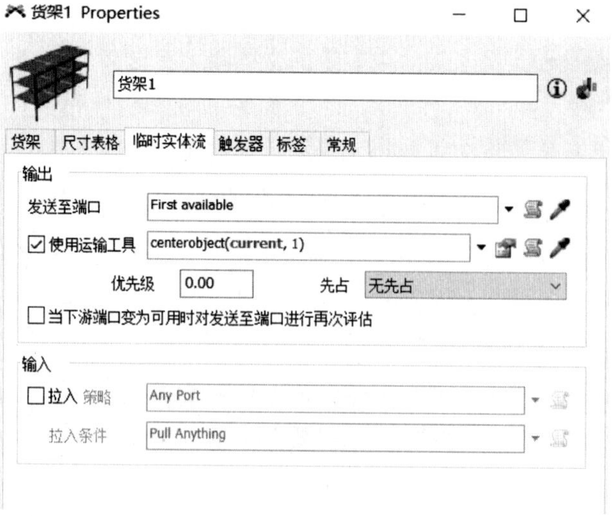

图12-39　货架1参数设置（2）

6. 出库处理区参数设置

出库处理区布局图如图 12-40 所示。

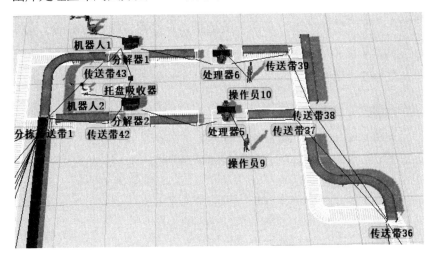

图 12-40　出库处理区布局图

（1）传送带 36 参数设置。

8 种货物由传送带 36 输出时，需要把货物 1~货物 4 输出到传送带 37，把货物 5~货物 8 输出到传送带 38 进行出库处理，在输出时需要使用不同返回值来选择端口，具体设置如下：双击"传送带 36"图标，打开参数设置界面，单击"临时实体流"选项卡，在"发送至端口"的下拉列表中选择"根据不同 case 选择输出端口"选项，设置如图 12-41 所示。

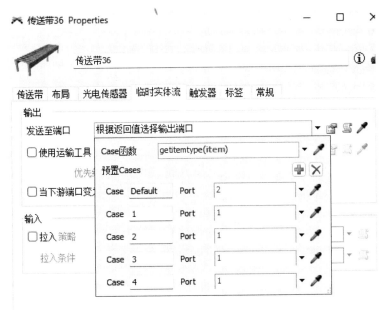

图 12-41　传送带 36 参数设置

（2）处理器参数设置。

要求出库登记时间为10s，都使用操作员作业，以处理器5为例设置如下：双击"处理器5"图标，打开参数设置界面，单击"处理器"选项卡，"预置时间"设置为0，"加工时间"设置为10，选中"使用操作员进行加工"复选框，并设置"操作员数量"为1，如图12-42所示。

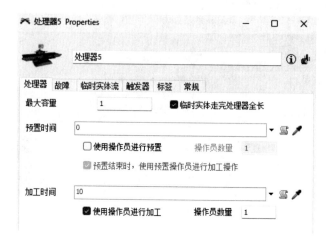

图12-42 处理器5参数设置

（3）分解器参数设置。

分解器将托盘与货物分离，吸收器将托盘吸收，而货物通过传送带运输出去，以分解器1为例，输出端口具体设置如下：此处分解器使用了机械手，双击"分解器1"图标，打开参数设置界面，单击"临时实体流"选项卡，选中"使用运输工具"复选框，在"发送至端口"下拉列表中选择"默认分解器选项"选项，在弹出的界面中可以设置"容器端口"和"内置实体端口"，如果分解器先连接吸收器后连接传送带，就可以不用更改端口设置，具体是否修改可以到"常规"选项卡处查看输出端口连接顺序，设置如图12-43所示。

图12-43 分解器1参数设置

7. 出库分拣区参数设置

出库分拣区布局图如图 12-44 所示。

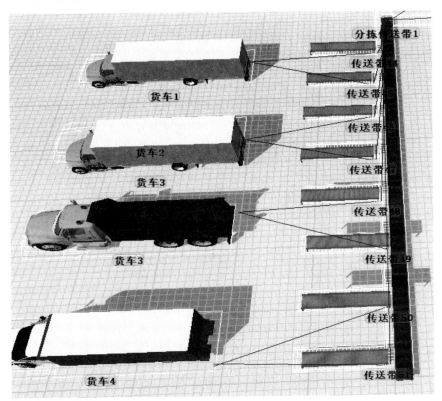

图 12-44 出库分拣区布局图

现代自动化立体
仓库建模与仿真
模型文件

图 12-44

出库分拣区需要通过分拣传送带将 8 种货物分别送到 4 辆货车（吸收器）上，除了采用在入库区"临时实体流"选项卡中设置"根据不同返回值选择输出端口"的方法，还可以选择使用分拣传送带传输。以分拣传送带 1 为例，具体设置如下：双击"分拣传送带 1"图标，打开参数设置界面，单击"合流控制"选项卡，在 Exit Point 处输入 8 种货物离开分拣传送带的位置即可，分拣传送带总长 70m，设置如图 12-45 所示。

传送带 51～传送带 57 参数设置操作与分拣传送带 1 参数设置相同，将拉入货物（Output Port）类型设置为各自对应类型即可。

12.2.4 运行结果分析与优化

整个模型基本参数设置完毕后，就可以对模型进行重置和运行了。单击控制运行工具栏上的"重置"按钮，将模型中的所有系统变量都重置为初始值，并将模型中所流动的实体数据清零；再单击控制运行工具栏上的"运行"按钮。本次运行时间设置为 8h，在控制运行工具栏上的"运行时间"的下拉列表中选中"停止时间"选项，在下边输入停止时间，本次模型时间单位选择的是 s，8h 经换算成秒后输入 28800。本次优化目标是使该立体仓库额定入库量 1000 盘/天，出库量 950 盘/天，每天工作 8h。

图 12-45 分拣传送带 1 参数设置

1. 仿真数据统计与分析

仿真结束后，由于所有入库的托盘都经过传送带 203，查看传送带 203 的输出量即可知道总的入库托盘数量，如图 12-46 所示。同理，查看传送带 36 的输出量就可以知道立体仓库总的出库托盘数量，如图 12-47 所示。

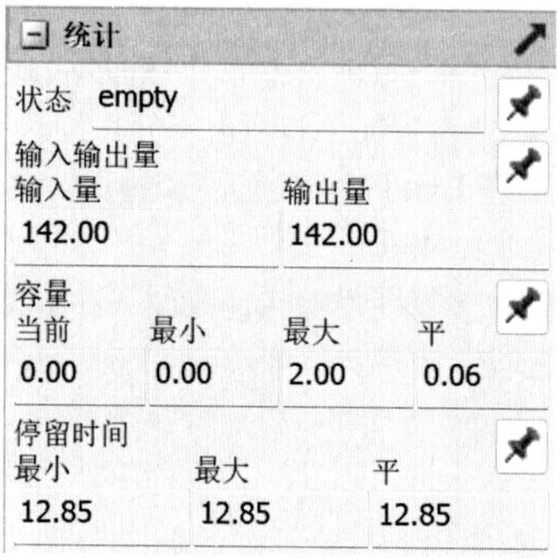

图 12-46 立体仓库总的入库托盘数量

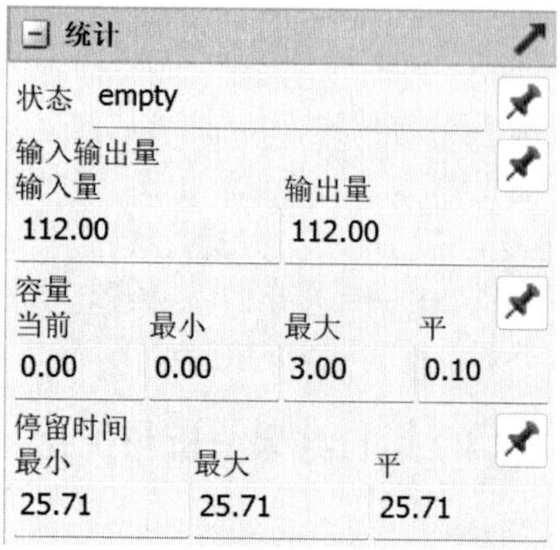

图 12-47 立体仓库总的出库托盘数量

根据仿真结果统计可以发现，现阶段模型运行 8h 后入库量为 137 盘，出库量为 102 盘，与优化目标相差甚远。入库量少主要是因为入库发生器发出的货物量少；出库量少主要是因为货物在货架上停留的时间过长。

4 台叉车的运行效率如图 12-48 所示，4 台叉车的搬运量如图 12-49 所示。

第 12 章　现代自动化立体仓库建模仿真案例实训

图 12-48　4 台叉车的运行效率

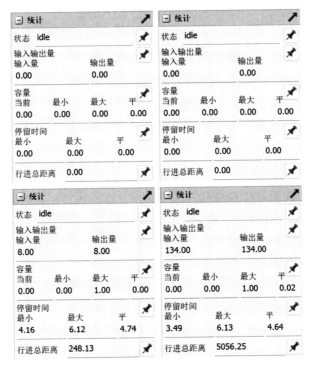

图 12-49　4 台叉车的搬运量

从图 12-49 中可见，叉车 3 和叉车 4 没有参与工作，叉车 2 也仅仅搬运了 8 盘货物。入库分拣操作员的空闲时间超过 90%，如图 12-50 所示。

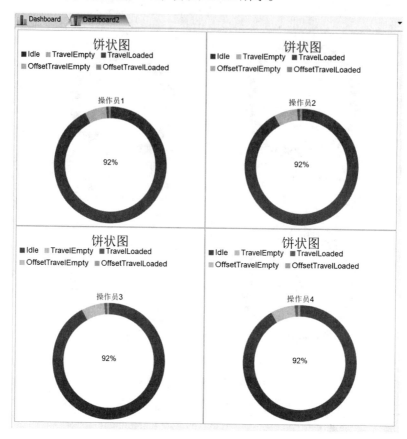

图 12-50 入库分拣操作员的效率

以上分析表明，人力、物力在此运行模式下大量过剩，但是由于优化后输入量会有大幅提升，因此暂时不做删减，待优化结果导出后，再进行分析。

2. 模型优化方案

（1）增加入库发生器的出货量。由于目标入库量为 1000 盘，每个托盘装载货物 4 个，因此入库发生器需要在 8h 内输入大约 4 千件货物。经多次实验，最终将发生器 1 的到达时间间隔参数设置为 exponential(0,7.2,1)。

（2）减少货物在货架上的停留时间。货物在货架上的停留时间服从泊松分布，均值为 5000，通过减少泊松分布的均值参数，减少货物在货架上的停留时间。经多次实验，最终将泊松分布的均值参数设置为 1500。

（3）在运行时，出库处理区的分解器处有少量堆货现象，因此设置多加入两台机械手协助工作。

3. 优化后仿真数据统计与分析

修改完参数后，再次运行仿真，传送带 203 的输出量（优化后立体仓库总的入库托盘数量）如图 12-51 所示。传送带 36 的输出量（优化后立体仓库总的出库托盘数量）如图 12-52 所示。

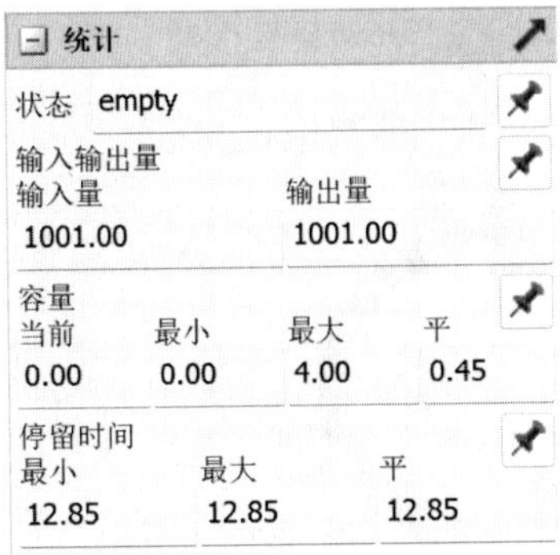

第 12 章
现代自动化立体仓库建模仿真案例实训

图 12-51　优化后立体仓库总的入库托盘数量 　　图 12-52　优化后立体仓库总的出库托盘数量

从图 12-51 可见，经过优化后自动化立体仓库的总入库托盘数为 1003 盘，出库托盘数为 976 盘，基本达到了立体库额定入库量 1000 盘/天，出库量 950 盘/天的要求，读者在仿真优化时使出入库量的差值在 50 盘以内，否则会增加库存成本。

优化后，4 台叉车的运行效率如图 12-53 所示，查看 4 位分拣操作员的效率如图 12-54 所示。

根据仿真结果统计可以发现，经过模型优化，入库分拣操作员的效率都达到了 60%以上，在 8h 的工作时间中空闲占比在 40%左右，可以根据实际情况调整分拣操作员的数量。叉车虽然都参与到搬运工作中，但是叉车 3 和叉车 4 的运行效率都在 5%以下，叉车 2 的运行效率只有 20%，因此叉车可以减少 2～3 台。当只有 1 台叉车时，其运行效率达到 70.7%，也满足搬运要求，如图 12-55 所示。

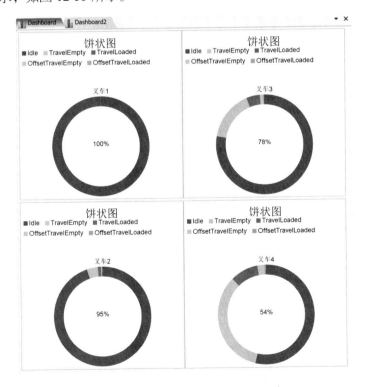

图 12-53　优化后 4 台叉车的运行效率

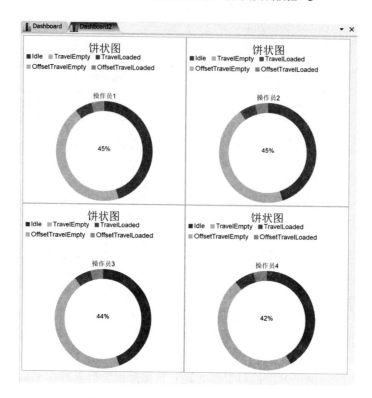

图 12-54 优化后 4 位分拣操作员的效率

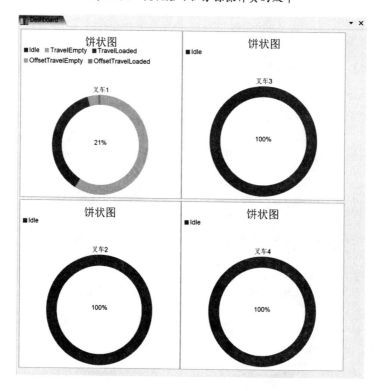

图 12-55 优化后 4 台叉车的运行效率

4. 托盘循环利用系统的设计

在入库处理区的托盘发生器处新增一个托盘暂存区 1，从发生器出来的托盘先到托盘暂存区 1，然后由托盘暂存区 1 发往各个合成器，这时要注意合成器上连线顺序的变化，如图 12-56 所示。

删除出库处理区的分解器处的吸收器，新增托盘暂存区 2，让分解器拆下的托盘回到托盘暂存区 2（此时要注意分解器输出连线的变化），然后托盘暂存区 2 与托盘暂存区 1 进行 A 连接，在托盘处理器 2 的"临时实体流"选项卡中选中"使用运输工具"复选框，使得托盘暂存区 2 的托盘用叉车搬回到托盘暂存区 1，这样就构成了托盘的闭环循环利用系统。按照网络路径的设置方法，为搬运托盘的叉车规定行走路线，如图 12-57 所示。

 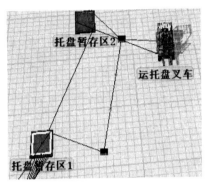

图 12-56　新增托盘暂存区 1　　　　图 12-57　新增托盘暂存区 2 及叉车行走路线

假设初始托盘为 350 个，托盘发生器初始托盘数量设置如图 12-58 所示。

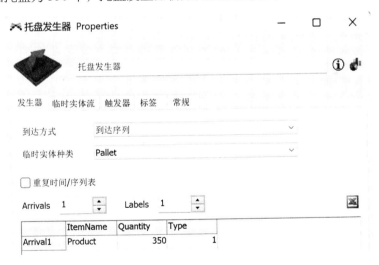

图 12-58　托盘发生器初始托盘数量设置

设置好以上参数后运行仿真，发现托盘勉强够用，此时可以增加初始托盘数量为 360 个，再次仿真，仿真结束后发现托盘暂存区 1 还有托盘剩余，如图 12-59 所示。托盘暂存区 1 的当前数量为 10，如图 12-60 所示。

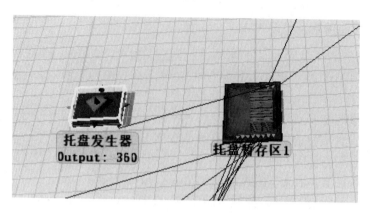

图 12-59 托盘暂存区 1 剩余托盘

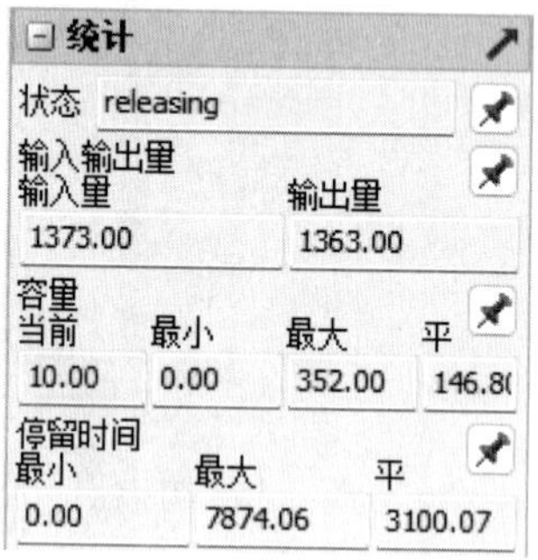

图 12-60 托盘发生器 1 剩余托盘数量

托盘暂存区 1 剩余 10 个托盘，符合托盘循环利用系统的要求（剩余托盘不能太多，以免增加成本；剩余托盘也不能太少，会出现不够用的情况），这样就把整个立体仓库的托盘初始数量定为 360 个。

12.3 实训练习

要求自动化立体仓库额定入库量 1200 盘/天，出库量 1150 盘/天，每天工作 8h（28800s）试找到一个合理的方案，符合立体仓库出入库要求，并使得设备利用率合理。

第 13 章 现代物流配送中心仿真案例

【教学目标】
- 了解现代物流配送中心的类型及功能。
- 掌握现代物流配送中心的作业流程。
- 掌握路网的设置。
- 了解流通加工区产品分类的设置。

随着物流业的高速发展和持续升温，对城市物流配送业提出了更高的要求。在我国，许多大中型城市都开始兴建物流配送中心，进一步促进了我国整体物流的发展和运营水平。配送中心拥有广泛的、相对稳定的零售及消费需求网络，能够保证产品顺畅地进入流通领域，有效地实现产品的价值。另外，物流配送中心是产品市场需求信息的最佳反馈渠道，因为它在处理大量订单的过程中，可以准确掌握某类产品的需求情况，了解消费者对产品的改进要求，并且通过采购过程将这些信息及时反馈给生产企业，以便企业及时调整和改进产品，提高产品的市场占有率。因此，对物流配送中心的仿真优化，越来越受到物流和供应链领域的青睐。

13.1 实训知识准备

13.1.1 配送中心的概念

根据《物流术语》（GB/T 18354—2021），配送中心的定义为，具有完善的配送基础设施和信息网络，可便捷地连接对外交通运输网络，并向末端客户提供短距离、小批量、多批次配送服务的专业化配送场所。

图 13-1 所示为一般物流配送中心立体图。该物流配送中心根据保管物的种类、数量、物品吞吐量，配备了适当的保管设备。这些设备包括常温/恒温托盘货架式自动化仓库、箱式自动化仓库、水平或垂直旋转货架式自动化仓库、水平或垂直输送机、码垛机及码垛机器人、分类自动线、拣货自动线、空中或地面 AGV、流动式货架、移动式货架、后推式货

架、运输车辆等。现代化物流配送中心除了拥有上述先进的自动化设备，还应用 WMS、TMS、RFID、条形码、AGV、现代化控制技术、管理系统、自动识别技术和自动化搬运技术降低物流成本，提高企业的整体效益。

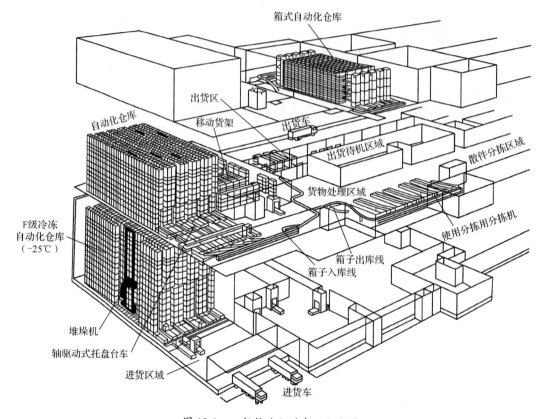

图 13-1　一般物流配送中心立体图

13.1.2　配送中心的主要功能

配送中心与传统的仓库、运输是不一样的，传统的仓库只重视商品的储存保管功能，传统的运输只是提供商品运输配送功能。随着现代科技的发展以及信息更加透明化，配送中心的功能也越来越完善，主要功能如下。

（1）集中货物的功能。

配送中心接收供应商送到某一特定门店的不同商品，然后将它们整合成单一的一次运输，其好处是减少运输费用，同时减少门店收货的拥挤现象。

（2）储存保管功能。

商品的交易买卖达成之后，除了采用直配直送的批发商，均将商品经实际入库、保管、流通加工包装然后出库，因此配送中心具有储存保管的功能。在配送中心一般都有库存商品保管的储放区，因为任何的商品为了防止缺货，或多或少都有一定的安全库存，视商品的特性及生产前置时间的不同，安全库存量也不同。生鲜产品的保存期限较短，库存量较少；冷冻食品保存期限较长，库存量较多。

（3）运输功能。

配送中心需要拥有或者租赁一定规模的运输工具，具有竞争优势的配送中心不只是一个点，而是一个覆盖全国的网络。因此，配送中心可以提供满足客户需要的运输方式，然后具体组织网络内部的运输作业，在规定的时间内将客户的商品运抵目的地。

（4）分拣配送功能。

配送中心是为了满足多品种、小批量的客户需求而发展起来的，因此配送中心要根据客户的要求进行分拣配货作业，并以最快的速度将商品送达客户手中或者是在指定时间内配送到客户要求的地点。配送中心的分拣配送效率是物流质量的集中体现，是配送中心最重要的功能。

（5）流通加工功能。

配送中心的流通加工作业包含商品分类、磅秤，大包装拆箱改包装，商品组合包装，商标、标签粘贴作业等。这些作业是提升配送中心服务品质的重要手段。

（6）信息提供功能。

配送中心除了具有行销、配送、流通加工、储存保管等功能，还能为配送中心本身及上下游企业提供各式各样的信息情报，作为配送中心营运管理政策制定、商品路线开发、商品销售推广政策制定的参考。例如，哪一个客户订多少商品？哪一种商品比较畅销？通过计算机得出的 EIQ（E 是 entry、I 是 item、Q 是 quantity，即订单、品项、数量）分析资料可以提供给上游的制造商及下游的零售商作为经营管理的参考。图 13-2 所示为物流配送中心主要功能示意图。

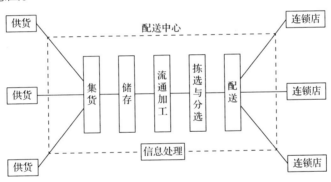

图 13-2　物流配送中心主要功能示意图

一些发达国家的配送中心还具有以下增值性功能：结算功能、需求预测功能、物流系统设计咨询功能、物流教育与培训功能。

13.1.3　配送中心功能区的设置

配送中心功能区是为了实现物流配送作业而设立的诸多作业区域。其所设立的具有不同作业内容的区域实现各自的目的，起着应有的作用，共同完成配送中心的配送业务。

根据各种作业的性质，一般物流配送中心功能区可分为两大类：物流功能区和非物流功能区。其中，物流相关的作业在物流功能区内完成，根据配送中心的作业流程以及配送中心的功能，可以将物流功能区划分为进货区、存储区、流通加工、理货区、出库区、退货区。而非物流功能区主要用于从事物流作业的相关辅助作业以及作为部分工作人员的工作区，可以将其划分为辅助作业区和办公区。各功能区又可根据作业需要分为不同的功能子区，一般的配送中心功能区的设置如图 13-3 所示。

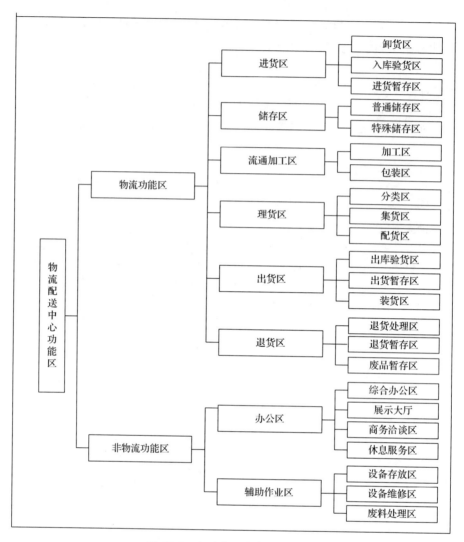

图 13-3 配送中心功能区的设置

(1) 物流功能区。

① 进货区。主要从事从货物运达到入库所要进行的相关作业,包括车辆到达、卸货、验收、理货等作业。各种作业对应的功能子区包括卸货区、入库验货区、进货暂存区。

② 储存区。主要进行仓储保管工作。根据所储存货物的性质,储存区包括普通储存区、特殊储存区。

③ 流通加工区。主要完成包括针对一些初级产品进行的二次加工,或零配件重新组装成产品等加工作业,以及产品包装、运输包装、流通包装、打印条码等作业。流通加工区包括加工区和包装区。

④ 理货区。主要完成理货、拣货、补货、分类、集货、验货、配货等作业,进行货物运达物流中心后进入后续流程的先期处理和货物即将从物流中心出库前的先期处理。理货区分为两类:进货理货区与出货理货区。理货区可细分为分类区、集货区、配货区。

⑤ 出货区。主要完成将集中待发的货品经过检验至装车起运全过程的相关作业。从布局和结构看,出货区与进货区类似。各种操作对应的功能子区包括出库验货区、出货暂存

区、装货区。

⑥ 退货区。退货区是指物流中心对退货、瑕疵品及废品等进行处理及存储的作业区域。退货区包括退货处理区、退货暂存区、废品暂存区。

（2）非物流功能区。

① 辅助作业区。辅助作业区是指辅助物流作业场所，如设备存放区、设备维修区、废料处理区等。

② 办公区。办公区主要提供部分工作人员的办公场所以及生活服务场所。例如，接待客户，为供货商提供展览、促销、交易场所；提供金融、工商、海关、税务等配套服务；为客户及工作人员提供休息、娱乐、餐饮等服务。一般包括综合办公区、展示大厅、商务洽谈区、休息服务区等。

13.1.4 配送中心的作业流程

在物流配送中心的运转过程中，无论是机械化的物流系统，还是自动化或智能化的物流系统，如果没有正确有效的作业方法配合，那么无论所采用的设备或系统多么先进，也未必能取得最佳的经济效益。不同类型的配送中心功能不尽相同，但它们作业流程大致相同，主要包括以下几种作业：进货作业、搬运作业、储存作业、盘点作业、订单处理作业、拣选作业、补货作业、发货作业和配送作业。物流配送中心的基本作业流程如图13-4所示。

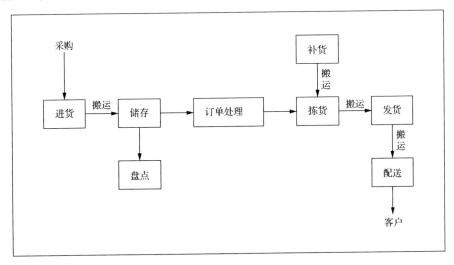

图 13-4 物流配送中心的基本作业流程

物流配送中心的作业首先从进货开始，当运输物品的货车到达配送中心的月台时，便进行进货作业，然后依序将货物储存入库。由于进货的同时也有货物要出库，所以储存区货物的数量和状态也在变动。为了对货物进行良好的管理，需要定期或不定期地对在库货物进行盘点作业。当配送中心收到客户的订单后，需要对订单进行处理，之后根据客户订单的信息来进行拣货作业，将客户需要的货物拣选出来。与此同时，在拣选货物的过程中一旦发现拣选区所储存的货物剩余的库存量低于标准库存时，便向供应商订货，即补货作业。拣选出来的货物经过包装、分类等发货作业后，便可将货物装在配送车上，由配送人员负责配送到客户手中。此外，在所有的作业过程中，涉及物的流动的作业，其过程中就一定有搬运作业，搬运作业贯穿于整个配送中心作业流程。

13.2 问题描述与模型参数

1. 配送中心设计方案与作业流程

物流配送中心仿真的主要目的是：判断系统中设备的配置是否合理；检验系统运行过程是否畅通及货物的通过能力；评价和改进配送中心系统的设备配置。

本章讲解的配送中心的系统流程分为以下 5 个主要环节：入库处理区、货物储存区、流通加工区、拣货区和发货区。

配送中心根据空间属性和设备的物理位置建立仓库的 FlexSim 三维模型。货物的到达和离开分别使用发生器和吸收器模拟；自动分拣机用传送带来模拟，各传送带之间通过一定的逻辑连接，并在参数中设置使用操作员；码盘作业使用合成器模拟；对出入库托盘的处理使用处理器模拟，模拟一段时间的延迟；出入库月台用暂存区模拟；拆分托盘用分解器模拟，并使用操作员；其他的运输工具、操作员等均使用 FlexSim 实体资源中相应的模型来模拟。各模型建立后按照前述的参数进行设置。

现代物流配送中心建模与仿真

图 13-5

货物到达收货区，经过卸货、拆装、标示、验收等工作流程后入库。流通加工区从货物储存区或者拣货区取出货物后，对货物进行贴价签、更换包装等二次加工，然后将从货物储存区取出的货物送回货物储存区重新入库，从拣货区取出的货物送到发货区直接出库。作业控制区发出发货命令后，配送中心把相应货物送到发货区，等待装货。发货区的货物一部分来自货物储存区，另一部分来自拣货区。

某企业物流配送中心仿真模型如图 13-5 所示，物流配送中心作业流程图如图 13-6 所示。

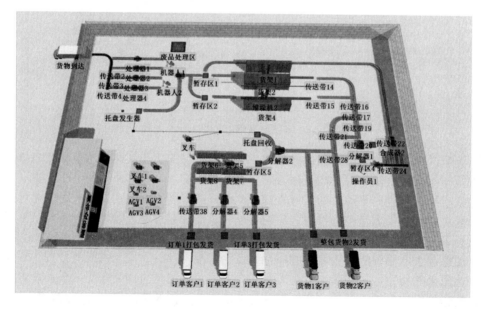

图 13-5 某企业物流配送中心仿真模型

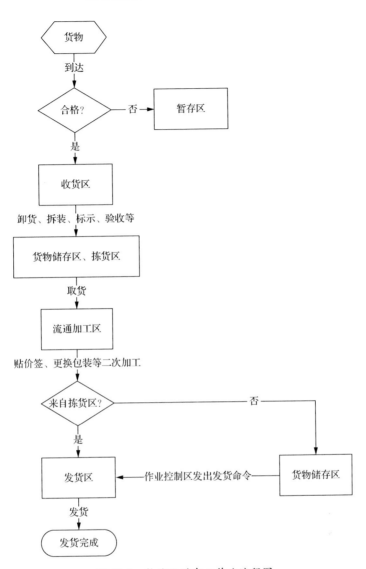

图 13-6 物流配送中心作业流程图

2. 包装以及托盘方案尺寸

4 种货物在由分拣传送带分拣后进入传送带的主干线时进行加工和托盘装盘。库房托盘采用 800mm×1000mm 标准托盘。每个托盘共组装 8 件货物，每类货物各装 2 件；每盘托载 4 件。

3. 主要参数设计

（1）收货区到达 4 种货物，货物到达时间间隔服从 exponential(0,10.0,0) 分布。

（2）不良货物率为 2%。

（3）配送中心原始托盘数量为 240 个。

（4）合成器装盘，每个托盘装货量为 8 件，每类货物各装 2 件。

（5）到达流通加工区的时候用分解器取托盘。

（6）拣货区按照客户订单进行拣货（采用摘果式拣选方法），客户订单表见表 13-1。

表 13-1 客户订单表

	客户 1	客户 2	客户 3
货物 1	4	3	4
货物 2	4	3	4
货物 3	3	4	4
货物 4	4	4	4

（7）储存区货架设置成 8 行 10 列，货物从第一行第一列开始放置，停留时间服从泊松分布，均值为 3000，随机数流为 1；拣货区货架设置成 3 行 10 列，拣货区的货架最大容量为 30 件，当货架中的货物数量小于 18 件时拣货区补货。

4．建模仿真研究的问题

仿真周期设置为 10h，使用复演法做多次独立的仿真实验，然后通过观察、统计、分析实时状态图和导出的仿真实验数据，得到最终的仿真结果，需要解决以下问题。

（1）假设该配送中心储存区每日入库量指标为 640 盘，出库量指标为 560 盘，对堆垛机和货架的仿真结果进行分析。

（2）找出配送中心运行中存在的问题并解决，从而提高整个配送中心的效率。

（3）分析 240 个托盘是否合适，如果不合适该如何进行优化。

13.3 FlexSim 仿真建模

13.3.1 入库处理区 FlexSim 模型

入库管理区主要负责收货、检验、整理等工作，实现库外物资的转运。收货检查时，如果发现有不良货物，货物不能入库，需要将不良货物送入废品暂存区。入库处理区由 2 个发生器、9 条传送带、1 条分拣传送带、4 个处理器、1 个合成器、1 个暂存区（因软件问题未显示）、1 个废品处理区、2 个机械臂机器人组成，如图 13-7 所示。

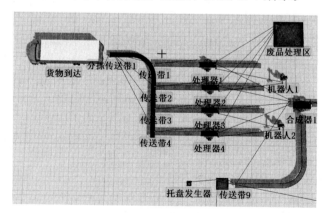

图 13-7 入库处理区布局图

入库处理区实体参数设置如表 13-2 所示。

表 13-2　入库处理区实体参数设置

实体名称	对象说明	参数设置
货物到达（发生器1）	货物到达	发生器产生4种货物。4种货物类型服从均匀分布，到达时间间隔服从 exponential(0,10.0,0)分布，根据实体类型不同设置对应的实体颜色
托盘发生器（发生器2）	托盘发生器	系统一开始运行就立即产生240个托盘
处理器1~处理器4	入库加工台	处理加工时间为10s；货物不良率为2%
分拣传送带	货物分拣	设置4个输出端口，货物按实体类型分拣输出
传送带1~传送带9	输送机	传送带1~传送带4使用运输工具；其余传送带参数保持默认设置
合成器1	组盘合成器	合成器的托盘装货量为8件，其中每种货物各装2件
托盘暂存区	存放托盘	参数保持默认设置
机器人1~机器人2	机械臂	参数保持默认设置
废品处理区	不良货物区	参数保持默认设置

（1）发生器1到达时间参数设置。

将货物到达(发生器1)与分拣传送带进行A连接，其具体参数设置如图13-8和图13-9所示。

双击"货物到达"图标，打开参数设置界面，单击"发生器"选项卡，将货物"到达时间间隔"设置为 exponential(0,10.0,0)。

图 13-8　货物到达（发生器1）到达时间间隔参数设置

单击"触发器"选项卡，添加 On Creation（创建触发），设置临时实体类型和颜色，实体类型服从(1,4)的整数均匀分布，颜色依据实体类型设置。

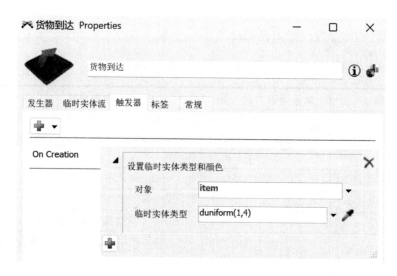

图 13-9　设置临时实体类型和颜色

（2）托盘发生器（发生器 2）的参数设置。

将托盘发生器（发生器 2）与托盘暂存区进行 A 连接，托盘暂存区与传送带进行 A 连接。双击"托盘发生器"图标，打开参数设置界面，单击"发生器"选项卡，将"到达方式"设置为"到达序列"，"临时实体种类"设置为 Pallet（托盘）。在下方的到达序列表中设置 Arrivals 为 1，Quantity（数量）设置为 240，如图 13-10 所示。

图 13-10　托盘发生器（发生器 2）参数设置

（3）分拣传送带 1 参数设置。

将分拣传送带 1 分别与传送带 1~传送带 4 进行 A 连接，双击"分拣传送带 1"图标，打开参数设置页面，单击"布局"选项卡，将分拣传送带分为 3 段，两个平直段长度分别为 5 和 13，弯曲段的半径设置为 5 并适当调整位置，如图 13-11 所示。

第 13 章
现代物流配送中心仿真案例

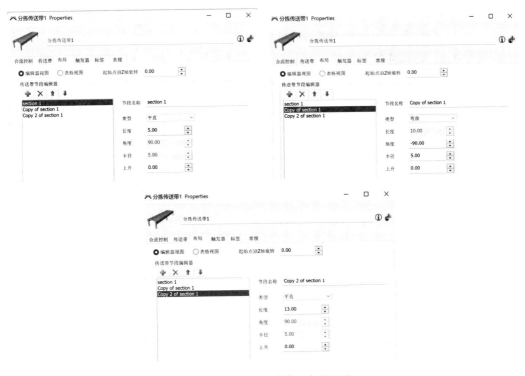

图 13-11 分拣传送带 1 布局设置

4 个分拣输出端口的位置分别设置为 10、15、20、25，并将"发送条件"设置为"根据临时实体类型"，如图 13-12 所示。

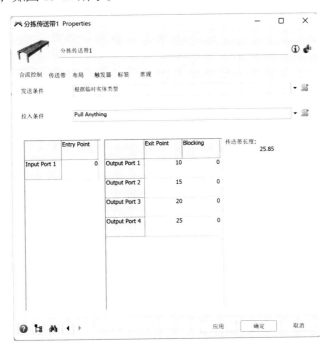

图 13-12 分拣传送带 1 输出端口设置

（4）处理器 1~处理器 4 参数设置。

处理器 1~处理器 4 的参数设置以处理器 1 为例。

传送带 1~传送带 4 分别与处理器 1~处理器 4 进行 A 连接，处理器 1~处理器 4 分别与传送带 5~传送带 8 进行 A 连接，4 个处理器与废品处理区均进行 A 连接，注意输出端口的连接顺序。以处理器 1 为例，输出端口 1 为传送带 5，输出端口 2 为废品处理区，如图 13-13 所示。处理器 2~处理器 4 的端口连接与处理器 1 类似。

图 13-13 处理器 1 输出端口连接顺序设置

单击"临时实体流"选项卡，将"发送至端口"设置为"按百分比"，设置有 98% 的货物输出至端口 1，有 2% 的货物输出至端口 2，如图 13-14 所示。

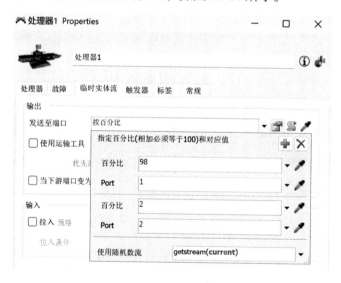

图 13-14 处理器 1 输出端口设置

（5）合成器 1 设置。

先将传送带 9 与合成器 1 进行 A 连接，再将传送带 5~传送带 8 分别与合成器 1 进行 A 连接。合成器 1 输入端口连接顺序设置如图 13-15 所示。

图 13-15 合成器 1 输入端口连接顺序设置

第 13 章
现代物流配送中心仿真案例

双击"合成器 1"图标，打开参数设置界面，单击"合成器"选项卡，将"合成模式"设置为"打包"，在下方的"组成清单"表格中，将每个输入端口的打包数量分别设置为 2，如图 13-16 所示。

图 13-16 合成器 1 托盘装货量设置

在"临时实体流"选项卡中，将"发送至端口"设置为"随机可用端口"，如图 13-17 所示。

图 13-17 合成器 1 输出端口设置

单击"触发器"选项卡，添加 On Exit（离开触发），设置实体类型为 1，如图 13-18 所示。

图 13-18 合成器 1 输出类型设置

（6）传送带设置。

机器人 1 分别与传送带 5 和传送带 6 进行 S 连接，机器人 2 分别与传送带 7 和传送带 8 进行 S 连接。

以传送带 5 为例进行设置，双击"传送带 5"图标，打开参数设置界面，在"临时实体流"选项卡中选中"使用运输工具"复选框，如图 13-19 所示。传送带 6～传送带 8 的设置与传送带 5 相同。

图 13-19 传送带 5 使用运输工具设置

13.3.2 储存区的 FlexSim 模型

储存区采用横梁式组合货架，存放出入库频率较低的货物，货物的接收、上架、出库均采用条形码手持终端导引作业。储存区由 2 个暂存区、10 条传送带，4 个货架和 2 台堆垛机组成，如图 13-20 所示。

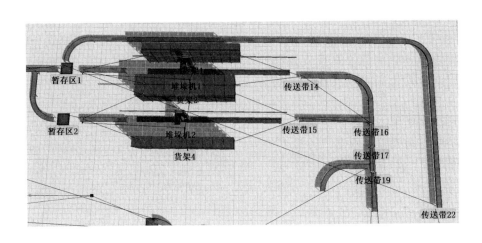

图 13-20 储存区布局图

储存区实体参数设置如表 13-3 所示。

表 13-3 储存区实体参数设置

实体名称	对象说明	参数设置
暂存区 1~暂存区 2	产品暂存区	参数保持默认设置
货架 1~货架 4	货架	设置成 8 层 10 列,最大容量为 80;每个货格放一个托盘产品;货物从第一行第一列开始放置;货物停留时间服从均值为 3000,随机数流为 1 的泊松分布;使用运输工具;当货物储存量达到 65 个时,系统将关闭货架的输入端口,当货物储存量减少到 20 个时,系统将自动打开货架的输入端口补货
堆垛机 1~堆垛机 2	堆垛机	参数保持默认设置
传送带 10~传送带 16、传送带 18、传送带 22	输送机	传送带 12、传送带 13 和传送带 22 设置随机输出端口,其余传送带保持默认设置
传送带 17	输送机	当货物到达传送带 17 时,判断托盘类型。如果是 1,则从输出端口 1(输出端口 1 通往加工区或出库);如果是 2,则从输出端口 2(输出端口 2 直接出库)
传送带 19	输送机	当货物到达传送带 19 时,货物按照百分比选择输出端口,20% 的货物从输出端口 1(通往流通加工区)输出;20% 的货物从输出端口 2(输出端口 2 通往拣货区或直接整包出库)输出

各实体之间的连接顺序如下。

将合成器 1 分别与传送带 10 和传送带 11 进行 A 连接,传送带 10 与暂存区 1 进行 A 连接,传送带 11 与暂存区 2 进行 A 连接,暂存区 1 与传送带 12 进行 A 连接,暂存区 2 与传送带 13 进行 A 连接;传送带 12 分别与货架 1 和货架 2 进行 A 连接并使用运输工具,传送带 13 分别与货架 3 和货架 4 进行 A 连接并使用运输工具;货架 1 和货架 2 分别与传送带 14 进行 A 连接并使用运输工具,货架 3 和货架 4 分别与传送带 15 进行 A 连接并使用运输工具；传送带 14 和传送带 15 分别与传送带 16 进行 A 连接；传送带 16 与传送带 17 进行 A 连接；传送带 17 分别与传送带 19 和传送带 18（注意连接顺序）进行 A 连接；传送带 22 分别与暂存区 1 和暂存区 2 进行 A 连接；将堆垛机 1 分别与传送带 12、货架 1 和货架 2 进行 S 连接，堆垛机 2 分别与传送带 13、货架 3 和货架 4 进行 S 连接。

具体参数设置如下。

（1）货架的参数设置。

以货架 1 为例进行设置，双击"货架 1"图标，打开参数设置界面，在"货架"选项卡中，将"放置到列"设置为"第一个可用列"，将"放置到层"设置为"第一个可用层"，"列柱间距"设置为 1，"最小停留时间"设置为服从 poisson(3000,1)分布，最大容量设置为 80，如图 13-21 所示。

图 13-21　货架 1 参数设置

单击"尺寸表格"选项卡，将"层数"修改为 8 层，并单击"应用基本设置"按钮，如图 13-22 所示。

图 13-22　货架 1 层数设置

在"临时实体流"选项卡中选中"使用运输工具"复选框,如图 13-23 所示。

图 13-23　货架 1 使用运输工具设置

在货架的"触发器"选项卡下设置货架容量,添加 On Entry(进入触发),并设置实体控制、关闭和打开端口。当达到条件 content(current)>=65(数量大于或等于 65)时,进行 closeinput(关闭端口)操作,如图 13-24 所示。

图 13-24　货架 1 容量设置(1)

同样添加 On Exit(离开触发),设置实体控制、关闭和打开端口。当达到条件 content(current)<=20(数量小于或等于 20)时,进行 openinput(打开端口)操作,如图 13-25 所示。

对货架 2~货架 4 进行相同的设置。

(2)传送带 12、传送带 13 和传送带 22 参数设置。

双击"传送带 22"图标,打开参数设置界面,在"临时实体流"选项卡中,将"发送至端口"设置为"随机端口",如图 13-26 所示。

图 13-25　货架 1 容量设置（2）

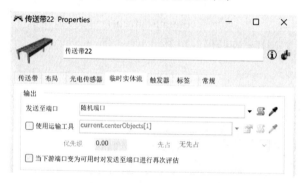

图 13-26　传送带 22 输出端口设置

双击"传送带 12"图标，打开参数设置界面，在"临时实体流"选项卡中，将"发送至端口"设置为"随机端口"，并选中"使用运输工具"复选框，如图 13-27 所示。传送带 13 设置同传送带 12。

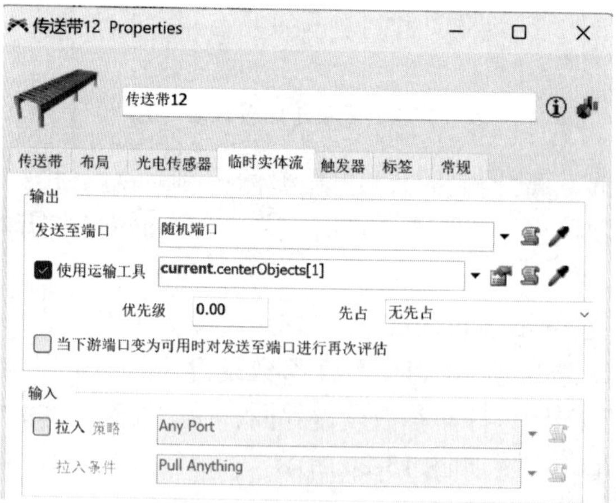

图 13-27　传送带 12 输出端口及使用运输工具设置

(3)传送带17参数设置。

双击"传送带17"图标,打开参数设置界面,检查输出端口连接顺序,如图13-28所示,输出端口1为传送带19,输出端口2为传送带18。

图13-28　传送带17输出端口连接顺序

在"临时实体流"选项卡"发送至端口"的下拉列表中选择"根据不同case选择输出端口"选项。类型1的货物选择从输出端口1输出,类型2的货物选择从输出端口2输出,如图13-29所示。

图13-29　传送带17输出端口判断设置

(4)传送带19参数设置。

双击"传送带19"图标,打开参数设置界面,检查输出端口连接顺序,如图13-30所示,输出端口1为分解器1,输出端口2为传送带20。

图13-30　传送带19输出端口连接顺序

在"临时实体流"选项卡中,将"发送至端口"设置为"按百分比"。设置有 20%的货物从输出端口 1 输出,有 80%的货物从输出端口 2 输出,如图 13-31 所示。

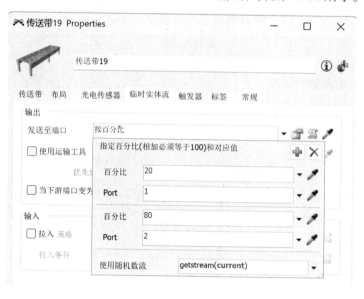

图 13-31 传送带 19 输出端口判断设置

其余传送带保持默认设置。

13.3.3 流通加工区的 FlexSim 模型

流通加工区放置一台条形码打印机、一台计算机和若干手持终端,进行分装包装,贴标签等加工活动。流通加工区由 1 个分解器、2 个暂存区、1 位操作员、1 个处理器、1 个合成器、1 条分拣传送带和 4 条传送带组成,如图 13-32 所示。

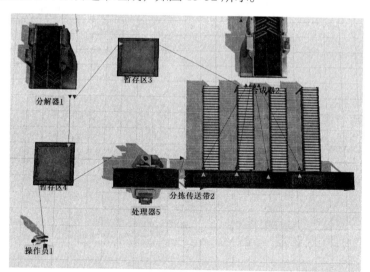

图 13-32

图 13-32 流通加工区布局图

流通加工区实体参数设置如表 13-4 所示。

表 13-4　流通加工区实体参数设置

实体名称	对象说明	参数设置
分解器 1	托盘分解器	设置为容器临时实体从输出端口 1 发送,将容纳的所有临时实体从输出端口 2 发送
暂存区 3	托盘暂存区	设置最大容量为 100
暂存区 4	货品暂存区	设置最大容量为 100；使用运输工具
处理器 5	货品处理	处理器加工时间为 5s
分拣传送带 2	货物分拣传送带	设置 4 个输出端口,货物按实体类型分拣输出
传送带 23～传送带 26	输送机	参数保持默认设置
操作员 1	操作员	参数保持默认设置
合成器 2	组盘合成器	合成器的装货量为 8 件,其中每种货物各装 2 件

各实体之间的连接顺序如下。

传送带 19 与分解器进行 A 连接,分解器 1 分别与暂存区 3 和暂存区 4 进行 A 连接(注意连接顺序),暂存区 3 与合成器 2 进行 A 连接,暂存区 4 与操作员 1 进行 S 连接、与处理器 5 进行 A 连接,处理器 5 与分拣传送带 2 进行 A 连接,分拣传送带 2 分别与传送带 23～传送带 26 进行 A 连接,传送带 23～传送带 26 分别与合成器 2 进行 A 连接,注意合成器 2 的输入端口连接顺序,合成器 2 与暂存区进行 A 连接。

（1）分解器设置。

双击"分解器 1"图标,打开参数设置界面,检查输出端口连接顺序,如图 13-33 所示,输出端口 1 为暂存区 3,输出端口 2 为暂存区 4,保证托盘通过输出端口 1 去往合成器,货物通过输出端口 2 去往处理器。

图 13-33　分解器 1 输出端口连接顺序设置

单击"临时实体流"选项卡,"发送至端口"设置为"默认分解器选项",即"容器端口"输出到端口 1,"内置实体端口"输出到端口 2,如图 13-34 所示。

（2）暂存区设置。

以暂存区 4 为例进行设置,双击"暂存区 4"图标,打开参数设置界面,在"临时实体流"选项卡中,选中"使用运输工具"复选框,如图 13-35 所示。

在"暂存区"选项卡中,设置"最大容量"为 100,如图 13-36 所示。

暂存区 3 设置同样的最大容量。

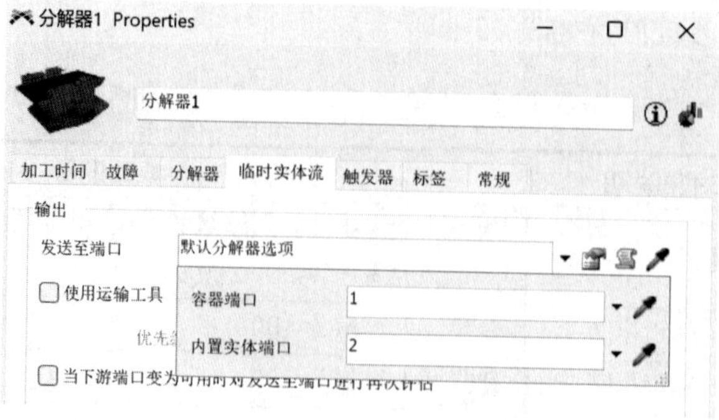

图 13-34 分解器 1 输出端口设置

图 13-35 暂存区 4 使用运输工具设置

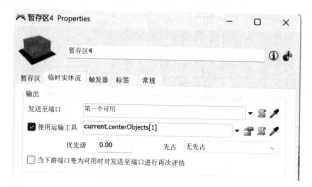

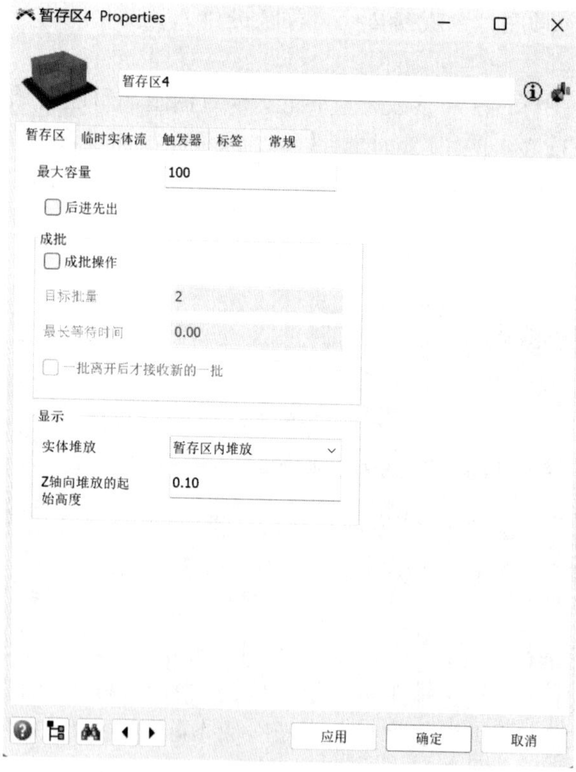

图 13-36 暂存区 4 容量设置

（3）合成器设置。

以合成器 2 为例进行设置，双击"合成器 2"图标，打开参数设置界面，检查合成器的输入端口，如图 13-37 所示。

图 13-37　合成器 2 输入端口设置

在"合成器"选项卡中，设置"合成模式"为"打包"，在下方的"组成清单"表格中，将每个输入端口的打包数量分别设置为 2，如图 13-38 所示。

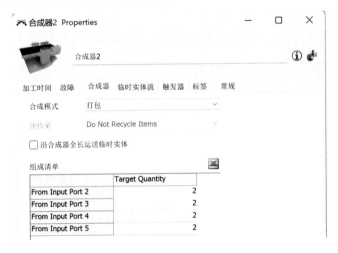

图 13-38　合成器 2 装货量设置

在"触发器"选项卡中，添加 On Exit（离开触发），设置实体类型为 2，如图 13-39 所示。

图 13-39　合成器 2 输出类型设置

（4）分拣传送带设置。

双击"分拣传送带2"图标，打开参数设置界面，在"合流控制"选项卡中，4个分拣输出端口的位置分别设置为2、4、6、8，并将"发送条件"设置为"根据临时实体类型"，如图13-40所示。

图13-40　分拣传送带2输出端口设置

13.3.4　拣货区的FlexSim模型

拣货区采用水平旋转货架，在货架上可安置电子拣选设备，作业人员根据电子表指示，采用摘果式拣选完成分拣作业。拣货区由16条传送带、4个分解器、1个发生器、2个暂存区、1个吸收器、1个合成器、4个货架、1个任务分配器、2位操作员、1台叉车组成，如图13-41所示。

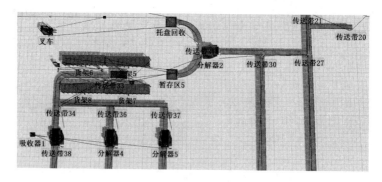

图13-41　拣货区布局图

拣货区实体参数设置如表 13-5 所示。

表 13-5 拣货区实体参数设置

实体名称	对象说明	参数设置
传送带 20、传送带 21、传送带 27~传送带 40	输送机	传送带 21：判断货物类型，类型为 1 的整盘货物从输出端口 2 输出，类型为 2 的整盘货物从输出端口 1 输出 传送带 28：25%的货物直接送到发货区，75%的货物按照客户订单要求拣货 传送带 33：设置根据不同货物类型输出不同端口，类型为 1 的货物输出端口为 1，类型为 2 和 3 的货物输出端口为 2 传送带 34：设置根据不同货物类型输出不同端口，类型为 2 的货物输出端口为 1，类型为 3 的货物输出端口为 2 其余传送带参数保持默认设置
分解器 2	装盘的货物拆包	设置托盘输出端口为 1，货物输出端口为 2
分解器 3~分解器 5	按订单拆包	设置托盘输出端口为 1，货物输出端口为 2
暂存区 5	货物暂存区	参数保持默认设置
托盘回收（暂存区）	托盘暂存区	使用运输工具
发生器 3	产生临时托盘	按每 0s、100s、200s 的时间间隔产生三类临时托盘
货架 5~货架 8	拣货区货物存放货架	每个货架存放一类货物，设置成 3 层 10 列，最大容量为 30；每个货格放一个托盘货物；货物从第一行第一列开始放置；使用运输工具；当货物储存量达到 30 个时，系统将关闭货架的输入端口，当货物储存量减少到 18 个时，系统将自动打开货架的输入端口补货
吸收器 1	吸收临时托盘	参数保持默认设置
任务分配器 1	人员任务分配	参数保持默认设置
叉车	托盘叉车	参数保持默认设置
合成器 3	订单打包	合成器按照客户订单进行打包

各实体之间的连接顺序如下。

传送带 19 与传送带 20 进行 A 连接，传送带 18 与传送带 21 进行 A 连接；传送带 20 与传送带 21 进行 A 连接；传送带 21 分别与传送带 27 和传送带 28 进行 A 连接，注意连接顺序；传送带 28 分别与传送带 29 和传送带 30 进行 A 连接，注意连接顺序；传送带 29 与分解器 2 进行 A 连接；分解器 2 分别与传送带 31 和传送带 32 进行 A 连接；传送带 31 与托盘回收（暂存区）进行 A 连接；传送带 32 与暂存区 5 进行 A 连接，注意连接顺序；暂存区 5 分别与货架 5~货架 8 进行 A 连接；发生器 3、货架 5~货架 8 分别与合成器 3 进行 A 连接，注意连接顺序；合成器 3 与传送带 33 进行 A 连接；传送带 33 分别与传送带 34 和传送带 35 进行 A 连接；传送带 34 分别与传送带 36 和传送带 37 进行 A 连接；传送带 35~传送带 37 分别与分解器 3~分解器 5 进行 A 连接；分解器 3~分解器 5 先与吸收器 1

进行 A 连接，再分别与传送带 38～传送带 40 进行 A 连接；任务分配器 1 分别与操作员 2 和操作员 3 进行 A 连接，注意连接方向，再分别与货架 5～货架 8 进行 S 连接；托盘回收与入库处理区的托盘暂存区进行 A 连接并与叉车进行 S 连接。

具体参数设置如下。

（1）传送带 21 参数设置。

检查传送带 21 的输出端口连接顺序，输出端口 1 为传送带 27，输出端口 2 为传送带 28，如图 13-42 所示。

图 13-42　传送带 21 输出端口连接顺序

双击"传送带 21"图标，打开参数设置界面，单击"临时实体流"选项卡，在"发送至端口"的下拉列表中选择"根据不同 case 选择输出端口"选项，类型 1 的货物输出端口为 2，类型 2 的货物输出端口为 1，如图 13-43 所示。

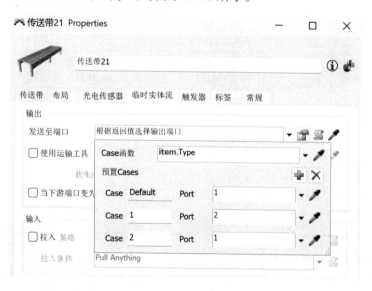

图 13-43　传送带 21 输出端口设置

（2）传送带 28 参数设置。

检查传送带 28 的输出端口连接顺序，输出端口 1 为传送带 29，输出端口 2 为传送带 30，如图 13-44 所示。

在"临时实体流"选项卡中，将"发送至端口"设置为"按百分比"。设置有 75% 的货物从输出端口 1 输出，有 25% 的货物从输出端口 2 输出，如图 13-45 所示。

图 13-44　传送带 28 输出端口连接顺序

图 13-45　传送带 28 输出端口设置

(3) 传送带 33 参数设置。

检查传送带 33 的输出端口连接顺序，输出端口 1 为传送带 35，输出端口 2 为传送带 34，如图 13-46 所示。

图 13-46　传送带 33 输出端口连接顺序

双击"传送带 33"图标，打开参数设置界面，单击"临时实体流"选项卡，在"发送至端口"的下拉列表中选择"根据不同 case 选择输出端口"选项，类型 1 的货物输出端口为 1，类型 2 的货物输出端口为 2，类型 3 的输出端口为 2，如图 13-47 所示。

(4) 传送带 34 参数设置。

检查传送带 34 的输出端口连接顺序，输出端口 1 为传送带 36，输出端口 2 为传送带 37，如图 13-48 所示。

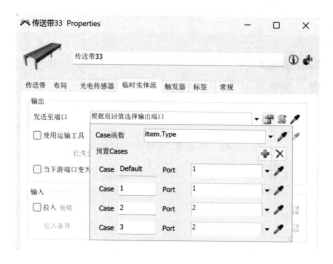

图 13-47 传送带 33 输出端口设置

图 13-48 传送带 34 输出端口连接顺序

双击"传送带 34"图标,打开参数设置界面,单击"临时实体流"选项卡,在"发送至端口"的下拉列表中选择"根据不同 case 选择输出端口"选项,类型 2 的输出端口为 1,类型 3 的输出端口为 2,如图 13-49 所示。

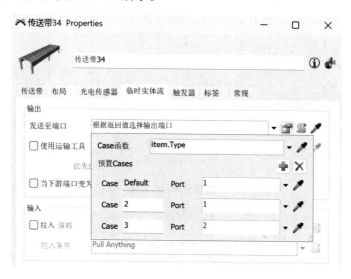

图 13-49 传送带 34 输出端口设置

其余传送带参数保持默认设置。

（5）分解器参数设置。

以分解器 2 为例进行设置，双击"分解器 2"图标，打开参数设置界面，单击"临时实体流"选项卡，将"发送至端口"设置为"默认分解器选项"，即"容器端口"输出到端口 1，"内置实体端口"输出到端口 2，如图 13-50 所示。

图 13-50　分解器 2 输出端口设置

分解器 3～分解器 5 的设置同分解器 2。

（6）暂存区参数设置。

双击"托盘回收（暂存区）"图标，打开参数设置界面，在"临时实体流"选项卡中选中"使用运输工具"复选框，如图 13-51 所示。

图 13-51　托盘回收（暂存区）使用运输工具设置

暂存区 5 保持默认设置。

（7）发生器参数设置。

双击"发生器 3"图标，打开参数设置界面，在"发生器"选项卡中将"临时实体种类"设置为 Pallet（托盘），"到达方式"设置为"到达时间表"，将 Arrivals 设置为 3，Labels 设置为 1，将新增列的 MyLabel1 修改为 Type，在 ArrivalTime（到达时间）列分别填写 0、

100、200，ItemName（项目名称）列分别填写 A、B、C，Quantity（数量）列都填写 1，Type（类型）列分别填写 1、2、3，选中"重复时间/序列表"复选框，如图 13-52 所示。

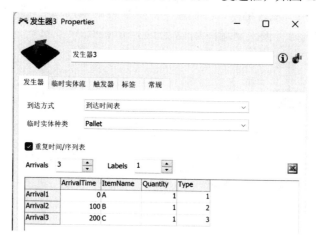

图 13-52　发生器 3 参数设置

（8）货架参数设置。

以货架 5 为例进行设置，双击"货架 5"图标，打开参数设置界面，在"货架"选项卡中，将"放置到列"设置为"第一个可用列"，将"放置到层"设置为"第一个可用层"，"列柱间距"设置为 1，"最大容量"设为 30，如图 13-53 所示。

图 13-53　货架 5 参数设置

第 13 章
现代物流配送中心仿真案例

在"尺寸表格"选项卡中,将"列宽"设置为1,"层数"设置为3,单击"应用基本设置"按钮,如图13-54所示。

图 13-54 货架 5 层数设置

在"临时实体流"选项卡中选中"使用运输工具"复选框,如图13-55所示。

图 13-55 货架 5 使用运输工具设置

在"触发器"选项卡中设置货架容量,添加 On Entry(进入触发),设置实体控制、关闭和打开端口。当达到条件 content(current)>=30(数量大于或等于30)时,进行 closeinput(关闭端口)操作,如图13-56所示。

图 13-56 货架 5 容量设置(1)

同样添加 On Exit（离开触发），设置实体控制、关闭和打开端口。当达到条件 content(current)<= 18（数量小于或等于 18）时，进行 openinput（打开端口）操作，如图 13-57 所示。

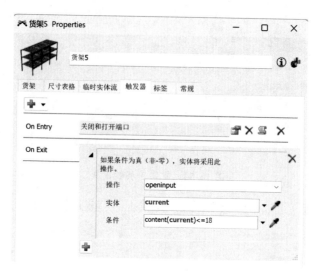

图 13-57　货架 5 容量设置（2）

对货架 6~货架 8 进行相同的设置。

（9）合成器参数设置。

检查合成器 3 的输入端口，输入端口 1 为发生器 3，其余货架端口连接顺序无特殊要求，如图 13-58 所示。

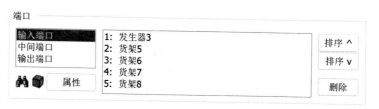

图 13-58　合成器 3 输入端口连接顺序

新建一个全局表并命名为"订单表"，将表 13-1 导入全局表，如图 13-59 所示。

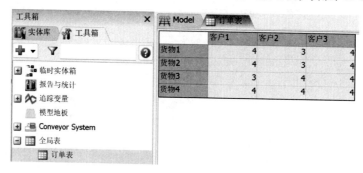

图 13-59　将表 13-1 导入全局表

在合成器 3 的"触发器"选项卡中添加一个 On Entry（进入触发），添加一个"更新合成器组合列表"，在"表格"下拉列表中选择导入的"订单表"，如图 13-60 所示。

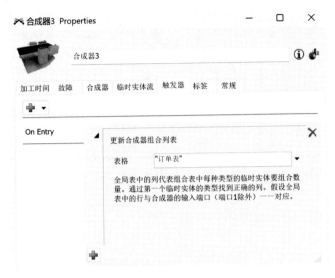

图 13-60　合成器 3 根据订单打包货物设置

13.3.5　发货区的 FlexSim 模型

发货区主要负责发货工作，实现库内物资的转运。发货区由 5 个暂存区（发货月台）和 5 个吸收器（客户车辆）组成，如图 13-61 所示。

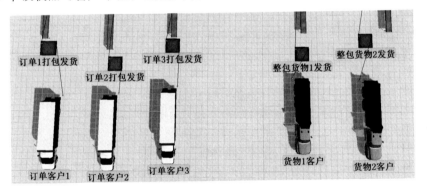

图 13-61　发货区布局图

图 13-61

发货区实体参数设置如表 13-6 所示。

表 13-6　发货区实体参数设置

实体名称	对象说明	参数设置
暂存区 8 ~ 暂存区 10	订单 1 ~ 3 打包发货月台	设置 On Entry（进入触发）发送消息，当货物进入发货区数量达到订单所需物品数量 15 时给订单客户发送消息，延迟时间（即模拟客户产品打包时间）设置为 500s；设置 On Exit（离开触发）发送消息，当货物离开发货区后立刻向订单客户发送消息

续表

实体名称	对象说明	参数设置
暂存区 11~暂存区 12	整包货物发货月台	设置 On Entry（进入触发）发送消息，当整包货物进入发货区数量达到 2 时给订单客户发送消息，延迟时间（即模拟客户产品打包时间）设置为 300s；设置 On Exit（离开触发）发送消息，当整包货物离开发货区后立刻向订单客户发送消息
吸收器 2~吸收器 6	订单客户 1~3、整包货物客户 1~2 车辆	添加 On Reset（重置触发），并保持默认设置，添加 On Message（消息触发），将触发条件设置为 msgparam(1)==0

将传送带、暂存区（货物发货月台）、吸收器（客户车辆）依次进行 A 连接。具体参数设置如下。

（1）订单打包发货月台（暂存区）参数设置。

以订单 1 打包发货月台（暂存区）为例进行设置，双击"订单 1 打包发货"图标，打开参数设置界面，在"触发器"选项卡中，添加 On Entry（进入触发），选择发送消息至连接下游的实体（current.outObjects[1]），当货物进入发货区数量达到 15 时（即 content(current)>=15）给订单客户发送消息，延迟时间为 500s，即模拟客户产品打包时间为 500s，如图 13-62 所示。订单 2 打包发货（暂存区）和订单 3 打包发货（暂存区）根据订单货物总数分别调整为 14 和 16。

图 13-62　订单 1 打包发货（暂存区）进入触发设置

第 13 章
现代物流配送中心仿真案例

在"触发器"选项卡中添加 On Exit（离开触发），当货物离开发货区后（当前货物容量小于或等于 1，即 content(current)<=1）立刻向订单客户发送消息，如图 13-63 所示。

订单 2 打包发货月台（暂存区）、订单 3 打包发货月台（暂存区）与订单 1 打包发货月台（暂存器）设置相同。

图 13-63　订单 1 打包发货（暂存区）离开触发设置

（2）整包货物发货月台（暂存区）参数设置。

以整包货物 1 发货月台（暂存区）为例进行设置，双击"整包货物 1 发货"图标，打开参数设置界面，在"触发器"选项卡中添加 On Entry（进入触发），选择发送消息至连接下游的实体（current.outObjects[1]），当货物进入发货区数量达到 2 时（即 content(current)>=2）给订单客户发送消息，延迟时间为 300s，即模拟客户产品打包时间为 300s，如图 13-64 所示。

在"触发器"选项卡中添加 On Exit（离开触发），当货物离开发货区后（当前整包货物数量小于或等于 1，即 content(current)<=1）时，立刻向整包货物客户发送消息，如图 13-65 所示。

整包货物 2 发货月台（暂存区）设置与整包货物 1 发货月台（暂存区）相同。

图13-64 整包货物1发货（暂存区）进入触发设置

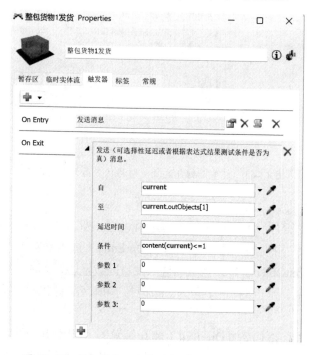

图13-65 整包货物1发货（暂存区）离开触发设置

（3）客户车辆（吸收器）参数设置。

以订单客户1（吸收器）为例进行设置，双击"订单客户1"图标，打开参数设置界面，在"触发器"选项卡中，添加On Reset（重置触发），当实体发生重置时关闭端口，如图13-66所示。

图 13-66　订单客户 1（吸收器）重置触发设置

在"触发器"选项卡中，添加 On Message（消息触发），设置触发条件为 msgparam(1)==0，如图 13-67 所示。订单客户 1（吸收器）消息触发代码如图 13-68 所示。

图 13-67　订单客户 1（吸收器）消息触发设置

```
1  object current = ownerobject(c);
2  Object fromObject = param(1);
3  Variant msgparam1 = param(2);
4  Variant msgparam2 = param(3);
5  Variant msgparam3 = param(4);
6  { // ************ PickOption Start ************ //
7  /***popup:CloseOpenPorts*/
8  /***关闭相应与端口1*/
9  /** \nThe action will be performed if some condition is true (equal to 1).*/
10 Object involved = /** \nObject */ /***tag:object*/ /**/ current /**/;
11 if (/** \nCondition */ /***tag:condition*/ /**/ msgparam(1)==1 /**/) {
12   /** \nAction */ /***tag:action*/ /**/ openinput /**list:closeinput-openinput-stopinput-resumeinput-closeoutput-openoutput-stopoutput-resumeoutput*/
13   (involved);
14 }
15 if (/** \nCondition */ /***tag:condition*/ /**/ msgparam(1)==0 /**/) {
16   /** \nAction */ /***tag:action*/ /**/ closeinput /**list:closeinput-openinput-stopinput-resumeinput-closeoutput-openoutput-stopoutput-resumeoutput*/
17   (involved);
18 }
19 } // ******* PickOption End ******* //
20
```

图 13-68　订单客户 1（吸收器）消息触发代码

图 13-69　现代物流配送中心建模与仿真模型文件

其余吸收器设置相同。

以上为配送中心主要的实体参数设置,其他没有说明的实体参数保持默认设置。全部参数设置完成后单击"运行"按钮,可以得到配送中心的仿真运行过程图,如图 13-69 所示。

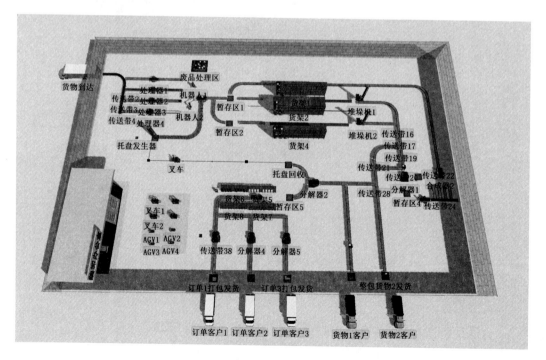

图 13-69　配送中心的运行过程图（正投影图）

13.4 仿真结果分析

13.4.1 仿真模型运行及结果统计

模型建立后，经编译、重置后就可以单击仿真时间控件中的“运行”按钮运行模型，仿真模拟该配送中心一天真实的工作情况，即 10h（36000s）。

由于 FlexSim 是实时的仿真软件，在仿真过程中，可对堆垛机、运输小车、货架进行操作，检测其当前的状态。仿真结束后，通过“统计”→“状态报告”命令输出系统模型的状态报表，如图 13-70 所示。通过状态报表可以很清楚地了解模型中各个实体的各种状态。

	A	B	C	D	E	F	G	H	I	J	K	L	M	N	O	P	Q	R
1	Flexsim State Report																	
2	Time:	36000																
3																		
4	Object	Class	idle	processing	busy	blocked	generating	empty	collecting	releasing	waiting for	waiting for	breakdown	scheduled	conveying	travel emp	travel load	offset tra
5	货物到达	Source	0.00%	0.00%	0.00%	0.33%	99.67%	0.00%	0.00%	0.00%	0.00%	0.00%	0.00%	0.00%	0.00%	0.00%	0.00%	0.00
6	处理器1	Processor	59.59%	25.22%	0.00%	15.19%	0.00%	0.00%	0.00%	0.00%	0.00%	0.00%	0.00%	0.00%	0.00%	0.00%	0.00%	0.00
7	处理器2	Processor	46.34%	25.11%	0.00%	28.55%	0.00%	0.00%	0.00%	0.00%	0.00%	0.00%	0.00%	0.00%	0.00%	0.00%	0.00%	0.00
8	处理器3	Processor	57.69%	24.72%	0.00%	17.58%	0.00%	0.00%	0.00%	0.00%	0.00%	0.00%	0.00%	0.00%	0.00%	0.00%	0.00%	0.00
9	传送带1	Conveyor	0.00%	0.00%	0.00%	98.40%	0.00%	0.00%	0.00%	0.00%	0.00%	0.00%	0.00%	0.00%	1.60%	0.00%	0.00%	0.00
10	暂存区1	Queue	0.00%	0.00%	0.00%	0.00%	0.00%	100.00%	0.00%	0.00%	0.00%	0.00%	0.00%	0.00%	0.00%	0.00%	0.00%	0.00
11	暂存区2	Queue	0.00%	0.00%	0.00%	0.00%	0.00%	100.00%	0.00%	0.00%	0.00%	0.00%	0.00%	0.00%	0.00%	0.00%	0.00%	0.00
12	传送带2	Conveyor	0.00%	0.00%	0.00%	0.32%	0.00%	81.94%	0.00%	0.00%	0.00%	11.69%	0.00%	0.00%	6.05%	0.00%	0.00%	0.00
13	传送带3	Conveyor	0.00%	0.00%	0.00%	0.43%	0.00%	75.45%	0.00%	0.00%	0.00%	16.87%	0.00%	0.00%	7.25%	0.00%	0.00%	0.00
14	货架1	Rack	100.00%	0.00%	0.00%	0.00%	0.00%	0.00%	0.00%	0.00%	0.00%	0.00%	0.00%	0.00%	0.00%	0.00%	0.00%	0.00
15	货架2	Rack	100.00%	0.00%	0.00%	0.00%	0.00%	0.00%	0.00%	0.00%	0.00%	0.00%	0.00%	0.00%	0.00%	0.00%	0.00%	0.00
16	堆垛机1	ASRSvehic	65.31%	0.00%	0.00%	0.00%	0.00%	0.00%	0.00%	0.00%	0.00%	0.00%	0.00%	0.00%	0.00%	0.00%	0.00%	16.36
17	堆垛机2	ASRSvehic	53.75%	0.00%	0.00%	0.00%	0.00%	0.00%	0.00%	0.00%	0.00%	0.00%	0.00%	0.00%	0.00%	0.00%	0.00%	21.83
18	传送带3	Conveyor	0.00%	0.00%	0.00%	0.00%	0.00%	86.92%	0.00%	0.00%	0.00%	0.00%	0.00%	0.00%	13.08%	0.00%	0.00%	0.00
19	传送带4	Conveyor	0.00%	0.00%	0.00%	0.01%	0.00%	89.29%	0.00%	0.00%	0.00%	0.00%	0.00%	0.00%	10.71%	0.00%	0.00%	0.00
20	传送带5	Conveyor	0.00%	0.00%	0.00%	0.00%	0.00%	93.68%	0.00%	0.00%	0.00%	0.00%	0.00%	0.00%	6.32%	0.00%	0.00%	0.00
21	传送带6	Conveyor	0.00%	0.00%	0.00%	0.00%	0.00%	93.68%	0.00%	0.00%	0.00%	0.00%	0.00%	0.00%	6.32%	0.00%	0.00%	0.00
22	传送带7	Conveyor	0.00%	0.00%	0.00%	0.00%	0.00%	76.39%	0.00%	0.00%	0.00%	0.00%	0.00%	0.00%	23.61%	0.00%	0.00%	0.00
23	分解器1	Separator	97.78%	2.22%	0.00%	0.00%	0.00%	0.00%	0.00%	0.00%	0.00%	0.00%	0.00%	0.00%	0.00%	0.00%	0.00%	0.00
24	暂存区3	Queue	0.00%	0.00%	0.00%	0.00%	0.00%	83.47%	0.00%	16.08%	0.00%	0.45%	0.00%	0.00%	0.00%	0.00%	0.00%	0.00
25	处理器4	Processor	91.11%	8.89%	0.00%	0.00%	0.00%	0.00%	0.00%	0.00%	0.00%	0.00%	0.00%	0.00%	0.00%	0.00%	0.00%	0.00

statereport

图 13-70 系统模型的状态报表

堆垛机运行状态的主要评价指标是工作时间、闲置率和利用率，其仿真数据饼状图如图 13-71 所示，将其数据整理后记录于表 13-7 中。

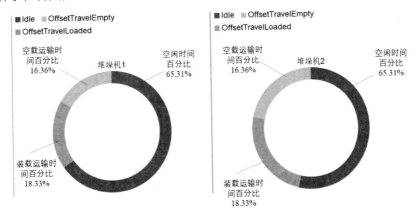

图 13-71 堆垛机 1 和堆垛机 2 仿真数据饼状图

表 13-7　堆垛机仿真输出数据

评价指标	堆垛机 1	堆垛机 2
最小等待时间/s	7.90	8.72
最大等待时间/s	23.32	23.97
平均等待时间/s	15.00	16.19
空闲时间百分比	65.31%	53.75%
空载运输时间百分比	16.36%	21.83%
装载运输时间百分比	18.33%	24.41%

货架的主要评价指标是当前库存量、最大库存量、平均库存量、入库总数、出库总数和货架利用率。货架主要考虑储存区的货架，将仿真数据记录于表 13-8 中。

表 13-8　货架仿真输出数据

设备	当前库存量/盘	最大库存量/盘	平均库存量/盘	入库总数/盘	出库总数/盘	平均停留时间/s	货架利用率
1 号货架（Rack1）	13	15	9.13	115	102	3020.66	11.41%
2 号货架（Rack2）	13	19	9.39	118	105	3020.31	11.74%
3 号货架（Rack3）	13	18	10.91	138	125	3008.87	13.64%
4 号货架（Rack4）	12	20	11.72	144	132	3029.70	14.65%

由表 13-8 的数据可以得出，储存区中 4 排货架的入库总数为 515，出库总数为 464，货架的平均利用率为 12.86%，相对较低，需要加以优化才能让配送中心达到预期的效果。

13.4.2　仿真结果分析

根据表 13-7、表 13-8 可以得出堆垛机和储存区货架库位的利用率，如表 13-9 所示。

表 13-9　仿真实验数据分析结果

设备	利用率	设备	利用率
堆垛机 1	34.69%	2 号货架（Rack2）	11.74%
堆垛机 2	46.25%	3 号货架（Rack3）	13.64%
1 号货架（Rack1）	11.41%	4 号货架（Rack4）	14.65%

（1）由表 13-9 可以看出，4 个货架的平均利用率只有 12.86%，且未满足该配送中心货架日均入库量 640 盘和日均出库量 560 盘的要求，2 台堆垛机的利用率也比较低，配送中心的设备没有得到充分利用。造成利用率低的主要原因是到达的货物数量少，如需要改善这个问题，应该增加货物到达的数量。

（2）由仿真模型可以看出，在产生托盘的暂存区中还有 10 个托盘处于空闲状态，剩余的托盘数量比较多，且传送带上也堆放着未使用的托盘，因为托盘是循环使用的，所以最初的 240 个托盘是过多的，应该调整托盘数量。优化托盘问题主要是适当减少托盘的生成，这样可以避免托盘过多造成的浪费。

以上就是配送中心在原始数据下进行仿真后的结果,从中可以发现系统运行过程中存在的一些问题,为进一步优化系统配置提供了重要的依据。

13.5 配送中心的优化

13.5.1 堆垛机和货架利用率的优化

根据以上分析,堆垛机和货架利用率低的原因是货物到达数量少。针对这一问题,我们可以对模型进行修改,来提高堆垛机和货架的利用率,满足出入库数量要求。

在货物入库区增加一个同样效率的合成器对货物进行打包处理,使得在同样的时间内有更多的打包货物从入库区送往储存区,能够有效增加货架和堆垛机的利用率,并将储存区的关闭货架的输入端口的上限修改为 75,参照此数据修改模型,再次运行 10h(36000s),对仿真结果进行分析并不断调整参数进行优化。

13.5.2 最终优化方案

通过反复的测算和仿真运行分析,增加一个合成器对货物进行打包,适当增加托盘数量到 330 个,以满足增加货物打包效率后的托盘使用量,同时将储存区的关闭货架的输入端口的上限修改为 75。参照此数据修改模型,仿真数据饼状图如图 13-72 所示,将其数据整理后记录于表 13-10 中。

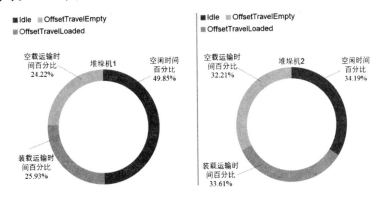

图 13-72 堆垛机 1、2 仿真数据饼状图

表 13-10 修改前后工作效率对照表

设备	修改前工作效率	修改后工作效率	设备	修改前工作效率	修改后工作效率
堆垛机 1	34.69%	50.15%	2 号货架（Rack2）	11.74%	16.33%
堆垛机 2	46.25%	65.81%	3 号货架（Rack3）	13.64%	18.93%
1 号货架（Rack1）	11.41%	16.33%	4 号货架（Rack4）	14.65%	20.45%

表 13-11　修改前后货架出入库数据对照表

设备	优化前入库总数/盘	优化后入库总数/盘	优化前出库总数/盘	优化后出库总数/盘
1 号货架（Rack1）	115	162	102	147
2 号货架（Rack2）	118	163	105	147
3 号货架（Rack3）	138	187	125	171
4 号货架（Rack4）	144	204	132	181

从图 13-72、表 13-10 和表 13-11 可以看出，堆垛机的工作效率有了很大的提高，分别由 34.69%提高到 50.15%、由 46.25%提高到 65.81%；储存区的货架利用率也有了较大提升，平均利用率由 12.86%提高到了 18.00%，且满足了该配送中心货架日均入库量 640 盘和日均出库量 560 盘的要求。此时托盘剩余数量为 1 个，相比于剩余 10 个托盘，一定程度上也减少了托盘的浪费，通过增加一道处理作业的平行工序，可以提高配送中心的效益。

综合以上结果，说明优化后的方案符合要求，达到了提高系统效率、优化投资效益的目的。

13.6　实训练习

某空港物流园区拟新建一个物流配送中心，战略部已经完成了配送中心的布局规划方案，设计了货物的出入库流程，如图 13-73 所示。现在需要通过建立仿真模型向配送中心决策层进行布局方案和出入库流程的动态展示。此外，还需要能够利用仿真模型解决更多的规划问题，如设备选型、确定 AGV 数量、出库叉车数量、托盘的数量。请优化目前的配置方案。

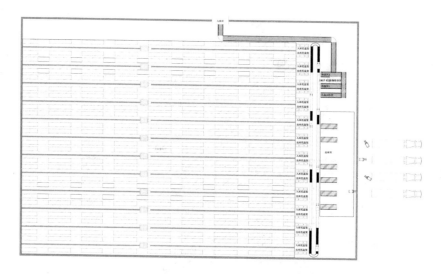

图 13-73　配送中心布局规划及出入库流程

第 13 章
现代物流配送中心仿真案例

1. 根据战略部前期拟定的布局方案利用 Visio 或者 AutoCAD 绘制配送中心平面布局图,并给出货物入库、托盘码垛、AGV 循环搬运、堆垛机入库、叉车出库、托盘回收的整体流程。把图纸导入 FlexSim 软件,建立自动化立体仓库仿真模型。

根据建立的仿真模型,运行 8h。要求:(1)找出系统问题,并提出解决方案;(2)配置合理的 AGV 数量;(3)配置合理的叉车数量;(4)配置合理的托盘数量。

2. 建模初始参数。

(1)产品服从指数分布 exponential (0, 6,1)到达自动化立体仓库,一个托盘装 8 个产品后入库。

(2)自动化立体仓库货架 10 层 60 列,货物随机摆放,存储时间至少 100s。

(3)AGV 初始数量 6 台。

(4)出库叉车初始数量 3 台。

(5)周转托盘初始数量 30 个。

(6)传送带、堆垛机、合成器、分解器、叉车以及机械手默认系统初始数据。

参 考 文 献

马向国, 孙佩健, 吴丹婷, 2020. 物流系统建模与仿真实用教程: 基于FlexSim 2018中文版[M]. 北京: 机械工业出版社.

马向国, 刘同娟, 刘昌祺, 2022. 自动化立体仓库规划设计、仿真与绩效评估[M]. 2版. 北京: 中国财富出版社.

刘同娟, 2014. 系统仿真及其在物流领域中的应用[M]. 北京: 中国发展出版社.

马向国, 2014. 现代物流配送中心规划、仿真及应用案例[M]. 北京: 中国发展出版社.

刘同娟, 马向国, 2013. 配送中心不同分拣策略的仿真优化[J]. 物流技术, 32(5): 439-444.

戴晨, 2014. 基于FLEXSIM的生产物流系统仿真[J]. 物流工程与管理, 36(7): 140-142.